I0888892

Les voix du théâtre québécois contemporain

De l'auteur au personnage et *vice-versa*

PETER LANG
Bruxelles • Bern • Berlin • New York • Oxford • Wien

Études canadiennes

Vol. 34

La collection « Études canadiennes » analyse les multiples facettes de la réalité canadienne dans une perspective pluridisciplinaire. Elle accueille des travaux sur tous les thèmes de recherche en sciences humaines et sociales qui ont pour objet principal le Canada dans son acception la plus large – études littéraires, historiques, sociologiques, politiques, économiques, géographiques, juridiques, médiatiques, muséologiques, etc. – mais elle met également l'accent sur les travaux comparatistes incluant le Canada.

L'une des principales originalités de la collection est d'accueillir le fruit des recherches les plus récentes menées à l'extérieur du Canada. Elle jette ainsi un éclairage significatif et inédit sur les différentes composantes de ce pays, privilégiant le développement d'un dialogue constant et original entre les scientifiques canadiens et la communauté internationale des canadianistes répartis à travers le monde.

Directeur de collection : **Serge Jaumain**
Centre d'études nord-américaines
Université Libre de Bruxelles (Belgique)

Pauline Bouchet

Les voix du théâtre québécois contemporain

De l'auteur au personnage et *vice-versa*

Études Canadiennes – Canadian Studies
Vol. 34

Information bibliographique publiée par « Die Deutsche Bibliothek »
« Die Deutsche Bibliothek » répertorie cette publication dans la « Deutsche Nationalbibliografie » ; les données bibliographiques détaillées sont disponibles sur le site <http://dnb.ddb.de>.

Ce livre a reçu le soutien financier de l'UMR Litt&Arts,
Université Grenoble-Alpes

ISSN 1781-3867 • ISBN 978-2-8076-0666-1 (Print)
E-ISBN 978-2-8076-0667-8 (ePDF) • E-ISBN 978-2-8076-0668-5 (EPUB)
E-ISBN 978-2-8076-0669-2 (MOBI) • DOI 10.3726/b15313
D/2019/5678/09

Cette publication a fait l'objet d'une évaluation par les pairs.

© P.I.E. PETER LANG S.A.
Éditions scientifiques internationales
Brussels, 2019
1 avenue Maurice, B-1050 Bruxelles, Belgium

Toute représentation ou reproduction intégrale ou partielle faite par quelque procédé que ce soit, sans le consentement de l'éditeur ou de ses ayants droit, est illicite. Tous droits réservés.

www.peterlang.com

Table des matières

Introduction

Pourquoi analyser la question du personnage théâtral dans un corpus québécois ? Nous faisons l'hypothèse que la spécificité de ce théâtre québécois, en dehors de la comparaison trop souvent faite avec la dramaturgie américaine ou la dramaturgie européenne, repose sur une écriture dramatique qui interroge toujours la langue et fait persister le personnage dramatique, mais en jouant sur un « réalisme distancié[1] » comme le propose Marie-Christine Lesage, c'est-à-dire en présentant des personnages décalés par rapport au modèle réaliste psychologique d'écriture du personnage en Amérique du Nord. Cette dramaturgie continue de mettre en scène des personnages, mais ces personnages ne sont plus des entités psychologiques, nous nous proposons donc de redéfinir ce qu'ils sont.

De plus, nous avons choisi, et ce n'est pas anodin, de nous intéresser à un corpus récent, celui des années 2000. On se demandera ce que devient l'écriture dramatique du personnage – au sein d'une écriture qui se fait encore avant le passage au plateau – dans un contexte québécois de création qui a consacré des écrivains scéniques (Robert Lepage, Wajdi Mouawad) qui représentent d'ailleurs le théâtre québécois à l'étranger. Les dramaturges québécois qui ne sont pas à proprement parler des écrivains scéniques ont dû en effet, eux aussi, repenser leur rapport à la scène.

Il s'agira de revenir aux fondements de l'écriture dramatique et notamment aux fonctions et aux visages de l'auteur dramatique en rapport avec la création d'êtres fictifs que sont les personnages. Ce rapport créateur-créature qui est défini par beaucoup de dramaturges comme inhérent à l'expérience de l'écriture dramatique est justement en adéquation avec les types de personnages récurrents dans la dramaturgie québécoise : des personnages métathéâtraux qui font signe vers leur création.

Notre réflexion s'inscrit dans une réflexion globale sur le personnage de théâtre. Alors que l'on a pensé à plusieurs reprises la « mort du

---

1 Marie-Christine LESAGE, « La dramaturgie québécoise contemporaine : Petits instantanés d'un paysage en pleine transformation », *Pausa*, n° 32, 2010.

personnage » dans le théâtre contemporain, le personnage est une entité qui sert toujours d'appui pour la communication entre les différents actants du processus dramatique (acteurs, metteurs en scène, concepteurs), notamment au Québec :

> L'affaiblissement de la notion de « caractère » et les effets de la déconstruction se font sentir sur le personnage. Dédoublé, divisé, nanti d'une identité floue, simple support d'énonciation, le personnage de théâtre a été mis à mal dans les textes, mais il renaît obstinément dans la mesure où l'acteur et l'actrice lui redonnent en scène un corps et une substance humaine. Ses contours sont plus difficiles à repérer, son identité sociale s'est souvent dissoute et les analyses psychologiques ne suffisent pas à rendre compte de sa fonction dramaturgique de « carrefour du sens » qui rassemble, ne serait-ce que sous un sigle, une somme de discours. Le théâtre contemporain ne peut cependant pas se passer du personnage même si la façon de l'envisager évolue.[2]

Le personnage permet à la fois une réflexion générale sur le sujet, l'individu dans une société donnée – ici la société québécoise –, et en même temps, il doit absolument être dissocié de la personne humaine et être conçu comme un signe textuel. C'est d'abord un signe linguistique, une apparition en texte, en deux dimensions, qui projette des possibles en trois dimensions. Ainsi, dans l'étude du personnage de théâtre, il faut toujours prendre en considération cette double manifestation textuelle et scénique et l'on aura à s'interroger notamment sur les potentialités scéniques ouvertes par le personnage en texte et sur la façon dont les dramaturges programment des effets de présence sur scène.

L'approche du personnage de fiction implique aussi de comprendre en quel sens utiliser le terme « création » car le dramaturge crée son personnage sans pour autant « accroître la population mondiale[3] » et le personnage est donc le révélateur des modalités de l'activité créatrice d'un auteur, une activité hybride ou « monstrueuse » comme la définit le dramaturge grec Dimitris Dimitriadis :

> Créer de l'humain par la voie contre-nature qu'est l'art de la poésie dramatique, c'est entrer, presque par effraction, dans un processus de génération qui n'a rien à voir avec la normale mais qui pourtant n'en est pas moins générateur d'une humanité de second degré, une espèce d'humanité où se conjuguent le charnel et l'intemporel, le palpable et l'intouchable,

---

[2] Jean-Pierre RYNGAERT, *Écritures dramatiques contemporaines,* Paris, Armand Colin, 2011, p. 212.

[3] Christine MONTALBETTI, *Le personnage,* Paris, Garnier Flammarion, 2003, p. 45.

le mortel et l'incorruptible, tout en étant absolument inventée, poétique : manufacturée. [...] Accouchement monstrueux.[4]

Le lien entre la voix de l'auteur dramatique et les voix fictives de ses personnages sera au centre de notre recherche. Plusieurs auteurs dramatiques soulignent d'ailleurs le lien intime entre leur moi et les personnages qu'ils créent qui sont autant de possibles émanant d'eux-mêmes, de multiples en lien avec leur propre subjectivité et leur vision de l'humanité. Or, dans notre corpus, nous verrons à quel point cette négociation entre la voix de l'auteur dramatique et celle de ses autres (fictifs ou réels) est essentielle.

Les études qui portent sur le personnage dans le théâtre contemporain ont souvent pris la forme d'une analyse dramaturgique des personnages dans les textes (définis comme des figures ou des voix), mais elles n'ont jamais vraiment posé la question du lien à l'auteur. Néanmoins, elles nous serviront de fondement théorique, en particulier dans la première partie constituée d'analyses dramaturgiques du personnel dramatique du théâtre québécois des années 2000. C'est le cas par exemple de l'ouvrage *Le personnage théâtral contemporain : décomposition, recomposition*[5] de Julie Sermon et Jean-Pierre Ryngaert qui est une référence parce qu'il donne une méthodologie pour analyser les personnages dans le théâtre contemporain et parle d'un « effet-figure » en détournant le titre d'un célèbre ouvrage du critique littéraire Vincent Jouve sur le personnage de roman[6].

De la même façon, on peut citer l'ouvrage de Sandrine Le Pors auquel nous empruntons l'idée de « voix », *Le Théâtre des voix, à l'écoute du personnage et des écritures contemporaines*[7], qui analyse l'énonciation dans le théâtre contemporain et notamment les effets récurrents de polyphonie et de choralité qui créent des personnages sans corps et/ou vocalement démultipliés et qui nous sert de point d'appui notamment pour parler

---

4 Dimitris DIMITRIADIS, *Le Théâtre en écrit*, Besançon, Les solitaires intempestifs, 2009, p. 22.

5 Jean-Pierre RYNGAERT et Julie SERMON, *Le personnage théâtral contemporain : décomposition, recomposition*, Paris, Éditions Théâtrales, 2006.

6 Vincent JOUVE, *L'Effet-personnage dans le roman*, PUF, « Écriture », 2001.

7 Sandrine LE PORS, *Le théâtre des voix, à l'écoute du personnage et des écritures contemporaines*, Rennes, Presses Universitaires de Rennes, coll. « Le spectaculaire », 2011.

d'une « rhapsodie » de plus en plus assumée dans les œuvres que nous allons étudier :

> Reste que, dans la perspective de l'analyse du texte de théâtre, la démarche la plus commune est d'avoir recours au concept de voix par un usage métaphorique ou symbolique. La voix désigne alors le sujet de l'énonciation ou de la parole. [...] Cette approche nous renvoie aux travaux sur le dialogisme, la polyphonie et l'intertextualité mais aussi, plus récemment, aux travaux de Jean-Pierre Sarrazac sur le « devenir rhapsodique » du drame qui, évoquant et creusant la notion de polyphonie, signale la présence de voix multiples au sein d'une voix unique tenue parce qu'il appelle la voix du « rhapsode ». Ce « devenir rhapsodique » correspond à une dynamique d'écriture, antérieure à la tragédie grecque et à la spécialisation des formes selon les modes épique, lyrique et dramatique. S'affranchissant d'une vision szondienne selon laquelle le théâtre épique figurerait le dépassement dialectique du théâtre dramatique, Sarrazac, en annonçant un « devenir rhapsodique » du drame, compare l'auteur dramatique, dans ses pratiques, à la figure du rhapsode antique, cousant ensemble les différentes formes existantes ou une sorte de patchwork [...]. Le statut hybride – Sarrazac dit aussi « monstrueux » – définit la rhapsodisation et dans cette configuration, la voix du rhapsode s'intercale ou s'immisce dans l'ensemble du tissu textuel de la pièce : soit en chevauchant les voix des personnages, soit plus implicitement, en tant que monteur ou qu'« opérateur » au sens mallarméen.[8]

Malgré la grande diversité des œuvres que nous abordons, nous avons mis en place des critères de sélection des auteurs. Nous parlerons tout d'abord d'auteurs qui n'écrivent pas à proprement parler à partir de la scène, mais qui entretiennent cependant un lien avec elle sur le mode de l'aller-retour et souvent dans le cadre d'une collaboration privilégiée avec un metteur en scène. Cette collaboration peut être de plusieurs types : l'exclusivité comme c'est le cas de Normand Chaurette avec Denis Marleau ces dernières années, ou le compagnonnage comme c'est le cas de Larry Tremblay avec Claude Poissant.

Nous parlerons aussi des démarches très intéressantes de Marie Brassard ou encore d'Evelyne de la Chenelière qui peuvent être davantage qualifiées d'écrivains scéniques. Ainsi Marie Brassard, dans le travail qu'elle fait autour de la poésie scénique et du solo polyphonique est à mettre en lien avec l'œuvre de Daniel Danis, notamment avec certains de ses spectacles qui tendent vers le solo performatif. Evelyne de la Chenelière, pour sa part, développe des thématiques (l'être médiatique et

---

8 *Ibidem*, p. 23.

médiatisé) et des pratiques (l'intertextualité) que l'on pourra rapprocher du travail d'Étienne Lepage ou de Larry Tremblay. Le travail de Wajdi Mouawad trouvera aussi une place puisque son spectacle *Seuls* rejoint nos interrogations sur le rapport entre la voix de l'auteur et les voix de ses personnages et la mise en scène du moi de l'auteur.

Le deuxième critère dramaturgique, essentiel, qui a compté dans le choix des auteurs abordés dans cet ouvrage est une forme de persistance du personnage, en tout cas la proposition d'une écriture singulière du personnage qui s'éloigne à la fois du modèle psychologique réaliste américain et du modèle européen du personnage-figure. Pour cela nous nous appuyons sur le travail de Marie-Aude Hemmerlé. La thèse de Marie-Aude Hemmerlé, intitulée *Représentations et figurations des dramaturgies québécoises contemporaines : de Normand Chaurette à Daniel Danis*[9] est sans doute la première en Europe à avoir fait le point, à la fois de manière synthétique et par le biais d'analyses dramaturgiques de détail, sur la singularité du théâtre québécois et notamment sur la persistance, dans ce théâtre, de la fable et du personnage.

Marie-Aude Hemmerlé y souligne le caractère hybride du personnage dans le théâtre québécois des années 1980 et 1990 qui ne s'apparente pas au personnel dramatique des pièces réalistes américaines, mais ne correspond pas non plus totalement aux figures décrites dans la dramaturgie européenne :

> Le personnage, tout d'abord. Ce dernier ne disparaît pas, mais il vacille entre incarnation et figure, entre tradition américaine et tradition européenne. On discerne toujours son identité, même s'il renvoie de moins en moins à une entité psychologique. Au contraire, il s'extrait de tout traitement peu ou prou réaliste, devenant le témoin de sa propre histoire, un conteur qui s'invente. Cette oscillation va de concert avec des temporalités et des espaces qui se jouent de toutes cohérences.[10]

Les auteurs avec lesquels nous cheminerons, s'ils ne sont pas qualifiés de réalistes et qu'ils se distancient volontairement d'un modèle notamment psychologique du personnage qui est encore largement

---

9 Marie-Aude HEMMERLÉ, *Représentations et figurations des dramaturgies québécoises contemporaines : de Normand Chaurette à Daniel Danis*, thèse de doctorat dirigée par M. Jean-Pierre Ryngaert, Université Sorbonne Nouvelle – Paris 3, 2010.

10 Marie-Aude HEMMERLÉ, « Les nouvelles écritures dramatiques du Québec », « Théâtres du contemporain », *Revue d'Études théâtrales, Registres,* n° 11-12, Paris, Presses Sorbonne nouvelle, hiver 2006-printemps 2007, p. 224.

présent aujourd'hui dans les dramaturgies américaines et canadiennes anglophones, ne proposent pas pour autant une dramaturgie sans rapport à un réel, sans représentation du réel. Ils « témoignent d'un réel troublant et troublé, de la quête d'un réalisme redouté, mais en même temps recherché, toujours à redéfinir.[11] »

Ce rapport au réalisme peut être étendu à la littérature québécoise dans son ensemble, qui, selon Pierre Nepveu, est fondée sur le motif de la destruction et de la renaissance perpétuelles et donc sur l'idée que la réalité est transformable à loisir et à l'infini :

> La littérature « québécoise », elle, *transforme*, ou veut transformer, la réalité. Elle est portée par une sorte de mythe faustien où s'affirment les infinies possibilités de développement du moi (individuel ou collectif) mais où, du même coup, comme l'a rappelé Marshall Berman (*All that is solid melts into air. The experience of Modernity*) à propos du mythe de Faust dans la modernité, se pose l'exigence d'une perpétuelle et infinie destruction.[12]

D'ailleurs, Pierre Nepveu relie à cette vision d'ensemble de la littérature québécoise une pensée sur l'individu dans la société québécoise, un sujet toujours menacé de mort, toujours renaissant, et dont l'identité se définit justement par ce mode d'être précaire :

> Au-delà de toute perspective nationaliste, c'est bien une théorie du sujet québécois qui s'énonce ici : sujet-catastrophe, dont le mode d'être serait justement la rupture permanente, la fragmentation vécue dans la plus profonde ambivalence comme désastre-création, comme éternel retour du même dans l'hyper-altérité, comme centrifugation cyclique hors d'un centre vide, ou, si l'on veut, comme sujet radicalement exotique (par rapport à lui-même, et en tant que l'exotisme constitue pour lui une manière d'être, de chercher paradoxalement la présence à soi).[13]

Or, si cette conception du sujet dans la société québécoise semble déjà dépassée, on constate un réel lien entre cette pensée d'un « sujet-catastrophe » et les personnages du théâtre québécois contemporain qui, comme leurs homologues européens, sont frappés de plein fouet par la fragmentation et l'hybridation. Mais il faut ajouter à cette dimension une

---

11 *Ibidem*, p. 72.

12 Pierre NEPVEU, *L'Écologie du réel, Mort et naissance de la littérature québécoise contemporaine*, Montréal, Éditions du Boréal, 1999, p. 19.

13 *Ibidem*, p. 158.

autre très importante dans le théâtre québécois depuis les années 1980 : la métathéâtralité.

Pour les dramaturges québécois, « il s'agit [donc] de retravailler les aspects artificiels d'un personnage de théâtre ou d'explorer les différentes possibilités qu'offre un jeu avec les identités et leurs simulacres »[14] pour remettre sans cesse en question le modèle réaliste que Michel Tremblay – le dramaturge considéré comme le fondateur du théâtre québécois et dont chacun des auteurs de notre corpus se réclame d'une façon ou d'une autre l'héritier – a commencé à fissurer dès sa première pièce, *Les Belles-Sœurs*, créée en 1968 et qui a posé les bases d'une conception québécoise du personnage de théâtre.

Dans le premier chapitre, nous analyserons le personnel dramatique du théâtre québécois des années 2000 à l'aide de la notion deleuzienne de « déterritorialisation ». Cette déterritorialisation prend trois visages. D'une part, le théâtre québécois des années 2000 met en scène une décomposition du modèle familial et sa reconfiguration autour de personnages sans passé, sans territoire et issus de familles dysfonctionnelles ou monstrueuses. D'autre part, les auteurs inventent une nouvelle profondeur aux personnages qui n'est pas psychologique : l'intertextualité. Ainsi, nombre de personnages du théâtre québécois des années 2000 sont des « spectres intertextuels » comme nous les appelons, revenants de la littérature ou d'autres arts. Enfin, sur le modèle d'un personnage-figure et dans les dramaturgies les plus émergentes, on note une récurrence de personnages médiatisés, parlés par d'autres et prisonniers d'une société globalisée impersonnelle.

Or ces trois types de personnages font tous signe vers une origine de l'écriture et un rapport à la voix de l'auteur : les personnages sans famille naissent d'une voix démiurgique, les personnages intertextuels désignent un positionnement de la voix de l'auteur dans le champ littéraire et les personnages médiatisés interrogent la source de leur voix.

C'est pourquoi dans le second chapitre nous analysons les pratiques des auteurs qui proposent une exploration d'eux-mêmes, exploration qui prend une part grandissante dans leurs œuvres et empêche le surgissement de personnages et donc d'une altérité. Cette parole non distribuée, cette voix de l'écriture, est de plus en plus présente dans les œuvres ainsi que le

---

14 Bernard ANDRIEU et Pascal RIENDEAU, « La dramaturgie depuis 1980 », *in* Réginald HAMEL (dir.), *Panorama de la littérature québécoise*, Montréal, Guérin, 1997, p. 218.

moi de l'auteur comme matériau dramaturgique. Nous avons ainsi défini trois formes de mises en scène du moi de l'auteur-personnage dans les créations théâtrales québécoises des années 2000.

Dans un premier temps, nous analysons une forme de rhapsodie assumée – pour reprendre ici la notion redéfinie par Sandrine Le Pors – chez des auteurs qui exposent leur moi. Larry Tremblay, par exemple, privilégie le modèle du personnage-marionnette dont la seule source possible serait la voix de l'auteur lui-même. Du côté scénique, c'est Marie Brassard qui joue avec une ventriloquie concrète dans ses solos autofictionnels, ventriloquie servie par des moyens technologiques importants et en particulier une utilisation variée du micro qui interroge sans cesse la source de la voix en scène.

Ensuite nous analysons ce que nous avons appelé des « dramaturgies de la genèse » qui mettent en scène le geste créateur. Il s'agit de cas de pièces dans lesquelles l'auteur expose la fabrique de l'écriture-même de la pièce à laquelle assiste le spectateur. C'est dans cette forme que l'on peut notamment classer certaines créations de Daniel Danis (que ce soit ses performances scéniques dans lesquelles il est actant principal ou ses derniers textes qui parlent tous de la mise au monde d'un texte par un auteur) et de Carole Fréchette (qui s'autoreprésente en train d'écrire grâce des personnages avatars d'elle-même).

Enfin nous revenons sur des textes et spectacles d'une génération d'auteurs émergents qui souhaitent réinscrire leur voix dans l'espace public. Cette volonté donne donc lieu à une exploration de tous les degrés de fiction d'une voix à la fois individuelle et collective, à la fois intime et publique, une voix de l'écriture qui transcende l'entité-personnage et qui prend place sur scène dans des performances verbales.

Cette voix de l'auteur dramatique qui assume son éclatement, sans pour autant faire advenir d'autres entités – des personnages qui seraient entièrement détachés de leur ventriloque – devient donc la supravoix des fictions théâtrales québécoises les plus récentes, des fictions autopoïétiques grâce auxquelles l'auteur construit son identité et retrouve une place dans le champ théâtral.

I. Les êtres déterritorialisés du théâtre québécois des années 2000 : essai d'une typologie

> À bien des égards, le tournant du XXIè siècle constitue une période de consolidation pour la dramaturgie québécoise, prise au sens large.[...] Contrairement à ce qui était arrivé après le référendum de 1980, celui de 1995 n'a pas été suivi d'une morosité généralisée. [...] le théâtre québécois continue de reposer sur une puissante veine réaliste. Mais celle-ci est mâtinée de toutes les nuances possibles.[15]

Dans cette partie, nous allons parcourir des œuvres du théâtre québécois des années 2000 le plus variées possible (auteurs de génération et formation différente) que nous avons choisi car elles permettent de comprendre comment les auteurs, suivant l'héritage du dramaturge fondateur Michel Tremblay, détourne des formes théâtrales réalistes en présentant des personnages troublants. Nous présentons une typologie des personnages présents dans ces écritures en suivant le fil directeur suivant : comment ces dramaturgies déconnectent le personnage d'un modèle psychologique pour faire signe vers sa création et donc la voix de son auteur ?

Nous verrons tout d'abord que beaucoup d'auteurs déconstruisent le modèle familial pour donner à voir un personnel dramatique sans famille ou démultiplié, nous verrons ensuite que d'autres auteurs coupent leur personnage d'un ancrage spatio-temporel et jouent notamment sur la reconduction et/ou la déconstruction de clichés autour de l'américanité, puis nous verrons qu'à la place d'une profondeur psychologique, les auteurs donnent à leurs personnages une profondeur intertextuelle (ce qui les place eux, auteurs, dans une histoire littéraire et théâtrale) et enfin

15 Hervé GUAY, « Le nouveau désarroi amoureux et quelques vertiges identitaires. Portrait de la dramaturgie de 1995 à 2005 », *in* « Paroles d'auteurs », *Jeu*, n° 120, 2006, p. 96 et 101.

nous verrons que beaucoup de jeunes auteurs jouent avec des personnages médiatisés issus de l'imaginaire de notre société globalisée.

1. Décomposition du modèle familial...

La famille a longtemps été le fondement solide de la dramaturgie québécoise. De Gratien Gélinas à Michel Tremblay, en passant par Marcel Dubé, autrement dit, trois pères du théâtre québécois, la dramaturgie québécoise a souvent mis en scène des cuisines, des chambres, bref des intérieurs de maison où se nouaient et se dénouaient des intrigues essentiellement familiales. L'acte théâtral fondateur des *Belles-Sœurs* en 1968 est centré sur la représentation d'une famille au sens élargi : famille, amis, voisins. Ainsi, Tremblay a toujours considéré le Plateau Mont-Royal comme une grande maison qui abritait la famille étendue de son personnel dramatique. Dans les années 1970, les frères et sœurs de Réjean Ducharme, les familles de Jean-Claude Germain sont le lieu d'une tension plus grande qui dit le mal-être de la société québécoise et ses questionnements identitaires. Comme nous le dit Jonathan Weiss dans son article « Le théâtre québécois : une histoire de famille » : « La famille, haut-lieu de l'idéologie catholique du XIXe et de la première moitié du XXe siècle devient, dans le théâtre des années 1970, le symbole même d'une société en train de subir d'importants changements[16] ». L'enjeu devient l'appartenance à une communauté, à une revendication nationale. Jean-Claude Germain, de ce point de vue, est celui qui aura le plus travaillé la représentation de la famille comme création d'une histoire collective pour le Québec. Il s'agissait alors pour lui comme pour d'autres auteurs de construire une mythologie constitutive de l'identité québécoise.

Mais avec les années 1970, l'avènement d'un théâtre de collectifs et en particulier de collectifs de femmes va venir morceler, déconstruire cet idéal familial pour remettre en question la filiation comme reproduction des mêmes schémas et replacer les femmes au centre de la société. Or, ce théâtre des femmes substitue justement à l'image de la femme reproductrice (au sens concret – celle qui donne la vie – et au sens abstrait – celle qui reconduit le modèle porté par sa propre mère), celle de la créatrice (créatrice de nouveaux modèles, d'objets artistiques), qui peut donc remettre en question le lien familial pour s'inventer *ex nihilo* :

16 Jonathan WEISS, « Le théâtre québécois : une histoire de famille », *L'Annuaire théâtral*, n° 5-6, 1988-1989, p. 136.

> En effet, un état de guerre s'était installé entre des générations de mères et de filles, alors que ces dernières voulaient se réinventer. [...] Elles s'aventuraient sur une terre inconnue, reniant la mère patriarcale pour redécouvrir la matrice dans la figure de la créatrice. [...] Cette transformation de la femme en un être créateur et, par extension, en artiste, devient vite une thématique récurrente du théâtre québécois. Reniant la mère, dont le labeur n'est valable que s'il produit un fils, le théâtre des femmes multiplie les figures de créatrice qui, elle, à la possibilité de donner naissance au cri, au changement. Par extension, les femmes vont se mettre à « accoucher » en public, exposant tous les aspects de leur vie privée.[17]

Cette remise en question de la filiation à tous les points de vue par les femmes (ne pas être seulement la fille de sa mère, ne pas être seulement la mère de son fils) est ensuite omniprésente dans la dramaturgie québécoise. Et si les années 1980 ont fait basculer la dramaturgie québécoise du côté d'une intimité et d'un individualisme qui accompagnaient une désillusion du collectif, le théâtre des années 1990 et 2000 offre un territoire trouble où les familles défigurées et reconfigurées restent le lieu d'une grande violence « irréductible [...] à l'opposition matrilinéaire/patrilinéaire[18] », comme nous le dit David Blonde dans son article « Entre Oreste et Barbe-bleue : la violence dans la scène familiale québécoise, 1981-2002 ». Que dire en effet aujourd'hui des mères privées d'enfants chez Normand Chaurette, des orphelins à la recherche de pères chez Daniel Danis, de l'impossibilité de trouver une famille stable chez Larry Tremblay, des animaux qui envahissent le cercle familial comme chez Michel-Marc Bouchard et chez Justin Laramée ?

Il faut prendre acte d'une déconstruction de la famille (famille qui était le lieu d'un théâtre réaliste) dans le théâtre québécois contemporain en entrant dans ses manques et ses dérèglements et interroger ses reconfigurations.

1.1 Les pères absents

Le premier élément qui semble présider à la déconstruction du modèle familial dans la dramaturgie québécoise contemporaine est l'absence ou la disparition du père et sa recherche sans fin par les personnages. Or,

---

17 Nadine DESROCHERS, « Le théâtre des femmes », *in* Dominique LAFON (dir.), *Le Théâtre québécois 1975-1995*, Montréal, Fides, coll. « Archives des lettres canadiennes », tome X, 2001, p. 112.

18 David BLONDE, « Entre Oreste et Barbe-bleue : la violence dans la scène familiale québécoise, 1981-2002 », *L'Annuaire théâtral*, n° 32 (automne 2002), p. 146.

cet élément dramaturgique n'est pas sans lien avec la société québécoise dans son ensemble après les années 1960 et la Révolution tranquille, une société à la recherche d'une identité qui passe par la reconnaissance d'une autorité, d'une filiation avec un passé, d'un garant. Sur ce point, on peut citer Pierre Nepveu dans *L'Écologie du réel* qui dit que « la Révolution Tranquille est d'abord une histoire de fils orphelins qui se cherchent non pas une mère mais, presque désespérément, une identification paternelle.[19] » Le thème du père absent dans la culture québécoise est connu et a été amplement discuté. Il semble qu'il fasse désormais partie d'un folklore, mais que certains auteurs le réactivent.

Par exemple, la dramaturgie de Daniel Danis met sans cesse en scène l'absence du père et la recherche par les personnages d'une référence fondatrice, d'une origine qui leur permette de trouver leur place dans le monde en les inscrivant dans une filiation avec un avant.

C'est le cas dans *Le Langue-à-langue des chiens de roche*, une pièce publiée pour la première fois en 1998. Il y est question d'une île fictive sur le Saint-Laurent où neuf personnages (Joëlle, Djoukie, sa fille, Léo, ses fils Niki et Charles, Coyote et Déesse, Simon et Murielle) survivent dans les douleurs du présent et du passé et les frénésies nocturnes organisées par Coyote. Joëlle élève seule sa fille Djoukie, à laquelle elle refuse de donner le nom de son père : « JOËLLE : Je me suis démanché le cœur toute la journée à te demander de ne plus me parler d'un père que tu aurais pu avoir[20]. » Djoukie, adolescente rebelle qui a du mal à s'inscrire dans le monde insulaire où elle est plongée cherche moins le nom d'un père que l'idée d'en avoir un, c'est-à-dire un socle : « DJOUKIE : Dis-moi qui est mon père que je ne veux pas rencontrer, donne-moi juste la garantie d'en avoir un. Pourquoi, maman, on ne partirait pas vivre sur la terre de nos ancêtres[21] ? »

Dans *Terre Océane* du même auteur, publiée en 2007, Gabriel, un jeune adolescent, est en phase terminale d'un cancer. Sa mère adoptive, ne pouvant plus supporter de voir son fils si malade, le renvoie chez son père adoptif qu'il n'a pas vu depuis dix ans. La pièce montre alors le cheminement de cet adolescent pour trouver une place dans le monde avant la mort, grâce à la présence d'un père. C'est en outre un double

---

[19] Pierre NEPVEU, *L'Écologie du réel, Mort et naissance de la littérature québécoise contemporaine*, Montréal, Éditions du Boréal, 1999, p. 72.

[20] Daniel DANIS, *Le Langue-à-langue des chiens de roche*, Paris, L'Arche, 2002, p. 11.

[21] *Ibidem*, p. 13.

arrachement à un père, à une filiation, qui est mis en scène, puisque l'enfant est déjà orphelin et adopté et qu'il a été à nouveau arraché à son nouveau père, bébé. Il faut ajouter à cela qu'Antoine, le père adoptif de Gabriel, a lui aussi été abandonné par ses parents à son oncle Dave lorsqu'il était enfant. Il y a donc ici une multiplication de filiations impossibles dont le recouvrement par la construction d'une nouvelle famille devient l'enjeu dramatique de la pièce, un enjeu autour de la filiation qui parcourt la dramaturgie québécoise dans son ensemble, comme le suggère Alexandre Lazaridès dans un article intitulé « Figures masculines : un état des lieux » :

> Les pères ont été des fils, et les fils seront des pères : telle est la chaîne généalogique que la dramaturgie québécoise semble inlassablement parcourir à la manière d'une fatalité. La décennie qui s'achève (90-99) ne fait pas exception à la règle. La famille reste un lieu de tension, mais certaines données traditionnelles de l'affrontement des mâles de générations différentes ont tout de même changé depuis Marcel Dubé et Michel Tremblay. Déplacement significatif : tout drame y est désamorcé au départ par l'affaissement du rôle des parents et l'autonomie relative et précoce des jeunes, plus ouverts sur le monde et mieux équipés en dialectique, même si leur place sociale demeure imprécise. Les arguments utilisés par les fils ont un caractère généralisateur et presque abstrait qui laisse croire que ce n'est plus tellement le pater familias qui est en question, que sa fonction problématique de modèle dans une société centrée sur les droits individuels. Les pères se défendent eux aussi autrement. Certes, on en a bien fini avec les pères fouettards d'antan et, pour ceux de la nouvelle génération, le temps de la grande perplexité est arrivé. Ils s'interrogent, comme s'ils avaient soudain acquis un sens nouveau de la relativité des choses.
>
> Pourtant, les données disons anthropologiques qui fondent la famille patriarcale sont toujours là : […] le fils demeure une possession symbolique du père, monnaie d'échange social dont celui-ci peut disposer à sa guise (…) et parfois brutalement.[22]

1.2 Les familles dysfonctionnelles

La dramaturgie québécoise devient alors le lieu de tous les dérèglements familiaux et met en scène des familles impossibles ou dysfonctionnelles qui ouvrent sur des formes théâtrales complexes qui remettent en question un réalisme installé au début de la pièce et qui se révèle être un leurre.

---

22 Alexandre LAZARIDÈS, « Figures masculines : un état des lieux », *Jeu*, n° 97, 2000, p. 34.

C'est le cas dans la pièce *Le Ventriloque* de Larry Tremblay. Il est assez difficile de faire un résumé de cette pièce tant la fiction est complexe et volontairement complexifiée par des imbrications et détours et superpositions de couches de sens. On peut citer ici le résumé de la pièce qu'en fait le Centre des Auteurs Dramatiques du Québec : « Un ventriloque prête sa voix à une poupée adolescente qui raconte un anniversaire raté par la faute d'une famille étouffante… Pour ses seize ans, Gaby reçoit un stylo qui concrétise tout ce qu'elle écrit. Son ambition est d'écrire "le plus beau roman du monde", mais son frère s'en empare… Adulte, Gaby subira la cruelle thérapie du Docteur Limestone, qui veut la forcer à terminer son histoire[23]. »

En tout cas, si la famille dans cette pièce constitue un arrière-plan mince dans la dynamique d'emboîtement d'identités qui se donnent à voir, la relation frère/sœur est au centre de la dynamique dramatique et les figures de Gaby et Aurélien, frère et sœur et auteurs concurrents, sont centrales. Or, leur relation est trouble puisqu'on peut y déceler une forme d'amour obsessionnel allant jusqu'à la folie et au meurtre. Ainsi, les motifs de l'inceste et du fratricide planent sur la pièce. On peut lire cette jalousie et cet amour monomaniaque dans une tirade du Docteur Limestone qui se révèle être en réalité (réalité sujette à caution elle aussi), Aurélien, le frère de Gaby :

> Docteur Limestone : Et moi, je te hais. Tu vas payer ton crime. C'est inadmissible qu'une jeune fille de seize ans écrive un chef-d'œuvre. C'est moi, Aurélien Létourneau, qui suis l'écrivain dans la famille. Qui a gagné le prix Henri-Débouleau pour son livre de poésie ? Moi ! Qui est le poète le plus prometteur de sa génération ? Moi ! Mon livre « Le Déluge de minuit » a séduit tous les critiques. (…) je ne suis pas encore devenu débile même si, dans ton imagination malsaine, tu m'affubles d'un nom ridicule : Docteur Limestone ! Tu tiens évidemment à ce que je ne me reconnaisse pas moi-même. (…) Tu imagines les subterfuges les plus grotesques pour te déshabiller devant moi, tu me donnes une autre peau, toute noire, tu t'amuses à me faire souffrir, à déchirer ma chair, tu te frottes à moi, tu m'embrasses, tu es dégueulasse, je suis ton frère, Gaby, tu n'as pas le droit d'assouvir tes instincts sexuels sur moi, c'est de l'inceste, un crime ![24]

---

[23] http://www.cead.qc.ca/repw3/tremblaylarry.htm.

[24] Larry TREMBLAY, *Le Ventriloque*, Carnières-Morlanwelz, Éditions Lansman, 2003 [2001], p. 44.

Dans le théâtre québécois des années 2000, les relations fraternelles ou sororales sont souvent détournées dans le cadre d'un amour ou d'une haine excessive.

C'est ce qui est à l'œuvre dans *Le Petit Köchel* de Normand Chaurette. Le résumé de la pièce est très simple. Deux sœurs musiciennes, Lili et Cécile Motherwell, vivent ensemble. Deux autres sœurs, Irène et Anne Brunswick, des musicologues, arrivent. Elles font allusion à leur carrière musicale et au fait qu'elles ont sacrifié leur fils à Mozart. Le fils, un fils, car on ne sait pas de laquelle il est le fils – du moins au début de la pièce – se terre dans la cave ; on ne sait pas quel âge il a. C'est en tout cas autour de lui que les quatre femmes s'agitent puisque, ce jour-là, il a décidé de se pendre. Mais l'intrigue se complexifie lorsqu'on se rend compte que le drame qui se joue devant nous s'est déjà joué plusieurs fois et qu'on ne peut dater l'événement fondateur de cette mascarade. On suit alors une étrange partition musicale dans un langage à la fois quotidien et teinté de mystère. Or les sœurs Irène et Anne Brunswick sont vraiment présentées comme un vieux couple qui ne fonctionne plus et l'absence d'hommes dans cette pièce ne fait qu'accroître cette représentation du couple incestueux. Anne décide d'ailleurs de ne plus vivre avec sa sœur et cette décision est présentée comme une rupture dans un couple :

> ANNE. *après un long silence*. Je vais quitter ma sœur.
> CÉCILE. … vous ?
> ANNE. Oui. L'heure de la rupture a sonné entre Irène et moi.
> CÉCILE. Elle vous a dit des choses ? C'est remédiable, peut-être.
> ANNE. Retenti, devrais-je dire. Vous ne comprenez pas. Ce n'est pas une question de choses dites ou non dites. C'est une décision. Une résolution de la part, une démarche inexorable qui ne peut qu'aboutir au désarroi. Et pourtant je n'ai pas le choix. C'est un paysage d'une désolation mille fois plus cinglante qui s'offre à ma vue si je reste. Si je rate le rendez-vous.
> CÉCILE. Quel rendez-vous ?
> ANNE. Je dîne vendredi avec ma liberté.
> CÉCILE. Où donc ?
> ANNE. À l'aéroport.[25]

Les manques, les dysfonctionnements de la famille dans la dramaturgie québécoise contemporaine sont donc nombreux. La filiation n'est plus une évidence, mais un lien sans cesse à reconstruire autour de la

---

25 Normand CHAURETTE, *Le Petit Köchel*, Montréal-Arles, Leméac/Actes Sud, 2000, p. 35-36.

disparition d'une figure essentielle, le père. De même, l'amour entre les frères et sœurs est toujours vampirique, destructeur, et réinvestit les motifs tragiques de l'inceste et du fratricide, ce qui ouvre cette dramaturgie sur une mythologie violente, une nuit des temps d'avant la structure familiale connue et donc un monde aux prises avec des forces cosmiques qui n'est pas encore institué en société.

2. … et familles recomposées : substitutions et démultiplications

On peut alors étudier les mécanismes de substitution et de reconfiguration qui s'opèrent pour créer dans le théâtre québécois contemporain de nouvelles familles autour d'une pensée originale sur la société et un questionnement profond sur la fiction théâtrale : le règne de la démultiplication, de l'interchangeabilité et de l'animalité.

2.1 Les parents démultipliés, les enfants absents

On constate comme premier type de reconfiguration, une forme de démultiplication des figures de parents, qui peuvent d'ailleurs être sans enfant, ce qui propose un modèle qui tourne à vide avec la multiplication de figures d'autorité, de référence, sans filiation ni transmission possible. Le monde donné à voir ne présente plus alors de lien entre un passé et un futur, et la communication est coupée, de sorte que les personnages sont enfermés dans un présent éternel, définitif et répétitif.

Chez Chaurette par exemple, on note la récurrence d'une démultiplication de figures maternelles sans objet, soit que l'enfant soit mort comme dans *Stabat Mater II*, soit qu'il soit dans un hors-scène qui peut aussi s'apparenter à la mort passée ou imminente comme dans *Le Petit Köchel*.

Stabat Mater II présente une suite de témoignages de mères venant reconnaître le corps de leurs filles noyées dans un fleuve. Il s'agit alors de mères sans enfants, à la recherche de leur fille (puisqu'on a ici une filiation strictement féminine, comme c'est souvent le cas de la dramaturgie chaurettienne qui consacre la disparition du père). Ces mères sont interchangeables dans la douleur similaire qui les habite et leur destin s'inscrit dans une généalogie de la souffrance vouée à se répéter sans renouvellement possible dans la mesure où le futur ne peut advenir. La mort des jeunes filles consacre aussi l'enfermement des mères dans un présent inéluctable et sans issue : « DIXIÈME MÈRE. [...] « Madame Unetelle a perdu son enfant. La sœur de Madame Unetelle a perdu son enfant. La mère de Madame Unetelle a perdu son enfant. L'enfant de Madame Unetelle a perdu son enfant.[26] ». En outre, il n'est jamais question de l'identité de ces mères, puisque le sujet abordé dans leurs témoignages est la reconnaissance de leur fille, la proposition d'un portrait physique et moral de ces filles et l'expression de la relation mère-fille. L'identité des mères est donc confondue dans la disparition de leurs filles, comme si, à force de chercher à retrouver leur fille, à définir, à conserver une image de leur visage, le leur s'effaçait dans la douleur de la disparition de l'autre.

On retrouve cette multiplication des mères sans objet de filiation dans *Le Petit Köchel* où quatre mères d'un même enfant absent – comme nous l'avons vu – sont en scène et négocient avec cet enfant terré dans une cave, un hors-scène qui se révèle en fait être la mort, le passé. Pendant une grande partie de la pièce, l'ambiguïté règne sur l'identité de la véritable mère de l'enfant et les personnages se présentent toutes comme les mères de l'enfant :

> ANNE. Nous sommes deux musicologues et vous êtes deux interprètes. Nous n'étions pas faites pour engendrer autre chose que des trilles, des tierces et des staccatos. Le malheur, ou le sort, a voulu cependant que l'une d'entre nous, momentanément distraite de son art, se soit, comment dire, égarée...[27]
>
> IRÈNE. De quelle mère cet enfant est-il issu ?
> LILI. Répondre à cela ? Fuyante Cécile, vas-tu répondre à cela ?
> IRÈNE. De quelle mère cet enfant est-il issu ?
> ANNE. Dîtes-nous cela, Cécile, que nous dépêchions la fautive à la gémonie[28].
>
> CÉCILE. Tu regardes la table où l'on va bientôt nous servir un enfant issu d'un seul ventre, le mien, où tu ne veux pas qu'il retourne. Il retournera dans ceux de mes sœurs, mes siamoises d'éternité, car c'est notre décision[29].

On note ici l'extrême dérèglement familial qui règne dans cette pièce puisque ces mères siamoises et cannibales proposent d'incorporer leur

---

[26] Normand CHAURETTE, *Stabat Mater II*, Montréal-Arles, Leméac/Actes Sud, 1999, p. 33.

[27] Normand CHAURETTE, *Le Petit Köchel*, Montréal-Arles, Leméac/Actes Sud, 2000, p. 22.

[28] *Ibidem*, p. 27.

[29] *Ibid.*, p. 49.

propre enfant. Non seulement, il n'y a plus de futur possible (en effet, elles sont enfermées dans un présent qui se répète à l'infini) mais en plus, elles peuvent ingérer leur progéniture, leur possibilité de futur. Et en réalité, les mères sont surtout assujetties au fils avec lequel elles doivent sans cesse négocier et qui leur a imposé les conditions de leur prison éternelle.

Le fils, l'enfant, devient celui dont on a peur, l'autre à incorporer, à comprendre, qui s'expose tel un monstre d'humanité. C'est l'hypothèse de David Blonde dans son article « Entre Oreste et Barbe-Bleue : la violence dans la scène familiale québécoise, 1981-2002 » :

> Mais dans *Le Petit Köchel* comme dans *Catoblépas*, la violence place la mère à genoux devant le fils, ce qui constitue un curieux renversement par rapport à la tradition matriarcale du théâtre québécois. Toutefois, les offrandes humaines rituelles que la mère fait au fils dans *Le Petit Köchel* et *Catoblépas* sont rendues significatives non pas par le renversement, voire l'abolition, des structures familiales – et par ricochet, politiques – qu'elles supposent mais, par-delà la question des filiations, par ce qu'elles représentent au sens théâtral du terme : aussi bien le désir de reconquérir l'innocence de l'homme à l'état de nature que la peur d'une chute violente dans le désordre. Bref, la violence rituelle ressuscite le fils [...] : il incarne désormais, selon la perspective, une énergie vitale à vénérer ou un monstre à craindre comme Dieu.[30]

2.2 Dédoublement et gémellité

Dans le cadre de ces démultiplications dans le modèle familial, on trouve aussi chez les auteurs québécois contemporains des figures du dédoublement, de la gémellité qui sont aussi une image de la démultiplication des personnages. Ainsi, dans *Le Petit Köchel*, l'enfant a demandé à des mères de pouvoir manger, incorporer, des jumelles musiciennes, les jumelles Heifetz, comme pour accroître l'horreur de son cannibalisme en la redoublant. Lui, le fils unique de quatre mères, demande donc à manger des jumelles qui sont à la fois représentantes d'une féminité et d'un talent musical, comme ses mères. Donc, dans ce geste anthropophage, il y a aussi un questionnement de la filiation. Le fils mange des représentantes des mères, ce qui est la réciproque de son envie à lui d'être mangé par ses mères.

---

[30] David BLONDE, « Entre Oreste et Barbe-bleue : la violence dans la scène familiale québécoise, 1981-2002 », *L'Annuaire théâtral*, n° 32 (automne 2002), p. 144-145.

> Coupables d'avoir voué un culte à Mozart tout en négligeant leur progéniture, les quatre « mères dévorantes » offrent les jumelles Heifetz en holocauste afin d'apaiser les rugissements de leur fils jaloux. Mystérieux, redoutable, éminemment désirable, ce dernier a l'allure d'un dieu caché. Que le violoniste américain Jascha Heifetz se métamorphose en jumelles dans le texte est significatif, car le propre du gémellaire est le caractère exponentiel des forces primordiales qui s'en dégagent par-delà toute structure sociale. D'autres cultures, pourtant, moins centrées sur la notion de personne recourent à l'image des jumeaux, non plus pour mettre l'accent sur le repliement dans la ressemblance mais, au contraire, pour insister sur les bénéfices que procure la multiplication de l'identique. Dans cette perspective de sous-estimation des relations de couple qui est celle du clan, c'est bien la vision euphorique de la fertilité initiale symbolisée par la naissance double qui préside à la fantasmagorie gémellaire (Boyer, 1988 : 630). En mangeant les jumelles Heifetz, que l'on pourrait tenir pour les figures emblématiques de la fécondité, le fils anthropophage veut accaparer les vertus créatrices de la féminité et de la musique à la fois.[31]

On retrouve aussi beaucoup la figure du double dans *e [un roman-dit]* de Daniel Danis, pièce publiée en 2005. Le texte raconte la quête politique et intérieure de J'il, le fils aimé d'une nation de Métis, à la recherche d'un territoire à habiter dans un temps de guerre troublé. Ce héros est démultiplié par plusieurs procédés dramaturgiques. Tout d'abord, le récit théâtral puise sa forme dans l'épopée antique et la chanson de geste médiévale pour raconter la vie de ce héros, J'il, dont les épreuves et exploits sont mis en langage dans une forme de théâtre-récit qui dédouble le personnage en actant et narrateur.

Par ailleurs dans cette pièce, le héros est démultiplié dans la mesure où on le voit simultanément à plusieurs âges de sa vie. Ainsi les moi issus de différentes temporalités peuvent entrer en dialogue. Et d'une certaine façon, le héros est prédestiné à une inéluctable division de son moi intérieur car son nom, J'il, évoque déjà une scission qui lui est inhérente, entre un moi (« je ») et une distanciation à soi (« il »), ce qui définit une impossibilité pour le personnage de se définir comme une unité, une entité fixe :

> J'IL 12.
> Quand je me parle dans ma tête, je dis je, et toi, J'il ?
> J'IL.
> Je me dis tu.
> [...] mon J'il, je, mon moi d'enfance.[32]

---

31 *Ibidem*, p. 142.

32 Daniel DANIS, *e [un roman-dit]*, Paris, L'Arche, 2005, p. 39.

Et cette démultiplication se poursuit dans sa filiation puisqu'il donne naissance, avec Romane Langagière (le personnage qui représente la langue, le dire) à des jumeaux dont les noms évoquent le rapport à la temporalité que l'on trouvait déjà dans la scission des figures du héros J'il : Jadis et Demain. Le double engendre le jumeau, de la même façon que dans *Le Petit Köchel*, et l'arbre généalogique des personnages du théâtre québécois contemporain est alors paradoxalement tronqué en même temps que démultiplié et pour toujours déséquilibré.

2.3 Interchangeabilité et renaissances perpétuelles

Le deuxième type de reconfiguration familiale qui est omniprésent dans le théâtre québécois contemporain, outre la démultiplication, est l'interchangeabilité et la renaissance perpétuelle des personnages mis en scène qui sont à relier à une tendance métathéâtrale globale de ce théâtre.

Larry Tremblay qui déconstruit le modèle familial, met aussi en scène des remplacements et imbrications d'identités de sorte qu'un être peut naître d'un autre et le remplacer sous la forme d'une filiation modifiée.

Dans *Le Ventriloque*, la superposition de niveaux fictionnels provoque des empilements d'identités pour les personnages. Ce phénomène est repérable dans les personnages du Ventriloque et du Docteur Limestone. D'ailleurs l'imbrication est programmée par Larry Tremblay lui-même dans sa présentation des personnages : « Un seul acteur joue les rôles du ventriloque et du Docteur Limestone[33] ». En outre, si dans la liste des personnages on note la juxtaposition de ces deux personnages, « Ventriloque/Docteur Limestone[34] », on constate en revanche l'absence criante du personnage de la poupée qui n'a d'existence que dans le cadre de la première scène dialoguée (même s'il n'y a pas clairement de division en scènes). On est alors en droit de se demander qui est Limestone ? « Qui est le ventriloque qui, d'entrée de jeu, manipule la poupée qui raconte une fête d'anniversaire calamiteuse[35] », événement qui justement arrive aussi au personnage de Gaby ? Doit-on alors conclure que la poupée n'est autre que Gaby elle-même, autre personnage de la pièce autour de qui tout le mécanisme dramatique se construit ? *Le Ventriloque* donne à voir un combat théâtral pour obtenir la place du corps : on ne sait plus s'il y a un

33 Larry TREMBLAY, *Le Ventriloque*, *op. cit.*, p. 4.

34 *Idem.*

35 Jean SAINT-HILAIRE, « Le retour d'un auteur éclectique », sur *Le Ventriloque*, *Le Soleil*, Montréal, 6 décembre 2003.

seul corps pour deux personnages ou deux corps pour un seul personnage. L'emboîtement est utilisé à l'extrême et donne une impression de vertige. On peut dénombrer une douzaine d'emboîtements qui correspondent aux douze cahiers d'écriture de Gaby. Les personnages sont alors des poupées gigognes ; l'identité saute d'un corps à l'autre sans jamais se fixer et la dynamique d'emboîtement-dévoilement n'aboutit qu'à un vide, une quête de soi impossible qui fait disparaître toute essence du personnage.

Larry Tremblay poursuit ce travail dans la pièce *Abraham Lincoln va au théâtre*, Voici un résumé de la pièce extrait d'un article de Christian Saint-Pierre dans *Le Devoir* et qui en révèle déjà la complexité du point de vue des personnages : « Le 14 avril 1865, un acteur, John Wilkes Booth, assassine Abraham Lincoln lors d'une représentation de *Our American Cousin* au Ford's Theatre de Washington. Quelques décennies plus tard, Marc Killman, un metteur en scène craint et admiré, engage deux acteurs populaires, avatars de Laurel et Hardy, et leur propose de rejouer l'assassinat de Lincoln dans un spectacle sur la schizophrénie de l'Amérique. » Si nous faisons, nous aussi, un résumé, nous pouvons mettre en évidence les couches de désignation des personnages pour montrer qu'on a affaire à une dramaturgie du « nom qui peut en cacher un autre ». La liste des personnages au début de la pièce est très simple et comporte trois noms : Laurel, Hardy et Abraham Lincoln. Cette liste sera respectée car tout au long de la pièce, ces trois noms seuls seront utilisés pour introduire les paroles des personnages. Mais cette liste introduit d'emblée du trouble dans l'esprit du lecteur-spectateur puisqu'elle superpose déjà plusieurs niveaux de fictionnalité en juxtaposant les noms de deux acteurs burlesques américains de l'entre-deux-guerres figés dans des personnages-types, le gros et le maigre, et le nom du seizième président des États-Unis, mort en 1865. Larry Tremblay détourne déjà l'utilisation de noms connus pour créer des personnages qui ne soient pas référentiels. Cette liste de personnages crée donc pour le lecteur, des attentes en même temps qu'elle en programme, et c'est là tout le jeu de Tremblay, la déception, puisque, à mesure que la pièce avance, elle perd tout son sens pour apparaître réductrice, illusoire et mensongère. Les noms de Laurel et Hardy cachent en réalité deux personnages – qui sont des acteurs québécois – Christian Larochelle et Léonard Brisebois, que le metteur en scène Marc Killman (qui se cache sous Abraham Lincoln) rebaptise Laurel et Hardy pour les mettre en scène dans une pièce sur le meurtre d'Abraham Lincoln. Mais ce n'est pas tout, car à la mort de Marc Killman c'est Sébastien Johnson qui doit incarner Abraham Lincoln sous lequel se cacherait le metteur en scène Marc Killman dans une pièce mise en en scène par Léonard et Christian qui s'intitulerait *Marc Killman va au théâtre*, et enfin, à la mort de Léonard, tué par Christian, Sébastien Johnson veut monter une pièce où l'acteur Michel Ozouf jouera Christian Larochelle et Dominic Lux jouera Léonard Brisebois, dans une pièce intitulée *Laurel et Hardy vont au théâtre* ! On a donc une chaîne de strates configurée ainsi : Laurel-Christian Larochelle-Michel Ozouf, Hardy-Léonard Brisebois-Dominic Lux et Abraham Lincoln-Marc Killman-Sébastien Johnson.

Cette complexité vertigineuse s'inscrit en fait dans un goût du théâtre québécois pour la forme du mélodrame qui affectionne les scènes répétées de reconnaissance et de reconfiguration de la famille. Jean-Pierre Ronfard décelait déjà à la fin des années 1990 cette obsession du mélodrame dans le théâtre québécois autour des thématiques familiales : « D'abord le terrain : bien sûr et avant tout la famille. Mais pas n'importe laquelle. Une famille codée au départ. Père absent, mort ou enfui. Mère abusive : la moman type ou la matante qui s'y substitue. [...] Les enfants en révolte, bien sûr. Pour affirmer leurs identités, ils sautent à pieds joints dans les aventures sexuelles prétendument anormales : inceste, homosexualité [...][36] ». Jean-Pierre Ryngaert a confirmé cette tendance du théâtre québécois contemporain au mélodrame – du point de vue des fables proposées – dans un article sur « Les figures du mélodrame dans les écritures d'aujourd'hui » en la définissant même comme une spécificité par rapport au théâtre français :

> Beaucoup de dramaturges québécois récents, plus que leurs homologues français, ont pris le risque de raconter des histoires riches en événements terribles, parfois au cœur des familles, parfois en reliant les drames intimes aux violences du monde et aux horreurs contemporaines, le plus souvent en référence à la guerre.[37]

Donc, même si la famille devient impossible, il reste cependant une forme de jeu autour des thèmes du mélodrame, comme dans la forme ici développée par Tremblay de la scène de reconnaissance à l'infini. Car si les motifs du mélodrame sont exploités dans le théâtre québécois contemporain, ils constituent en réalité des « pulsions » comme l'affirme Jean-Pierre Ryngaert et ses « pulsions » vont ensuite prendre place dans des dispositifs qui vont les détourner :

---

36 Jean-Pierre RONFARD, « Opinion. Le triomphe du mélo », *Jeu*, n° 51, juin 1989, p. 32.

37 Jean-Pierre RYNGAERT, « Figures du mélodrame dans le théâtre d'aujourd'hui », *L'Annuaire Théâtral*, n° 50-51, automne 2011 - printemps 2012, p. 171.

> Les pièces obéissent à des pulsions réalistes-psychologiques, aussi bien qu'à des pulsions épiques, ou dramatiques ou mélodramatiques, avec un lot de figures et d'actions stéréotypées au-dessus desquelles surnage la quête du père mort ou disparu et les risques de l'abandon.[38]

Ainsi, l'écriture du personnage se complexifie et le théâtre québécois contemporain détourne son héritage réaliste en représentant encore et toujours des familles, mais des familles déstructurées qui permettent aux auteurs de vider les personnages de leur psychologie et de proposer des formes dramaturgiques complexes. Une autre façon de dépsychologiser le personnage est l'écriture d'une humanité monstrueuse, animale. Or, si ce motif de l'animal est une forme de cliché de l'écriture québécoise ancrée dans un territoire sauvage peuplée d'ours et de loups, il devient un motif dramaturgique capable de renouveler l'écriture du personnage.

2.4 Un monde animal : cycle de la vie et nouvelles tribus

2.4.1 Animaux-témoins et recomposition familiale

> DÉCLARATION
> […]
> l'automne est venu je me souviens presque encore
> on a préparé des niches pour les chiens pas vrai
> mais à moi, à mon amour, à mon mal gênant
> on ouvrit toutes grandes les portes pour dehors
>
> or dans ce monde d'où je ne sortirai bondieu
> que pour payer mon dû, et où je suis gigué déjà
> fait comme un rat par toutes les raisons de vivre
> hommes, chers hommes, je vous remets volontiers
> 1-ma condition d'homme
> 2-je m'étends par terre
> dans ce monde où il semble meilleur
> être chien qu'être homme[39]

Chiens, oies, moutons, mouches, chevaux, cochons, mais surtout chiens, par centaines, dotés ou non de langage : voici le bestiaire présent dans la dramaturgie québécoise contemporaine et même dans un imaginaire plus global de la culture québécoise comme en rend compte cet extrait du texte canonique de Gaston Miron, véritable ode au Québec.

---

[38] *Ibidem*, p. 174.

[39] Gaston MIRON, *L'homme rapaillé*, Paris, Gallimard, 1999, p. 52.

Ce bestiaire ne cesse de s'agrandir et de pointer la présence de l'animal comme véritable spécificité de cette dramaturgie. Cette présence permet une ultime reconfiguration familiale en substituant l'animal au parent absent et en interrogeant, au-delà, le rapport de l'homme à la mort.

La dramaturgie québécoise contemporaine présente une multitude d'animaux dont la présence peut être concrète ou métaphorique. Ils sont alors la plupart du temps les témoins des actions humaines, du côté d'une forme de lucidité qui ne devrait pas se trouver dans l'animalité. Ils posent problème pour une scène possible concrète tout en ouvrant justement un espace imaginaire parfois fantasmagorique à la fable, comme on le voit dans cette didascalie initiale de la pièce *Le Langue-à-langue des chiens de roche* de Daniel Danis : « *La représentation des chiens sur scène semble nécessaire et significative, mais leur nature, leur nombre, leur état ou même le genre de présence (olfactive, sonore, visuelle) demeurent à découvrir.*[40] » Dans ce bestiaire de la dramaturgie québécoise, c'est justement le chien qui tient la première place. Christian Saint-Pierre affirme d'ailleurs que « cela ne fait pas de doute, le chien est une figure récurrente dans la dramaturgie québécoise[41]. »

L'exemple le plus flagrant est en effet *Le Langue-à-langue des chiens de roche* de Daniel Danis. Cette pièce se passe sur une île et l'île est envahie par des chiens dont les jappements constituent l'environnement sonore des personnages. Dans cette pièce qui place l'action sur un territoire où civilisation et sauvagerie se côtoient sans cesse, on trouve notamment Léo, propriétaire d'un chenil qui compte deux cent quarante-six chiens et dont la vie est envahie par cette présence canine, Léo qui est incapable de faire le deuil de sa femme Eva :

> LÉO
> Du chien, y'en a partout : dans les chambres du haut, dans les toilettes, dans la cuisine, sur les meubles défoncés du salon, dans les armoires, dans les garde-robes, sur les planchers, sur la véranda, dehors sous la galerie, dans l'ancienne voiture sans moteur et parfois dans leurs niches. »
> LÉO [...] Moi, j'ai quarante-deux chiennes qui dorment dans ma chambre, c'est pour leur protection parce que les gros mâles pourraient manger leurs portées.[42]

---

40 Daniel DANIS, *Le Langue-à-langue des chiens de roche*, Paris, L'Arche, 2002, p. 10.

41 Christian SAINT-PIERRE, « Les animaux en scène », *Jeu*, Montréal, n° 130, 2009, p. 88.

42 Daniel DANIS, *op. cit.*, p. 32.

Cette omniprésence des chiens crée un territoire, installe le décor de la vie de ce personnage et recrée une famille qui n'existe plus pour Léo. Les chiens sont même la condition d'existence des hommes dans cette pièce, à la fois comme envers et endroit d'une identité qui brouille la frontière entre humain et animal. Les chiens sont parfois une matière totalement réifiée dans l'expression « du chien, y'en a partout » mais peuvent – et cela va de pair ici avec une féminisation – être totalement personnifiés : « quarante-deux chiennes qui dorment dans ma chambre ».

Joëlle, elle aussi, possède un chien, Rex, qui tient lieu d'homme de la maison, et l'on retrouve chez elle comme chez Léo une personnification des chiens qui va très loin. En effet, sa fille Djoukie l'accuse à plusieurs reprises, avec une très grande violence, de coucher avec son chien au sens le plus cru, car Joëlle refuse de donner le nom de son père à Djoukie. Le chien remplace le parent absent, la famille absente : « DJOUKIE : Ton chien, lui, a le droit de dormir avec toi. [...] Dis-le que tu es une femme à chiens[43] » ou « DJOUKIE : Je viens de comprendre pourquoi tu ne m'aimes pas. Je suis le fruit d'un accouplement entre une femme et un chien. Je suis la marque vivante de tes actes brumeux[44] ».

Cette omniprésence d'animaux qui regardent les hommes, on la retrouve dans une pièce de 2001 de Michel-Marc Bouchard dont le titre est clairement évocateur : *Sous le regard des mouches*. Deux cousins élevés au milieu des porcheries confrontent leur vision de la condition humaine en faisant subir à leur entourage des jeux aussi cruels que ceux qu'ils ont déjà fait subir aux animaux. Les personnages évoluent donc au milieu d'une multitude de cochons si bien que Docile, la jeune femme étrangère à la maison amenée par Vincent, le fils, demande à voir les cochons avant la famille de Vincent :

> DOCILE- Trente-cinq porcheries, quatre cents cochons, ça fait.... ?
> VINCENT- Quatorze mille porcs.
> DOCILE- Wow ! Vous vous sentez comment, entourés de quatorze mille cochons ?
> VINCENT- Moins seul.
> DOCILE- T'es drôle. On peut aller les voir ?
> VINCENT- Qui ?
> DOCILE- Les cochons !
> VINCENT- La famille, avant.

43 *Ibidem*, p. 53.
44 *Ibidem*, p. 55.

> DOCILE- La famille avant. Les cochons après. Ç'a du bon sens. […] Après trois jours de relation, c'est plutôt vite pour se retrouver dans la belle-famille. J'aurais jamais imaginé une maison propre comme ça. […] Quand on parle de chez vous en ville, c'est toujours à voix basse, comme si on racontait une histoire louche.[45]

Le questionnement de la dramaturgie québécoise porte alors sur l'être détaché de la structure familiale et l'omniprésence de l'animal semble venir pallier la disparition d'une construction familiale stable : « Le père : C'est notre famille, tu m'as compris ? C'est notre famille. Le chien est notre famille.[46] ».

2.4.2 Troubles et métamorphoses

La présence de l'animalité va souvent plus loin car elle contamine les personnages humains. Ainsi, on peut trouver une inversion de caractéristiques entre les personnages humains et les animaux. S'opèrent alors des métamorphoses croisées qui viennent repousser et brouiller les frontières entre humanité et animalité : des humains avec des noms d'animaux et des animaux anthropomorphes. S'installe alors une continuité et une interchangeabilité toujours possible entre l'homme et l'animal.

L'exemple le plus parlant est sans doute *e [un roman-dit]* de Daniel Danis. Dans cette épopée théâtrale, c'est la figure de l'ours qui est omniprésente. Le héros J'il, dont la famille est totalement déconstruite, puisque son père est un roi lâche, incompétent et qui s'accoquine avec la femme du roi ennemi (événement qui provoquera la mort du fils du roi ennemi et l'emprisonnement de J'il), est présenté comme le frère d'une ourse noire. Or, cette ourse noire a un nom, Noiraude, qui résonne bien comme le nom d'un animal domestiqué par l'homme, mais elle a le pouvoir de parler. L'anthropomorphisme est assumé dans la mesure où Noiraude est jouée par une comédienne qui joue aussi un personnage de femme par ailleurs : « ourse noire jouée par la même comédienne que Dodue Doyenne[47]».

Noiraude représente une forme de sagesse et apparaît comme la réelle famille du héros. Cette fraternité humain/animal est soulignée à plusieurs

---

45 Michel-Marc BOUCHARD, *Sous le regard des mouches*, Paris, Éditions Théâtrales, 2001, p. 15.

46 Dominick PARENTEAU-LEBEUF, *Poème pour une nuit d'anniversaire*, Carnières-Morlanwelz, Éditions Lansman, 1997. p. 23.

47 Daniel DANIS, *e [un roman-dit]*, Paris, L'Arche, 2004, p. 13.

reprises. Quand J'il, à son tour, devient père, c'est d'ailleurs à Noiraude qu'il présente et confie sa fille, comme pour réaffirmer cette parenté avec l'animal :

> J'IL
> […] Voici la fille de ma langue
> notre espérance
> celle que je nomme, Soleil.
> Tiens, Noiraude, mon oursœur, place-la au chaud de tes bras.[48]

Mais il semble que le héros soit le seul à entendre cette ourse et à la considérer comme égale et non comme un animal sauvage. Il y a là une singularité du héros capable d'être en connexion avec les animaux.

> *Au pied de la falaise, Noiraude, l'ourse noire.*
> NOIRAUDE.
> Qu'est-ce qu'il fait bon sortir de la lumière !
> NOIRAUDE.
> Mon frère, J'il, l'hériter ! Quand un ours sort de sa cachette hivernale, s'il se lève debout et penche la tête par devant, avec le bras sur le front, il ne doit pas être tué, comme te l'a enseigné La Dite Anne.
> *Noiraude sort du buisson. Devant l'apeurement des jeunes, elle se sauve.*
> J'IL JEUNE.
> Ne courez pas ! Pas de mouvement brusque ! C'était Noiraude. Noiraude ![49]

Ce qui est intéressant, c'est que dans la famille ennemie de J'il, on retrouve cette même fusion homme/animal puisque le fils du roi ennemi est totalement assimilé à un ourson. On sait qu'il est un humain puisque son apparence d'ourson est clairement factice comme l'indique la didascalie :

> *Le maire Blackburn arrive avec un très jeune enfant déguisé en ourson dans les bras. […]*
> NOUNOURSE.
> Grrrr ! Grrrr ! Peupa, ils portent d'étranges costumes.
> NOUNOURSE
> Tu crois qu'avec mon costume, je peux leur donner une peur noire au point d'être une menace de mort ?[50]

Mais ce qui est déroutant, c'est que ce personnage de fils du roi ennemi, Blackburn, n'a pas d'autre nom que Nounourse. Il s'agit ici d'un nom

---

48 *Ibidem*, p. 110.
49 *Ibidem*, p. 29.
50 *Ibidem*, p. 22 et 28.

étrange puisqu'il résonne comme l'appellation enfantine donnée à des ours en peluche, ce à quoi en effet ressemble le personnage puisqu'il est affublé d'un costume d'ourson. Mais c'est le nom que son père lui donne comme si, lui-même, ramené à l'enfance, considérait son enfant comme un jouet animalisé. Quoi qu'il en soit, ce nom sera programmatique pour un être qui ne restera pas en vie longtemps dans la fiction mais sera instrumentalisé :

> NOUNOURSE.
> […] mais voilà, que lui, le fils de Dadagobert, le meilleur tireur à l'arc, avait pigé que son père était cuit si le Maire Blackburn le prenait le pied déshabillé. J'ai entendu la flèche cesser de siffler, ici, dans mon gosier, pendant que Dadagobert prenait la fuite comme un lapin. Trépassé pour une histoire de… Zut !
> BLACKBURN.
> Nounourse, mon fils ! Au meurtre ! Au meurtre de mon fils Nounourse ![51]

Ainsi, dans certaines pièces québécoises on voit s'amenuiser les frontières entre personnages humains et personnages animaux de sorte qu'humanité et animalité deviennent des pôles compatibles ou interchangeables s'appliquant à ce que l'on peut appeler des créatures fictives polymorphes. D'ailleurs, les chiens de Léo dans *Le langue-à-langue des chiens de roche* rendent possible la vie des hommes en la rêvant[52] et sont donc à rapprocher de la figure de l'auteur Danis qui prône une écriture rêvique de ses personnages.

Outre cette interchangeabilité, l'animalité dans la dramaturgie québécoise contemporaine est souvent présentée comme un possible futur pour l'humanité et surtout un dépassement de la condition humaine, au-delà de la mort. Ainsi, nombre de personnages semblent, après la mort, rejoindre un règne animal qui leur assure une forme d'éternité et d'omniprésence implicite dans le monde des humains.

2.4.3 Au-delà de la mort et cycle de la vie

Dans notre culture, l'homme a toujours été pensé comme l'articulation et la conjonction d'un corps et d'une âme, d'un vivant et d'un logos, d'un élément naturel (ou animal) et d'un élément surnaturel, social et divin. Nous devons, au contraire, apprendre à penser l'homme comme ce qui résulte de la

---

51 *Ibidem*, p. 31-34.

52 Cette idée est empruntée à Werner Herzog dans son film *Le Pays où rêvent les fourmis vertes* (1984).

> déconnexion de ces deux éléments et examiner non le mystère métaphysique de la conjonction, mais le mystère pratique et politique de la séparation.[53]

L'animalité représente souvent le corps de l'humain, son élément naturel par opposition à son âme, qui serait le berceau de son humanité. Or cette dichotomie est modifiée par la multiplicité dans la dramaturgie québécoise d'êtres fragmentés, démultipliés, diffractés dont les frontières entre intériorité et extériorité sont de plus en plus floues. L'animal devient l'*alter ego*, un autre qui est en soi et qui est soi. Pour Stéphanie Nutting, l'animal dans la dramaturgie francophone d'Amérique est le signe de l'altérité de manière générale, mais on peut ajouter ici que cet animal-autrui peut être en soi ou au dehors de soi et c'est ce qui fait la particularité des nouvelles créatures dramatiques dont le lien avec un monde extérieur est privilégié par le biais d'un corps disloqué, élément du monde et animal. On peut prendre ici un exemple dans la pièce jeune public de Daniel Danis publié en 2008 : *Bled*.

Petit Poucet réactualisé, Bled filme avec son portable le chemin qu'il emprunte pour trouver une maison à sa famille. Dans sa quête, il découvre Shed, son *alter ego* qui est sa part animale, son élément moteur en même temps que le but de sa quête puisque Shed signifie abri en anglais et c'est justement un refuge que cherche Bled. Shed est le double surnaturel de Bled, « une ombre qui s'échappe de son corps[54] », une chimère, « un bûcheron aux traits animalisés[55] ». Il est présenté comme une « créature[56] », « une face d'animal[57] », « un p'tit *monster*[58] », en somme un être hybride aux frontières de l'animal qui est pourtant le double du héros Bled et loge à l'intérieur de lui. D'ailleurs, Bled semble le seul véritable personnage et Shed et Ti-Cœur, les autres personnages, ne sont que des parties de lui, de même que les voix de sa famille qui peuplent son imagination créatrice. Tout ce personnel dramatique issu de l'imagination du protagoniste Bled redevient d'ailleurs, à la fin de la pièce, des personnages de pâte à modeler, ce qui montre bien qu'ils ont été façonnés par l'esprit de Bled : « *Il commence à avaler Ti-Cœur, Shed*

---

53 Giorgio AGAMBEN, *L'Ouvert, De l'homme et de l'animal*, Paris, Payot, 2002, p. 29.

54 Daniel Danis, *Bled*, Paris, L'Arche, Théâtre jeunesse, 2008, p. 15.

55 *Idem.*

56 Daniel DANIS, *op. cit.*, p. 29.

57 *Idem.*

58 Daniel DANIS, *op. cit.*, p. 41.

ainsi que les membres de sa famille qui sont maintenant de petites figurines en pâte comestible[59] ».

En tout cas, Shed demeure cet animal en Bled qui lui aura fait notamment expérimenter la peur de la mort (« SHED [...] ce sont la peur et la mort/ qui gouvernent à toute heure.[60] ») puisqu'il représente clairement le méchant du conte du Petit Poucet revisité, à la fois le méchant loup (« SHED [...] À l'orée du bois/une faim de loup rôde autour de moi[61] ») et l'ogre aux bottes de sept lieues ici évoqué :

> TI-CŒUR. Ton chant de bonheur a attiré l'animal à la hache. / Il s'en vient. / Il court avec des bottes lourdes et résonnantes. / Cours, Bled. *Shed jette des objets noirs dans la direction de Bled.* Attention, Bled, il te bombarde la tête/ de sombres nuits.[62]

La présence de l'animal peut donc servir, comme dans *Bled*, à présenter les conflits entre intériorité et extériorité qui habitent les nouvelles figures dramatiques fragmentées, démultipliées et dont l'unité est toujours menacée et remise en cause. L'animal peut alors représenter la peur de la déshumanisation et le rêve de refondation du lien social ou la peur de la mort ou la mort elle-même comme altérité qui est nécessairement déjà en soi.

Comme l'a proposé Michel Surya dans son ouvrage *Humanimalités*[63], l'animalité qui est présente dans la littérature est en réalité l'animalité de l'homme face à la mort, homme qui est alors déchu d'une forme d'humanité et impuissant face à son destin tragique. C'est la mort qui réinscrit l'homme dans un règne animal, un homme incapable de se soustraire à sa finitude. C'est aussi la mort qui redonne à l'homme l'idée de son corps mortel, fragile, vulnérable sur lequel il ne peut avoir une totale maîtrise :

> Là se loge, comme la façon la plus radicale de penser la finitude que nous partageons avec les animaux, la mortalité qui appartient à la finitude même de la vie, à l'expérience de la compassion, à la possibilité de partager la possibilité de cet im-pouvoir, la possibilité de cette impossibilité, l'angoisse de cette vulnérabilité et la vulnérabilité de cette angoisse.[64]

---

[59] *Ibidem*, p. 44.

[60] *Ibidem*, p. 31.

[61] *Ibidem*, p. 37.

[62] *Ibidem*, p. 29.

[63] Michel SURYA, *Humanimalités*, Paris, Éditions Léo Scheer, 2004.

[64] Jacques DERRIDA, *L'animal que donc je suis*, Paris, Galilée, 2006, p. 49.

Et en effet, on trouve dans les dramaturgies québécoises contemporaines de multiples figures animales qui servent à questionner l'homme sur son rapport à la mort, à le ramener à l'angoisse de la mort ou à lui permettre d'évacuer la peur d'une mort imminente. La mort de l'animal peut donc être le déclencheur de l'angoisse de la mort ressentie par les humains comme c'est le cas dans *Poème pour une nuit d'anniversaire* de Dominick Parenteau-Lebeuf :

> L'aînée : Le chien, tu es vraiment devenu un bon à rien.
> Le chien : Tu voudrais peut-être m'achever ?
> L'aînée : S'il le faut…
> Le chien : Rappelle-toi, tu as déjà pleuré à l'idée que je pouvais mourir.
> L'aînée : Peut-être. Mais aujourd'hui, je pourrais rester les yeux secs en te perçant l'estomac.
> La cadette : Ne parle pas comme ça au chien.
> L'aînée : Je parle au chien comme je parle à n'importe qui n'importe où.
> Le père : C'est notre chien. Celui de notre famille. Fais-y attention. Viens m'aider, le chien.
> […]
> Le père : Le chien… ne me laisse pas tout seul ! Laisse-moi t'accompagner dans la mort ! (*Il se serre contre le chien. Sur le sol, ils forment un unique cadavre exquis*)
> […]
> Le père : Mais plus de chien, plus de toi. Qu'est-ce que je vais devenir ?[65]

Mais la mort de l'animal peut aussi être un substitut à la mort de l'humain, une manière d'oublier la mort en la repoussant chez l'autre, comme c'est le cas dans *Sous le regard des mouches* de Michel Marc Bouchard :

> LA MÈRE- Juste avant qu'il aille te retrouver, il a fait un carnage avec sa carabine. Il a tué quarante-sept porcs.
> DOCILE- Pourquoi ?
> LA MÈRE- ç'a terrorisé une servante. On a dû la remplacer.
> DOCILE- Pourquoi ?
> LA MÈRE- Dans son état, c'est normal qu'il ait fait ça. On peut pas être révolté et garder tout ça par en dedans. Il s'est senti comme tous ces porcs qui attendent la mort et, au lieu de s'enlever la vie, il a pris la leur.
> DOCILE- La mort ?
> LA MÈRE- C'est une maladie très grave.
> DOCILE- La mort ?[66]

---

65 Dominick PARENTEAU-LEBEUF, *Poème pour une nuit d'anniversaire*, Carnières-Morlanwelz, Éditions Lansman, 1997, p. 8, p. 33 et p. 40.

66 Michel-Marc BOUCHARD, *Sous le regard des mouches*, Paris, Éditions Théâtrales, 2001, p. 24.

Or cette mort que la présence de l'animal permet de faire surgir devant les hommes, c'est aussi l'animalité qui permet d'y échapper. En effet, dans la dramaturgie québécoise contemporaine, l'animal c'est aussi la représentation d'un au-delà de la mort et d'un dépassement de l'humanité dans une éternité, un hors-temps. Ainsi les personnages peuvent disparaître du monde humain pour trouver une autre existence dans une peau animale. La métamorphose devient alors transfiguration. Cette mort comme disparition dans l'animalité peut être furtive et implicite comme c'est le cas dans *Le Ventriloque* de Larry Tremblay. La fin de la pièce qui voit la disparition de Gaby, personnage central, prisme à travers lequel tous les vertiges de l'emboîtement fictionnel sont possibles, se présente sous la forme d'une disparition dans le monde sauvage ou une dévoration par des animaux :

> *(Gaby, attirée, envoûtée, s'avance vers lui. La lumière diminue. Le bruit des animaux sauvages augmente au fur et à mesure que l'obscurité envahit la chambre. Noir. On entend frapper à la porte. Le bruit des animaux sauvages s'estompe. La lumière revient. Docteur Limestone est seul. Il tient dans les mains la poupée du ventriloque.)*[67]

Mais l'exemple le plus frappant de cette transfiguration est *Le Langue-à-langue des chiens de roche* de Danis, pièce dans laquelle les deux jeunes Roméo et Juliette des temps modernes, Niki et Djoukie, meurent lapidés, empierrés, et finalement transformés en sculptures de chiens. Niki est un jeune homme tendu vers l'avenir et, dès le début de la pièce, il affirme ne pas avoir peur de la mort pour l'avoir déjà expérimentée. Il a failli mourir tué par une forme d'astéroïde, or c'est ironiquement par des pierres venues non plus du ciel mais de ses semblables qu'il va mourir : « […] parce que moi, j'ai déjà été visité par la mort. Depuis que j'ai failli me faire défuntiser par une roche du ciel, je cours la tête en l'air, le vent dans les pieds, je sais que je ne peux pas mourir[68] ». Djoukie, quant à elle, est une adolescente rebelle classique, mais d'un très grand lyrisme dans ses prises de parole, et, du haut des anciens remparts de la Pointe-aux-Roches, elle devient héroïne tragique, lapidée et transformée en chienne de roche, animal fantastique, mi-morte mi-vivante pour l'éternité. Elle trouve alors une forme de sublimation de sa condition et une immortalité.

---

67 Larry TREMBLAY, *Le Ventriloque*, *op. cit.*, p. 46.

68 Daniel DANIS, *Le Langue-à-langue des chiens de roche*, *op. cit.*, p. 58.

En fait, la présence de l'animalité sert, dans la dramaturgie québécoise contemporaine, une représentation sans fin du cycle de la vie. Morts et renaissances peuvent se succéder et les animaux sont une présence à la fois spirituelle et immémoriale qui représente une vie sans limite et toujours en devenir.

C'est justement l'objet de la pièce de Justin Laramée, *Transmissions*, publiée en 2008 qui raconte l'histoire d'une famille qui revient pour la dernière fois dans un chalet que le grand-père doit vendre pour permettre à sa femme d'arrêter de travailler. En bas du chalet, au bord de la rivière, les oies de jadis ont disparu et ont laissé la place à des immeubles. En une nuit quasi fantastique, tout est bouleversé et même les chiens enterrés sur le terrain depuis longtemps reviennent hanter les lieux.

On trouve dans cette pièce des animaux qui parlent et une mort qui unit hommes et animaux (oie et chiens comme chez Bouchard et Danis). L'enfant et le vieillard sont pris dans un même destin, la mort et le retour concret à la terre, et ils partagent aussi le destin des chiens de la maison qui, de tout temps, ont été enterrés dans la terre autour du chalet familial. L'isolement de ce lieu permet comme chez Bouchard et Danis une forme de sauvagerie et la présence récurrente du sang (sous la forme du sang du cadavre ou du placenta d'un bébé mort), le sang de la violence qui sert de liant à un cycle de la vie sans cesse renouvelé où vie et mort ne cessent de s'alterner sans logique. Le rapport à l'animal comme à la maison est difficile comme si les personnages ne parvenaient pas à trouver concrètement un corps, un espace où vivre.

> Entre les parents et les enfants, les amants, les hommes et les animaux, se vivent chaque jour une infinité de deuils et de transmissions. C'est précisément cela que la pièce de Laramée met en scène : le cycle de la vie, de surcroît d'une manière particulièrement percutante. […] Les animaux sont des revenants, des spectres bienveillants ou vindicatifs, ni plus ni moins que des oracles. En somme, la pièce oppose l'impermanence de l'homme et de la matière à la pérennité de l'âme. Dans l'acceptation par l'homme de sa propre finalité, probablement plus encore depuis que la religion catholique a cessé de convaincre les masses, les animaux sont des passeurs, des figures d'une mythologie, les tenants d'une spiritualité directement liée aux forces de la nature, au cycle de la vie.[69]

Ainsi la présence de l'animal et finalement sa contamination de l'humain dans les dramaturgies québécoises interroge à nouveau la vie et la

[69] Christian SAINT-PIERRE, « Des chiens et des hommes », *Jeu*, n° 130, 2009, p. 92-93.

mort des personnages et les fait sortir d'un ancrage réaliste car l'animalité ouvre aussi souvent à la fantasmagorie dans beaucoup des pièces dont il a été question. Un autre moyen de faire sortir les personnages d'une réalité concrète est de les arracher à un espace-temps reconnaissable, c'est cet arrachement, cette déterritorialisation que nous allons étudier maintenant.

3. Les apatrides du théâtre québécois

3.1 Des maisons et des hommes : l'autochtonie chez Daniel Danis

> La mutation de la forme dramatique, au tournant du siècle dernier, trahit une crise de l'intérieur, une crise de la maison et de ses habitants. Pour un Bachelard, dont la méditation vise à exprimer tout le possible du bonheur humain, la maison, qui est « un cosmos dans toute l'acception du terme », se présente comme le « grand berceau » de l'intimité. [...]
>
> Le théâtre intime requiert un espace d'autant plus restreint que son immensité est tout intérieure. L'immensité intime est celle du microcosme lorsque, se dilatant à l'extrême, il recueille en lui le macrocosme – celle de l'homme qui libère son univers intérieur. La maison est encore trop vaste pour contenir une extension infinie, et le corps, physiquement dispersé, trop périphérique. Seule la psyché, en son apparente étroitesse, peut rivaliser avec l'étendue sans limites du monde. Le moi absorbe le cosmos – dont il réduit le mouvement à sa propre immobilité – et retourne le visible en invisible.[70]

Le nouveau modèle de famille qui prime dans le théâtre québécois est donc de l'ordre de la « tribu[71] », de la communauté informelle aux frontières de l'animalité, non régie par les lois de la société. Ce modèle tribal, de retour à un idéal archaïque, on le trouve surtout chez Daniel Danis comme nous l'avons vu. Il met en place un rapport toujours problématique de l'individu à la communauté et réécrit ainsi le mélodrame familial avec une famille détachée d'une réalité sociale et concrète.

Le cas le plus évident est celui de la pièce *Le Chant du dire-dire*. Les personnages sont placés dans une temporalité post-diluvienne, post-traumatique, une forme de chaos originel. Leur maison a été emportée et

70 Jean-Pierre SARRAZAC, *Théâtres intimes*, Arles, Actes Sud, 1989, p. 72-73 et 79.

71 Michel MAFFESOLI, *Le temps des tribus : le déclin de l'individualisme dans les sociétés postmodernes*, Paris, La Table ronde, 2000.

avec elle, toute possibilité d'une famille au sens le plus classique. La maison Durant est alors une forme de société nouvelle, la « société d'Amour » comme la nomme Danis par opposition à la grande ville, à la société des « municipiens ». L'organisation reste familiale, mais non sociale, et les enfants tous orphelins, adoptés puis à nouveau orphelins avec la mort de leurs parents adoptifs, tentent de conserver un cocon de vie dans le dedans, le foyer. Ils sont « liés-soudés », tels un monstre à plusieurs têtes qu'on ne peut démêler et qui évoque des figures mythologiques : Cerbère, Les Parques.

Cette fragilité de la famille-maison, on la retrouve dans toute l'œuvre de Danis. Dans *Le Langue-à-langue des chiens de roche*, il est question de maison-mobile avec tout ce que cela peut dire de l'instabilité de la famille de Joëlle, sa sœur de lait Déesse et sa fille Djoukie. Et dans ses pièces jeune public, Danis creuse ce motif de l'itinérance, de la recherche d'une nouvelle maison et donc d'une nouvelle famille stable. Ainsi, dans *Kiwi*, le personnage principal de la jeune fille est une sans-famille :

> J'ouvre un œil. L'autre, il a mal, un peu. Parce que. Ça sent fort l'alcool blanc dans la cabane du bidonville. Mon vieil oncle, ivrogne grave, se gratte la tête [...] Je porte un bonnet de laine trop grand, celui de ma mère, il paraît. Elle a disparu, il paraît. Attaché à mon cou pend le trousseau de clés de mon père, il paraît. Disparu, lui aussi, il paraît. Jamais vu en tout cas, ni l'un ni l'autre. Mon vieil oncle et sa femme s'occupent de moi.[72]

Elle se réfugie alors dans une famille de substitution qui a ses propres codes, un groupe d'adolescents perdus dans les rues de la ville. Elle est alors baptisée d'un nouveau nom, le nom d'un fruit, comme ses nouveaux frères et sœurs :

> LITCHI
> D'abord, tout d'abord, la nouvelle va s'appeler Kiwi.
> [...]
> KIWI
> Une nouvelle famille que je me dis dans ma tête : Papaye, Mangue, Tangerine, Échalote, Ti-chou, Raisin, Figue, Avocat, Banane, Céleri, Litchi...et les autres.[73]

Et lorsqu'à la fin de la pièce, Kiwi voit mourir devant ses yeux tous ses frères et sœurs, elle doit alors reconstruire sa propre famille avec Litchi, son compagnon et le bébé qu'ils ont eu.

---

72 Daniel DANIS, *Kiwi*, Paris, L'Arche, 2008, p. 9.

73 *Ibidem*, p. 13-14.

LITCHI
Là, on vient de transporter tous les corps de notre famille.
KIWI
Notre demeure souterraine devient un tombeau.
On bouche la porte avec des roches.
[…]
KIWI
On demeure ensemble, nous trois. Une promesse. Nous trois, une petite famille maintenant.[74]

De même, l'enjeu pour le jeune Bled – dans la pièce du même nom déjà citée –, dont le nom lui-même signifie en arabe le petit village ou le hameau, est de trouver une maison pour toute sa famille qui a été délogée :« Maman m'a supplié : Bled, rapporte-nous une belle demeure définitive.[75] » / « BLED […] D'une étoile à l'autre/ je n'arrête pas de marcher le monde/ en quête d'une maison définitive[76]. » Or cette errance initiatique à la recherche d'un espace extérieur, dans lequel la famille pourrait s'installer, s'avère en fait le parcours dans une intériorité puisque, comme nous l'avons dit, Bled finit par manger toute sa famille, mais aussi tout le décor qui était en fait en pâte à modeler. L'enjeu est alors toujours de trouver sa place, de comprendre son moi en dehors d'un lien avec la famille, mais en rapport avec le reste du monde, le cosmos :

> Devenue partie intégrante d'un univers fictif antérieur à l'état de société, la violence est exploitée non plus comme l'affirmation d'une solidarité *civique* mais comme l'expression d'une appartenance *cosmique.* En occultant toute référence nationale, elle redéfinit la fonction identitaire de la scène familiale : entendue comme une relation de similitude et d'interchangeabilité entre êtres humains, l'identité ne s'affirme plus en réaction contre l'Autre […] ni par rapport à l'Autrefois […], mais plutôt en communion avec le Cosmos, négation de tout particularisme.[77]

Dans la dramaturgie de Daniel Danis, les personnages ne sont donc plus rattachables à une structure collective telle qu'une société ou une famille, mais semblent naître d'eux-mêmes, d'un cosmos élargi. Dans le théâtre de Daniel Danis et en particulier dans *Le Chant du dire-dire* et *e [un roman-dit]*, la première apparition des personnages prend la forme

---

74 *Ibid.*, p. 39.

75 DANIS, Daniel, *Bled*, Paris, L'Arche, 2008, p. 11.

76 *Ibidem*, p. 33.

77 David BLONDE, « Entre Oreste et Barbe-bleue : la violence dans la scène familiale québécoise, 1981-2002 », *L'Annuaire théâtral*, n° 32 (automne 2002), p. 144.

d'une mise au monde. Les êtres naissent d'eux-mêmes en même temps que la fiction. Danis met en scène un état d'indifférenciation entre le moi et le monde puisque les personnages semblent naître du terreau même de la fiction.

Cette image rappelle le mythe grec des autochtones. En effet, dans la mythologie grecque, les premiers habitants du monde hellénique seraient des êtres nés de la terre, génération spontanée qui n'habite pas un territoire, mais *est* littéralement ce territoire. De fait, de ce mythe de l'autochtonie, découlait une conséquence politique pour Athènes : les citoyens n'habitaient pas Athènes, mais étaient Athènes, ce qui justifiait un régime démocratique où le peuple souverain se gouvernait lui-même car constituait lui-même le territoire à gouverner. De la même façon, dans la dramaturgie danisienne, on retrouve ce rapport d'imbrication entre les êtres fictifs et leur territoire, en particulier dans les premières scènes de ses pièces.

On peut alors déceler deux niveaux de cette imbrication. Tout d'abord, les personnages eux-mêmes sont décrits comme appartenant au monde extérieur qui les entoure et même le prolongeant en un corps-territoire où la physiologie du corps rejoint une physique des éléments. Et à un niveau autoréflexif, les personnages comme êtres fictifs sont indissociables de la fiction dans laquelle ils s'énoncent. Il s'agit pour Danis de montrer que les êtres fictifs naissent de la fiction et de couper tout lien possible avec une référentialité.

Ainsi, le début du *Chant du dire-dire* met en scène simultanément la naissance du monde fictif et celle des êtres qui vont le peupler. Toute référence à un réel connu est amputée pour laisser place à un auto-engendrement de la fiction théâtrale :

> LE DIRE :
> ÉMERGER POUR LE TEMPS DES PARTAGES
> *Lente montée de la lumière.*
> LES TROIS (ROCK, WILLIAM ET FRED-GILLES). Doucement, ils ont ouvert leur bouche.
>
> *Doucement, le noir. Doucement, la lumière.*
>
> LES TROIS. Doucement, ils ont ouvert leurs yeux.
>
> *Doucement, le noir. Doucement, la lumière.*
>
> LES TROIS. Doucement, ils ont ouvert leurs tympans.
> Toujours, ils sont reliés-soudés. Depuis toujours.

> Trois frères et une sœur reliés par un objet, le même, dans leurs mains : le Dire-Dire.
> *Noir.*[78]

Ici, ce qui frappe c'est que la voix didascalique et celle des personnages se font écho grâce à la répétition de l'adverbe « Doucement » mis en exergue par l'anaphore, ce qui tend à les fondre en une seule énonciation dont la source ne serait ni les personnages, ni une forme de voix narrative, mais une voix non-identifiée et multiple.

On retrouve la même confusion de voix dans le début de *e [un roman-dit]*, puisque le premier personnage à prendre la parole est nommé « Soleil, la didascalienne », ce qui la place d'emblée dans un territoire en marge de l'énonciation théâtrale, mais la présente en même temps comme l'auteur au sens de garant de l'univers théâtral qui va prendre naissance :

> FRESQUE I
> 1. SOLEIL, LA DIDASCALIENNE
> Dis ce que vois.
> Voici que le monde surgit au moment où l'effroyable me provoque à la voir. Essoufflé, un convoi d'humains lourdement chargés de bagages arrive sur le dessus d'une montagne. Une femme prête à accoucher, soutenue par deux hommes, s'arrête pour respirer.[79]

On note ici que c'est la vision (« vois ») qui fait advenir le monde fictionnel et même que le caractère démiurgique de cette vision est transcrit dans l'utilisation du déictique « Voici » qui décrit en même temps qu'il fait advenir le monde. De plus, la naissance du monde est thématisée dans la présence d'un deuxième personnage qui symbolise littéralement l'exposition d'un nouveau monde : « une femme prête à accoucher ».

Or, le mythe du monde nouveau, très présent chez Danis, s'accompagne dans la dramaturgie québécoise de toute une mythologie reliée au Nouveau Monde et à l'Amérique dans ce qu'elle peut ouvrir d'espaces imaginaires, espaces de rêve et de références concrètes dans un théâtre québécois des années 1950, devenus espaces de nostalgie et d'ironie qui abritent des êtres sans repère dans le théâtre québécois des années 2000.

---

78 Daniel DANIS, *Le Chant du dire-dire*, Paris, Leméac, 2006, p. 13.

79 Daniel DANIS, *e [un roman-dit]*, Paris, L'Arche, 2005, p. 15.

3.2 Des visages de l'américanité

Au-delà de ces liens visibles, cependant, l'Amérique s'inscrit dans un espace mythique plus profond. Revendiquée comme « territoire à la fois réel et fictif », « corps non fini et polymorphe traversé de toutes les migrations des hommes et des idées ; la figure même du devenir et du voyage[80] », l'américanité vue par le Québec demeure une abstraction séduisante. Un peu galvaudée, elle s'affirme le plus souvent par opposition aux racines européennes et s'identifie nettement aux États-Unis.[81]

3.2.1 *La fin de* l'American dream *: les sans-territoire de* Louisiane Nord

Le dramaturge François Godin, lors d'une entrevue en octobre 2012 à propos de ses personnages en perte de repères spatiotemporels, profondément déterritorialisés et sans histoire, décrivait la peur du passé qui hante l'Amérique du Nord et qu'il développe dans sa pièce *Louisiane Nord* :

> F.G. : Oui, c'est le rapport de l'homme à son territoire et l'exploration d'un malaise fondamental du fait d'être québécois en Amérique du Nord. Moi je l'exprime comme ça. C'est une richesse mais c'est aussi un malaise. Pourquoi et de quelle manière ça ressurgit dans mon écriture ? Je ne l'explique pas.
>
> [...] En fait, il y a deux choses : le rêve américain et l'absence de mémoire. Pour moi, c'est une société qui vit dans le présent. Et s'il y a la possibilité de construire quelque chose, il faut que ça se fasse vite, vite, vite. Il n'y a pas l'idée d'une société qui aurait une histoire. Les choses du passé sont passées. On les rejette. On rejette l'idée comme Jimmy d'ailleurs que construire sa vie, c'est construire une vie, un rapport au territoire que ça, ça prend du temps, ça repose sur du vécu. J'ai lu un ouvrage de Marguerite Yourcenar dans lequel elle parcourt le Canada en train et dans lequel elle dit à peu près ça : « Ce n'est jamais très beau parce qu'on dirait que ça n'a jamais été aimé ». On a un rapport utilitaire à l'espace, on n'a pas un rapport aimant avec le territoire. Le malaise fondamental viendrait de ça.[82]

Cette pièce met en scène deux adolescents, Liliane et Jimmy, qui vont assister à la vente de l'hôtel dans lequel ils ont grandi et qui va être transformé en sanatorium. Fraser veillait sur eux jusqu'ici et il prévoit de s'en aller. Lyne,

---

80 Marie-Hélène Falcon et Jacques Vézina, responsables du Festival de théâtre des Amériques, l'ont présentée ainsi dans le programme accompagnant la toute première édition de l'événement.

81 Diane PAVLOVIC, « Le théâtre québécois récent et l'américanité », *Études françaises*, vol. 26, n° 2, 1990, p. 44.

82 Entretien réalisé avec François Godin, Montréal, 10 octobre 2012.

qui est infirmière, restera sûrement pour travailler dans le sanatorium, tandis que sa sœur Madeleine s'éloignera de cette terre où elle a trop de souvenirs. Tous les personnages sont en transition, en partance, en attente.

La didascalie initiale inscrit l'action de la pièce dans un non-lieu qui a, pourtant, un ancrage fort en Amérique. Il s'agit d'une Amérique fantasmée, oubliée, déjà disparue ou à venir, car elle est désignée par le terme « finistère d'Amérique[83] » qui semble évoquer un territoire quasi mythique, le bout de l'Amérique et en même temps un lieu qui est presque détaché du continent. De plus, la temporalité dessinée par Godin est particulière puisqu'il inscrit ces personnages dans un été indien. Ce moment de l'année qui n'existe qu'en Amérique du Nord est un moment de transition où l'été revient temporairement au milieu de l'automne et ce, avant l'arrivée de l'hiver, un entre-deux souvent indéfinissable qui ne peut être reconnu que lorsqu'il est déjà un souvenir – de même que cette Louisiane Nord qui semble toujours déjà dans le passé – :

> MADELEINE. C'est quand la parenthèse est refermée qu'on sait, si ça a duré assez, trois quatre jours ou des fois cinq où l'automne s'est oublié, et dès que ça se referme, la parenthèse, si y a déjà du frimas qui vient se coller dessus, l'odeur de l'hiver dans l'air, si tout ça, alors les jours d'avant oui c'était vraiment l'été perdu suspendu dans l'automne, on y est maintenant je crois, on est dedans[84]

Cette métaphore de l'insularité, de la parenthèse, se poursuit pendant tout le texte qui tisse une comparaison forte entre Louisiane Nord et Ellis Island, l'île sur laquelle les immigrants restaient en quarantaine avant de débarquer à New York :

> JIMMY. Fraser dit que le Manoir Resort ce sera autant mieux bientôt de plus y mettre les pieds ni dans toute la région ici, vu que c'est un coin ici qu'on va ramener ceux qui ont des infections que personne peut dire encore ce qu'on peut faire avec
> LILIANE. rien compris
> JIMMY. que venir ici ce sera pas tant pour être soigné que pour être isolé, que même ils vont fermer toute la région, tant pis pour ceux qui ont pas la chance de s'en repartir avant[85]

La comparaison est même explicitée par Fraser : « […] ce serait comme à nouveau Ellis Island au large de New York, c'est une histoire de il y a

83 François GODIN, *Louisiane Nord*, Montréal, Leméac, 2004, p. 9.
84 *Ibidem*, p. 12.
85 *Ibid.*, p. 17.

un siècle, on laissait là les immigrants en quarantaine avant l'accès au continent, l'Amérique droit dans les yeux [...][86] ». Le paradoxe, c'est le retour en arrière dans l'histoire puisqu'Ellis Island n'existe plus comme lieu de quarantaine, mais est devenu une île-musée qui explique le phénomène d'immigration et de quarantaine et le monde de Louisiane Nord n'a comme perspective d'avenir que le retour dans le passé symbolisé par le sanatorium qu'elle va accueillir, un « sanatorium, mode d'autrefois[87] ».

Ce territoire de maladie, isolé du monde est le territoire d'êtres perdus, « en jachère[88] » puisque, comme chez Danis, les êtres de *Louisiane Nord* appartiennent physiquement à cette « avancée contaminée de l'Amérique[89] » et sont comme elle. Et d'ailleurs, le nom de Fraser est clairement un nom-territoire puisque, comme il l'explique, il vient d'un fleuve qui coule en Colombie Britannique. Ainsi, Fraser est le personnage mouvant par excellence, à la fois sans attache et partout chez lui sur le territoire américain. À l'opposé, son frère Hudson qui n'est pas présent en scène, mais seulement évoqué, porte un nom issu de la culture populaire américaine. Son nom vient de Rock Hudson, un acteur américain qui a beaucoup tourné dans les années 1950 dans des mélos, des comédies et des films d'action. Or Fraser explique que son père a construit une fausse origine pour le prénom de son frère, Hudson, en l'associant à l'Hudson River qui coule à New York et qu'il ne connaissait pas quand Hudson est né. Ainsi, Fraser se construit, en opposition à son frère, comme *authentiquement* lié au territoire américain. Il est partout et nulle part et se présente comme un spectre de l'Amérique disparue (« LYNE : Fraser c'est une ombre[90]»), une Amérique où tout était possible, celle des *self-made men* comme Rockefeller que Fraser érige en modèle pour pousser le jeune Jimmy à croire encore à l'*American dream* :

> JIMMY : [...] Fraser m'a dit *you look like a young Rockefeller*, comment tu veux pas avoir confiance que les choses vont arriver, Rockefeller tu sais c'est qui ?
> MADELEINE. un magnat.
> LYNE. une sorte de *king*.

---

86 *Ibid.*, p. 27.

87 *Ibid.*, p. 18.

88 *Ibid.*, p. 41.

89 *Idem.*

90 *Ibid.*, p. 20.

JIMMY. du pétrole, qui s'est mis riche en distribuant des lampes à l'huile *all over* le continent [...] *fill it up*, il s'est mis riche, la mise de fonds la bonne idée, rien que ça que ça prenait, *and he was born Rockefeller*, la grande fortune.[91]

Mais le monde de *Louisiane Nord* est justement celui d'une Amérique dysphorique, qui a ouvert les yeux sur le leurre de l'*American dream* et les personnages ont conscience de vivre dans un monde qui tombe en désuétude, qui n'existe déjà plus et qui a été fondé sur l'illusion et une violence profonde, comme l'explique Madeleine dans ce tableau désabusé de la naissance de l'Amérique, celle des *wasps*, les descendants des colons qui ont exterminé les Indiens :

MADELEINE. pour l'Amérique à sa façon Fraser dit vrai, ça commençait, les robes en lamé dans les dancings, le swing les confettis les immigrants, le sourire des pasteurs protestants, les fusils des Blancs, ça qui fait reculer qui extermine les bisons les Indiens, ça qui est pas si loin encore, (*Temps.*) le viol de l'Amérique, le viol le commencement, tu y es Fraser, c'était y a un siècle t'as pas menti, [...][92]

Les personnages de *Louisiane Nord* habitent donc un monde en train de disparaître, un territoire flou qui n'appartient déjà plus au continent américain. Ils sont profondément déterritorialisés et le lieu concret qu'ils habitent est leur langue, une langue qu'a forgée François Godin, une langue qui n'a pas de territoire reconnaissable, qui se construit dans la biglossie anglais-français, une langue saccadée, sans ponctuation, et dont la syntaxe se déconstruit de l'intérieur :

LILIANE. et puis qu'après, après qu'on soit des teenagers, elle m'a dit : il faudrait avoir la fièvre pour retrouver ça, avoir le corps en eau qui devient blême moite transparent, seulement là on retrouverait la qualité diaphane-appealing qu'on a toi moi, [...][93]

C'est cette langue formée d'une seule phrase qui constitue la pièce, une phrase dans laquelle les personnages évoluent comme sur une île à laquelle ils sont tous attachés. Cette même langue étrange et comme étrangère à elle-même les unit.

L'Amérique qu'évoque le théâtre québécois des années 2000 semble donc se déliter et laisser derrière elle des êtres sans repère :

---

[91] *Ibid.*, p. 50.
[92] *Ibid.*, p. 46.
[93] *Ibid.*, p. 11.

> Mais il se pourrait que l'Amérique dont on parle, dont parle le théâtre québécois, appartienne aujourd'hui à l'histoire ; qu'elle ne puisse être évoquée que sur le mode du souvenir. [...] Théâtre québécois post-américain ? L'indétermination temporelle, comme du reste celle de l'espace, dans cette pièce, dit combien la référence à l'Amérique comme accomplissement de soi, comme affirmation de sa présence, s'est dissoute en même temps que la frontière (symbolique) qui marquait de tout temps notre désir d'entrer dans l'Histoire. Dans cet été indien qui parcourt Louisiane Nord, où l'avenir et le passé s'entremêlent, quelque chose arrive à sa fin.[94]

Mais si ces visages dysphoriques de l'Amérique sont profondément nostalgiques, ils peuvent aussi être comiques, distanciés, ironiques, comme dans la pièce *Le Plan américain* d'Évelyne de la Chenelière et Daniel Brière, qui joue avec le cliché de la famille modèle véhiculé notamment par les séries américaines. Ainsi La Chenelière et Brière déconstruisent eux aussi la famille – ce qui, comme on l'a vu, est un phénomène répandu dans les dramaturgies québécoises des années 2000 – et critiquent le langage formaté et envahissant des médias et l'illusion de perfection véhiculée par l'Amérique à travers ses fictions notamment télévisuelles.

3.2.2 Desperate family *: les américains « en toc » de* Le Plan américain

Dans *Le Plan américain*, créé en 2008, Évelyne de la Chenelière et Daniel Brière mettent en scène deux enfants d'une famille modèle qui, petit à petit, en devenant, semble-t-il, terroristes, vont fissurer la perfection de leur famille et en montrer les failles profondes qui se cachaient jusqu'alors sous un vernis. En questionnant à nouveaux frais la possibilité d'un modèle familial stable et cela à travers une critique de la surmédiatisation des individus, « [...] *Le Plan américain*, [...] élargit le débat en interrogeant, de manière totalement contemporaine, la notion de famille modèle[95] » :

> En somme, ce qui suscite la révolte du quatuor, c'est le plan américain, ce modèle de « perfection » auquel ils ne parviennent pas à correspondre. Dans une suite de tableaux syncopés et fragmentaires – un procédé photographique et cinématographique qui épouse le sens premier de l'expression « plan américain » –, le spectacle procède à une réjouissante mise en procès du

---

94 Yves JUBINVILLE, « Sur les bords de l'Amérique : scènes de l'écriture québécoise contemporaine », *Jeu*, n° 114, 2005 (1), p. 111.

95 Christian SAINT-PIERRE, « Portraits de famille : *Le Plan américain* », *Jeu*, n° 128, 2008, p. 15.

schéma familial type : il nous entraîne hors du cadre, dans le passionnant écart qui se crée entre l'image et la réalité, entre l'idyllique portrait de famille et l'infinie complexité du réel.[96]

La présentation des deux adolescents se fait sur un mode narratif et comme dans *Le Chant du dire-dire* de Daniel Danis, les personnages semblent naître du terreau même de la fiction, sous nos yeux. Ils se présentent comme les héros de leur continent, l'Amérique du Nord. Leur langage stéréotypé, proche du slogan publicitaire, les inscrit d'emblée dans une parole qui est toujours étrangère à eux et qui appartient au discours télévisuel américain et à son formatage excessif :

PROLOGUE
LUI. Les gens ne savent rien de notre histoire.
ELLE. Elle se passe, notre histoire, en Amérique du Nord.
LUI. Sur un continent où notre volupté est criminelle.
ELLE. Sur un continent aussi coupable que nous-mêmes.
LUI. C'est ici que nous sommes venus au monde.
ELLE. Nous y sommes venus pour le révéler.
LUI. Pour rendre le monde au monde.
ELLE. Pour y poser la pureté de notre regard. […]
LUI. Nous sommes un symbole.
ELLE. Une icône.
LUI. Un miracle.
ELLE. Nous sommes un miracle, et pourtant tout le monde tremble.[97]

Ce langage totalement formaté est la marque de fabrique de la famille mise en scène, une famille constituée d'anonymes définis seulement par leur fonction dans cette famille parfaite : « le père », « la mère ». D'ailleurs on peut noter le paradoxe ultime suivant : les personnages de la famille n'ont pas de nom si ce n'est leur fonction ou la mention de leur sexe (« elle », « lui »), alors que les présentateurs de télévision et de radios mis en scène dans la pièce bénéficient de noms propres. Ainsi, le monde réel serait devenu anonyme et l'accession à une singularité ne serait possible que par la médiatisation qui permet littéralement de « se faire un nom ».

Une scène représentative de cette famille-cliché est la scène du départ du père (photographe de guerre) pour un de ses voyages. On y trouve les passages obligés de ce type de scène dans des séries américaines (la mère

[96] *Ibidem*, p. 17.
[97] Évelyne de LA CHENELIÈRE, *Le Plan américain*, Montréal, Leméac, 2010, p. 10.

a préparé un déjeuner dans un sac brun, le père demande aux enfants d'être gentils avec leur mère en son absence) et les déclarations d'amour fleurissent et sonnent faux jusqu'à devenir quasiment mécaniques :

> *La mère arrive, souriante, avec un sac en papier brun qu'elle tend au Père.*
> MÈRE. Je t'ai fait un lunch pour la route.
> *Les parents s'embrassent chastement.*
> PÈRE. Merci, chérie.
> MÈRE. Je t'en prie.
> PÈRE. Tu es formidable.
> MÈRE. Oh, c'est pas grand-chose.
> PÈRE. J'aime que tu sois moderne, et néanmoins capable de servir ton mari sans te sentir humiliée.[98]

La scène se poursuit avec un autre passage obligé de séries mélodramatiques puisque la fille fait une déclaration à la mère en lui expliquant qu'elle rêve d'être comme elle dans la vie, ce qui annihile sa volonté d'avoir une personnalité singulière. Tout serait alors dans cette famille affaire de reproduction de schémas stéréotypés et d'interchangeabilité :

> MÈRE. C'est vrai ? Tu veux être comme moi ?
> ELLE. Oui, maman, comme toi !
> MÈRE. C'est très bien si c'est ce que tu veux. Mais je ne t'ai pas mise au monde pour que tu sois à mon image.
> PÈRE. Et nous t'aimons pour ce que tu es.
> MÈRE. Quoi que tu fasses.
> ELLE. Je sais.[99]

Cette complicité entre la mère et la fille autour du rêve de la ressemblance se retrouve chez le père et le fils qui, eux, répètent en chœur des proverbes. Cette passion pour l'aphorisme montre bien la perte de sens du langage qu'utilisent ces personnages. Ils entretiennent un rapport matériel à la langue qui devient slogan publicitaire, décoration, démonstration de culture plutôt que culture réelle. La forme de l'aphorisme, de la vérité générale, est justement celle d'une perte de lien avec la réalité concrète :

> PÈRE. « la démocratie est un mauvais système…
> LUI. … mais elle est le moins mauvais de tous les systèmes. » Churchill.
> PÈRE. Bravo ! Quelle culture !

---

[98] *Ibidem*, 15.

[99] *Ibidem*, p. 16.

[...]
LUI. Je t'aime, papa.
PÈRE. Moi aussi je t'aime, mon garçon, et je suis capable de te le dire.[100]

Ainsi, cette famille dont le langage tourne à vide se définit comme une « famille fonctionnelle », c'est-à-dire comme une machine bien huilée qui empêcherait tout imprévu, tout accident, et baignerait dans un bonheur parfait :

PÈRE. Nous formions une famille fonctionnelle où l'on n'en finissait plus de s'épanouir les uns auprès des autres.
MÈRE. Nous étions unis dans l'harmonieuse solidarité d'un foyer chaleureux qui suscitait l'envie et l'admiration de tous.
PÈRE. Nous servions d'exemple, sans en tirer vanité.
MÈRE. En plus, nous étions tous beaux.[101]

Or ce bonheur est très vite déconstruit puisque les personnages montrent qu'ils passent leur vie à jouer des rôles qui ne sont pas vraiment eux. Ainsi la mère explique qu'elle doit « imiter » les autres mères pour passer elle aussi pour une mère parfaite et cette imitation fonctionne grâce à l'utilisation d'un langage prêt à l'emploi :

MÈRE.
Les autres mères sont efficaces, affairées, tendres et détendues, il me semble. Je les imite de mon mieux, surtout le sourire rapide et les regards de connivence entre elles, pour bien s'indiquer les unes aux autres qu'elles partagent quelque chose, comme un secret, et aussi les phrases à ne pas oublier : bonne journée et sois sage, à tout à l'heure et je t'aime. (*S'adressant à lui*) Bonne journée, sois sage. À tout à l'heure...: je t'aime.[102]

Ce langage prêt à l'emploi, c'est aussi l'anglais que les deux adolescents utilisent sans savoir pourquoi, juste pour faire comme dans les films ou séries américains dont ils s'inspirent dans leur combat pour la défense des animaux :

ELLE. Qu'est-ce qu'on fait ?
LUI, *en criant vers le ciel.* That's it ! Kill the messenger, you motherfucker !
ELLE. Pourquoi tu parles anglais ?
LUI. I don't know, baby, those suckers are ready to shoot'I'm telling you.
ELLE. Quoi ?

---

100 *Idem.*
101 *Ibidem*, p. 17.
102 *Ibidem*, p. 21.

On retrouve ici l'utilisation de l'anglais comme créateur d'une étrangeté pour des jeunes Québécois dont l'américanité ne semble être qu'une façade, un cliché, une imitation et non la définition d'une identité profonde.

Ainsi, l'américanité dans le théâtre québécois des années 2000 prend des visages multiples qui peuvent être de l'ordre de la nostalgie ou de la dérision. Les personnages de ce théâtre, sans territoire, sans repères sociaux ou familiaux, se raccrochent ainsi au mythe de *l'American dream*, au bonheur factice de la série-télé américaine et ce motif de l'américanité n'est là que pour souligner à grands traits le fait que les personnages se sont vidés de leur sens, de leur identité pour se laisser habiter par une langue pour toujours étrangère à eux et qui constitue leur seule identité, une identité profondément mouvante.

L'américanité devenue une coquille vide est alors seulement un motif résiduel comme c'est le cas par exemple dans la pièce *Voiture Américaine* de Catherine Léger dont le titre est trompeur. Loin d'être le marqueur d'une identité associée à un territoire particulier, l'Amérique du Nord, il devient au contraire l'élément trompeur qui désigne l'impossibilité d'une appartenance des individus contemporains à un territoire reconnaissable.

En effet, le titre *Voiture Américaine* semble ouvrir sur les grands espaces que l'on associe au vaste continent américain. Pourtant, ce titre à la fois programmatique et déceptif ne décrit pas vraiment le territoire singulier dans lequel les personnages aux noms très hétéroclites (Gibraltar, Garance, Richard, Suzanne, Bathak, Jacot, Julie et Madame Grignon) se croisent autour d'un mort, d'une fuite et d'une cérémonie de mariage ratée.

> Je voulais parler d'aliénation amoureuse et notamment du point de vue de la femme. L'univers est venu ensuite. J'ai fait l'hypothèse que lors d'un *crash* économique, les femmes perdraient la liberté acquise grâce aux luttes féministes et que la libération de la femme serait fragilisée. C'est comme ça qu'est né le monde de *Voiture Américaine*. […]
> Je voulais justement parler de cette imaginaire de l'espace américain que nous pouvons avoir : les grands espaces. Il y avait aussi dans ce titre une forme de nostalgie d'une Amérique des années 1960, celle du succès des voitures américaines, celle des grands films américains et je voulais confronter cette nostalgie à l'image d'une Amérique en faillite. Mais finalement, notamment par le choix des personnages, je présente un territoire qui n'est pas totalement identifiable.[103]

[103] Entretien réalisé avec Catherine Léger lors du festival de la Mousson d'été, Pont-à-Mousson, août 2011.

Le théâtre québécois contemporain est donc habité par le fantôme de l'Amérique et cette propension à la mise en scène de spectres peut être aussi illustrée par sa pratique récurrente de l'intertextualité. À l'épaisseur psychologique que beaucoup d'auteurs rejettent, ces derniers substituent une épaisseur d'un autre ordre en présentant des personnages dont le passif est littéraire ou artistique.

4. Les spectres intertextuels ou les revenants du théâtre québécois[104]

> Tout ce qui ne relie pas l'homme à ses propres fantômes, mais aussi, mais encore à d'autres hommes, et partant à leurs fantômes, et cela dans une époque donnée et, elle, non fantomatique, n'a pas le moindre intérêt, ni philosophique, ni artistique.[105]

Dans *Ce qui meurt en dernier* (2011), au titre déjà évocateur, Normand Chaurette met en scène un monologue polyphonique où le personnage principal, Martha, n'est autre que le spectre de la comtesse Martha Von Geschwitz de la pièce *Lulu* de Frank Wedekind. Celle-ci est enfermée chez elle à attendre sa colocataire prostituée (peut-être Lulu) et passe son temps à lire des nouvelles qui font peur et à imaginer le fantôme de Jack l'Éventreur. Cette héroïne intertextuelle, créée par Frank Wedekind, s'invente donc un interlocuteur fictif, fantomatique, issu de l'imaginaire collectif, qui finit – semble-t-il – par apparaître dans l'appartement. Il s'agit alors, en termes de dramaturgie, d'extraire un personnage d'une pièce de théâtre, celle de Wedekind, pour lui redonner un second souffle et lui accorder la place d'un personnage principal. Chaurette interroge ainsi le pouvoir de la littérature face à la mort à travers le retour de personnages littéraires déjà morts.

Dans *La chair et autres fragments de l'amour* (2012), Évelyne de la Chenelière adapte librement le roman de Marie Cardinal, *Une vie pour deux*. Ce roman date de 1978 et raconte l'histoire d'un couple qui part en vacances en Irlande pour faire le bilan de vingt ans de vie commune. Or, le mari découvre lors d'une promenade le cadavre d'une femme sur la

---

104 J'ai mené cette analyse dans l'article suivant : « Absences et renaissances : les spectres intertextuels du théâtre québécois », *in Poétiques et politiques du spectre, Lieux, figures et représentations de la rémanence dans les Amériques*, Presses Universitaires de Limoges, 2014.

105 Jean-Pierre SARRAZAC, *Théâtres intimes*, Arles, Actes Sud, 1989, p. 106.

plage et ce cadavre va venir interroger le couple, le forcer à se réinventer en recréant l'histoire de cette femme. Ce qui est riche dans cette adaptation c'est qu'Évelyne de la Chenelière écrit véritablement à partir de la mort et des morts. Le roman fortement autobiographique de Marie Cardinal raconte en fait une aventure qui lui est arrivée à elle et à son mari Jean-Pierre Ronfard, homme de théâtre vivant au Québec et qui a fondé le Nouveau Théâtre Expérimental au sein duquel Évelyne de la Chenelière travaille désormais avec son compagnon Daniel Brière. Marie Cardinal décède en 2001 d'une longue maladie qui la condamna à l'aphasie, ironie du sort pour celle qui avait écrit *Les mots pour le dire* en 1976. La pièce d'Évelyne de la Chenelière met donc en scène des fantômes à de multiples niveaux à travers les personnages de Simone et Jean, avatars du couple Marie Cardinal-Jean-Pierre Ronfard et Mary, la femme morte qui retrouve ici la parole que Simone perdra peu à peu, et qui est jouée par la dramaturge elle-même.

On peut analyser cette écriture du personnage qui s'appuie pour une grande part sur des revenants, êtres intertertextuels (comme pouvait déjà le faire la dramaturge Jovette Marchessault dans les années 1980) qui interrogent donc nécessairement le pouvoir démiurgique de l'écriture dramatique du côté de l'omniprésence de l'absence chez Normand Chaurette et du spectre de l'écriture chez Évelyne de la Chenelière. Ces deux dramaturgies creusent une forte intertextualité mêlée à une profonde métathéâtralité qui est constituante de l'histoire du théâtre québécois. Nos auteurs relient présences spectrales, intertextualité et discours sur le théâtre en mettant en scène des êtres purement littéraires qui interrogent leur propre rapport à un héritage culturel et qui sont sans cesse démultipliés, renaissants, sur le mode du « non-être » que le critique Janusz Przychodzen a défini comme une des spécificités du théâtre québécois : « la spécificité de la théâtritude québécoise […] : large mise en scène d'une disparition, c'est-à-dire un procès de visualisation négative qui fabrique une (sa) présence par l'accumulation successive des absences[106] ».

Nous proposons d'appeler ces personnages particuliers des « hyperpersonnages ». L'hyperpersonnage serait un spectre intertextuel qui viendrait reprendre et modifier un personnage déjà existant dans la littérature et serait donc une excroissance d'un être déjà fictionnel plutôt

---

106 Janusz PRZYCHODZEN, *Vie et mort du théâtre au Québec*, Paris, L'Harmattan, 2005, p. 257.

que la représentation fictive d'une humanité réelle. L'hyperpersonnage naîtrait donc d'un monde littéraire conçu comme réseau plutôt que d'une réalité fictionnalisée. Ce type de personnage n'apparaît donc pas pour la première fois dans la scène d'exposition d'une pièce, mais réapparaît semblable et différent de sa première apparition textuelle (dans une autre pièce, dans un roman ou parfois dans une autre forme artistique), ce qui provoque des effets d'attente, de déception et de surprise pour le lecteur-spectateur.

Il s'agit alors de qualifier cette pratique hypertextuelle du personnage pour voir quels effets dramaturgiques elle provoque et de montrer à quel point elle crée une profondeur et des effets de reconnaissance qui viennent pallier la disparition d'une psychologie à proprement parler.

4.1 *Ce qui meurt en dernier* de Normand Chaurette : l'omniprésence des absents

L'intertextualité préside à la constitution d'une profondeur littéraire des personnages que Normand Chaurette crée. Ainsi, les personnages, s'ils apparaissent *ex nihilo* au début de la pièce et ne sont pas forcément présentés avec un passé, une famille, n'en sont pas moins inscrits dans une filiation toute littéraire d'œuvres qui influencent l'écriture de Chaurette et forment un arrière-plan significatif pour la fiction théâtrale. Ainsi, ils sont toujours les fantômes d'un hypotexte et présentent la caractéristique d'être des entités uniquement théâtrales inscrites dans un présent indéfinissable en même temps qu'ils sont les fantômes d'hypotextes, de figures littéraires immortelles.

4.1.1 L'intertextualité comme source de l'écriture des personnages

Chaurette, dans l'avant-propos de la pièce *Ce qui meurt en dernier*, dit clairement s'être inspiré du personnage de Martha Von Geschwitz dans *Lulu* de Wedekind pour construire son personnage. Ce qui est d'emblée intéressant c'est que Chaurette a été séduit par un personnage théâtral déjà existant, mais aussi par sa mise en scène particulière faite par Denis Marleau qui mit en scène *Lulu* de Wedekind en 1996 avec, dans le rôle de la Geschwitz, l'actrice Christiane Pasquier. Or Denis Marleau devient dès la fin des années 1990 le metteur en scène de toutes les pièces de Normand Chaurette, son partenaire dans l'écriture, et, de la même façon,

Christiane Pasquier tient des rôles dans toutes les productions des pièces de Chaurette.

> C'est ainsi qu'alliant fait historique et une partie de rêve, chère à l'univers de Normand Chaurette, *Ce qui meurt en dernier* nous plonge dans le fantasme de la comtesse alors qu'à Londres en 1888, Jack l'Éventreur sème la terreur parmi les femmes avec sa série de meurtres dont les victimes répondent toutes aux mêmes critères, soit des femmes de 50 ans et plus, prostituées, mais qui ont quand même des vies rangées. «Martha est la maîtresse de Lulu. Alors que cette dernière est partie chez un client, la comtesse se retrouve seule. Et elle sait que tout est en place pour qu'elle soit l'une des prochaines victimes de Jack l'Éventreur. Alors, dans l'obscurité, elle lit une "short story" et elle attend le tueur. Elle a peur, mais en même temps elle le souhaite, dans un désir presque sexuel de mourir éventrée. Elle le fait également pour protéger son amoureuse. On la voit s'assoupir en entendant le bruit du moteur de la voiture de Jack et se réveiller lorsqu'il arrête la voiture. Entre les deux, il y a le rêve, le rêve d'un homme beau, dont elle est devient amoureuse, elle qui n'a jamais été attirée par les hommes», raconte Normand Chaurette.[107]

Ainsi, ce personnage de Martha est bien un avatar, une réminiscence de la Geschwitz de Wedekind, une écriture en lien avec un plateau déjà existant, la *Lulu* mise en scène par Marleau, et enfin une partition pour une actrice en particulier, Christiane Pasquier. Il s'agissait pour Chaurette d'approfondir un personnage secondaire dans la pièce de Wedekind dont l'interprétation avait été frustrante pour la comédienne et qui semblait encore offrir une matière théâtrale possible. Nous avons donc affaire à une revenante intertextuelle à double titre, en tant que personnage déjà présent dans une autre pièce, mais en plus interprété par la même actrice. C'est le dramaturge de Denis Marleau sur la production de *Ce qui meurt en dernier*, Florent Siaud, qui décrit très bien la complexité d'un tel processus d'écriture dramatique :

> En résumé, on était dans un contexte de création où le texte venait de la plume de Normand Chaurette mais au sein duquel rôdait le fantôme de Wedekind. Et en parlant de fantôme, il y en avait un autre ! Celui de la production de *Lulu* que Denis Marleau avait montée en 1996 au Théâtre du Nouveau Monde.[108]

---

107 Marie-Ève BOUCHARD, « Une valse théâtrale à trois », *Info07*, février 2008.

108 Florent SIAUD, «L'entrée en scène d'un dramaturge», *Agôn* [En ligne], Entretiens & Portraits, http://agon.ens-lyon.fr/index.php?id=628, consulté le 11 janvier 2012.

D'ailleurs, la fiction littéraire dans *Ce qui meurt en dernier* est conçue comme une chance de renaissance pour le personnage de Martha, présentée comme un monstre dans la pièce *Lulu*, c'est-à-dire un personnage qui fascine par le trouble de son identité. *La Boîte de Pandore*, première version (1894) de la pièce que l'on appelle désormais *Lulu* est sous-titrée « une tragédie-monstre », qui peut vouloir dire qu'il s'agit d'une tragédie monstrueuse ou d'une tragédie qui met en scène un monstre, or c'est Lulu et La Geschwitz qui reçoivent cette qualification à plusieurs reprises dans la pièce. Ainsi, La Gescwhitz, amoureuse de Lulu et dont le genre incertain crée d'emblée son hybridité et son intérêt dramatique, est traitée de monstre par Lulu qui veut se prostituer contre l'avis de cette dernière :

> ALWA- Elle veut se prostituer !
> GESCHWITZ- (*hurlant*) Lulu !!
> LULU- (*les larmes aux yeux*) Ne me rends pas ma misère plus effroyable encore…
> GESCHWITZ- Lulu, Lulu, je t'accompagnerai, où que tu ailles !
> […]
> GESHWITZ- (*se jetant aux pieds de Lulu*) Viens avec moi – je travaillerai pour toi…
> LULU- Va t'en – monstre ![109]

Mais lorsque Jack L'Éventreur tue Lulu à Londres, lui qui est représenté comme le monstre sanguinaire par excellence, désigne Lulu comme un monstre qu'il vient d'abattre et annonce que le tour de la comtesse va venir : « JACK–[…] This monster is quite safe from me. – (à la comtesse) It will be all over with you in a second[110]. »

Chaurette exploite donc cette survivance temporaire de la Comtesse, une survivance menacée par la présence de Jack. Il utilise pleinement la richesse de l'intertextualité qu'il met en place puisqu'il réutilise un personnage littéraire, décuple sa présence en dédoublant sa voix, une voix narratrice et une voix monologique et parfois dialogique lorsque le personnage de Jack apparaît. Ainsi, il met en scène un personnage littéraire par excellence, si ce n'est la littérature elle-même puisque cette entité monologique, narrative et polyphonique représente à elle seule tous les actants du processus littéraire : l'auteur, le personnage et la lectrice. Ce

---

109 Frank WEDEKIND, *Lulu, in Théâtre complet* (sous la direction de J.-L. Besson), *tome II*, éditions Théâtrales, Paris, 2006, p. 180.

110 *Ibidem*, p. 204.

personnage polyvalent sert alors l'exhibition des pouvoirs de la fiction littéraire et l'intertextualité influence la forme de la pièce, résolument narrative, et mettant en scène les fantômes d'un hypotexte.

4.1.2 Présence-absence : les fantômes de l'hypotexte

La première absence significative dans *Ce qui meurt en dernier* est celle du personnage de Lulu, au centre de l'œuvre de Wedekind et autour de laquelle se nouent les rapports entre les autres personnages du drame. Ce personnage devient celle qui est, semble-t-il, la colocataire de Martha, mais qui n'est jamais là, un être purement fictionnel. En effet, lorsque la narratrice parle d'elle, elle superpose les différents noms qu'on a pu lui donner et qui la désignent comme une créature définie par les autres, une créature toute littéraire à la merci de l'écrivain, – ici le dramaturge Chaurette – qui l'a faite totalement disparaître au profit d'une narratrice-personnage-lectrice qui a toute-puissance sur l'imaginaire de la pièce : « LA NARRATRICE [...] Eva, c'est comme ça que la putain se faisait appeler, mais son vrai nom était Olga, bien que son père l'appelait Daphné, et que Martha l'avait d'abord connue sous le nom de Lulu [...][111] ».

Mais l'ombre de l'hypotexte qui plane au-dessus de la pièce se concrétise dans une autre présence ambiguë, fantomatique, celle du second personnage de *Ce qui meurt en dernier*, lui-même explicitement intertextuel : Jack L'Éventreur. Ce qui est intéressant avec ce personnage, c'est qu'il est déjà présent chez Wedekind comme personnage historique créant une attente chez le lecteur-spectateur. Chez Chaurette, il est donc doublement intertextuel puisqu'il fait référence, certes, au personnage figé dans l'histoire, à une figure mythologisée du meurtrier, du bourreau, mais aussi au personnage de Wedekind qui vient clore la pièce en tuant Lulu qui, elle, est le modèle du personnage aux multiples renaissances.

Or le personnage de Jack est certes dépendant d'un imaginaire collectif, mais surtout d'un imaginaire personnel, celui de Martha, qui le fait advenir à loisir. De plus, dans la pièce de Chaurette, la temporalité est défigurée et reconfigurée puisque la pièce présente un hyperpersonnage, Martha, une forme de suite au personnage de la Geschwitz de Wedekind, mais tout en proposant un temps qui semble entrer dans le cadre de la fable de Wedekind avant la fin de la pièce et la mort de Lulu, tuée par Jack L'Éventreur à Londres lorsqu'elle se prostitue.

111 Normand CHAURETTE, *Ce qui meurt en dernier*, Montréal-Arles, Leméac/Actes Sud papiers, 2011, p. 11.

Ainsi, la présence de Jack est toujours sujette à caution. Il est d'abord évoqué par la narratrice comme une possibilité de la fiction :

> LA NARRATRICE- [...] La pluie faisait un battement régulier, comme un millier de marteaux sur un xylophone détrempé. Par moments, elle pouvait donner l'impression de s'intensifier comme pour redoubler de force, mais ce n'était qu'une impression, bien qu'aussi vive que la présence d'un homme immobile à quelques pas derrière elle, qui avait dû s'introduire par Dieu sait où (car jamais Martha n'omettait de verrouiller la porte quand elle était seule, et encore moins en cette période de l'automne 1888 où un tueur en série évoluait librement dans Londres), bref il ne s'agissait peut-être, peut-être, que d'une impression, provoquée par le battement de la pluie qui avait paru s'intensifier quelques secondes, mais à bien y penser, il s'était sans doute introduit par la fenêtre du toit, d'où, justement, ce battement de la pluie qui avait paru s'intensifier quelques secondes pour cracher à l'intérieur de la salle déjà comble d'humidité l'homme à l'imperméable luisant comme la nuit qui collait à sa peau.[112]

Ce passage est très intéressant car dans sa structure, il dit la présence-absence de Jack. Cette phrase à rallonge, qui ne cesse de revenir sur elle-même, de se commenter elle-même sur le mode de l'épanorthose dit le doute porté sur la présence physique du personnage de Jack et sur sa fusion avec les éléments du décor, ici, la pluie. La narratrice installe et désinstalle alternativement les possibilités de la présence du personnage de Jack et c'est encore une fois ici la toute-puissance fictionnelle qui est affirmée.

Puis, plus tard dans la pièce, s'opère un transfert de présence entre Jack et Martha puisque la narratrice donne un corps à Jack et le doute est alors porté sur l'identité de Martha :

> LA NARRATRICE. [...] Jack était un homme trapu. Sa démarche, nerveuse et syncopée, trahissait un manque de souplesse qui accusait à la fois une rigidité de l'âme et une sordide absence de cœur. (...) Il demanda d'un air méfiant : « Qui êtes-vous ? »
> MARTHA. Qui suis-je ?
> LA NARRATRICE. [...] elle opta pour un demi-mensonge :
> MARTHA. Je suis non pas sa sœur, mais sa cousine.[113]

Ce qui est intéressant dans ce passage, c'est qu'au moment où Jack prend corps dans les mots de la narratrice, Martha, elle, ne peut définir son identité que par la négative et un mensonge. Ainsi, Jack ne peut

---

[112] *Ibid.*, p. 10.

[113] *Ibid.*, p. 16.

être que Jack l'Éventreur, la figure de meurtrier inoxydable, alors que le spectre intertextuel Martha est toujours à la recherche de sa propre définition dans la pièce de Chaurette.

Et lorsque Martha et Jack semblent se rencontrer vraiment, c'est-à-dire quand Jack peut parler, l'existence des deux personnages n'en demeure pas moins sujette à caution et profondément métathéâtrale :

> MARTHA. [...] Vous me voyez, mais en réalité, vous ne pouvez que me supposer. Vous me créez de toutes pièces parce que je suis un matériau qui offre de l'intérêt.
> JACK. Je vous crée de toutes pièces parce vous êtes un matériau qui offre de l'intérêt.[114]

Enfin, cette métathéâtralité est à son comble dans cette confession du personnage de Jack qui décrit sa vie comme déjà écrite ailleurs, avant sa naissance : « JACK. Tout ce que je leur fais est écrit, mais ailleurs. Non pas après le meurtre, mais avant. C'est écrit depuis avant mon arrivée, avant ma naissance[115]. »

Ainsi, l'intertextualité qui préside au processus de création des personnages de *Ce qui meurt en dernier* donne naissance à deux personnages qui correspondent aux deux modèles récurrents de personnages du théâtre contemporain, selon Jean-Pierre Ryngaert dans son ouvrage *Écritures dramatiques contemporaines* : le « personnage-fantôme » dont on parle et qui n'est pas là – ici Jack ou Lulu – et le « personnage à tout faire dont les fonctions prolifèrent[116] » – ici Martha, narratrice-lectrice-personnage de sa propre histoire. Cette dernière est aussi le spectre d'un autre texte, *Lulu* de Wedekind et de sa mise en scène par Denis Marleau, qui justement ne cesse de travailler scéniquement sur les entités spectrales.

4.2 Évelyne de la Chenelière : le spectre de l'écriture

4.2.1 Contre les « générations spontanées »

Évelyne de la Chenelière a fait le choix de se réapproprier une œuvre déjà existante, le roman *Une vie à deux* de la romancière féministe Marie Cardinal. La dramaturge réutilise elle aussi une matière déjà existante

114 *Ibid.*, p. 30.
115 *Ibid.*, p. 32.
116 Jean-Pierre RYNGAERT, *Écritures dramatiques contemporaines*, Paris, Armand Colin, 2011, p. 151.

et en particulier des personnages à qui elle va donner une seconde vie. Or, justement, dans ce projet d'écriture, ce qui nous intéressera c'est la présence de spectres multiples autant dans la démarche d'écriture qui est profondément intertextuelle – et travaille donc un certain spectre de la littérature – que dans le sujet même de la pièce qui propose l'anatomie d'un couple par le prisme de leur découverte d'un cadavre. Ainsi forme et fond de la pièce vont interroger le pouvoir fictionnel des morts :

> Un jour, au cours d'une promenade solitaire, Jean découvre le corps d'une noyée sur la plage. Ce fait divers, qui revêt un certain mystère en raison des circonstances indéfinies entourant le décès de Mary, hante Jean et Simone. Cette dernière a longtemps souffert de la solitude à cause des « désertions » de Jean qui l'ont mené vers d'autres femmes. Devant sa fascination pour Mary, elle s'écrie : « Même mortes elles t'attirent. Le cadavre d'une femme sur la plage, et c'en est fait de mes vacances. » Ainsi, Mary devient si présente dans la vie de Simone et de Jean qu'ils entrent dans un jeu bizarre, celui d'inventer une vie à Mary. Cette vie forgée méthodiquement par le couple devient un spectre dans lequel s'incarne le questionnement de Simone et de Jean sur la liberté, la famille, la solitude, la mort.[117]

Le choix de l'intertextualité pour la dramaturge et actrice Évelyne de la Chenelière est une véritable prise de position militante. Elle explique dans un avant-propos à sa pièce qu'il s'agit pour elle de contribuer à ce que nous appellerons un théâtre à développement durable, et ce que Jessie Mill a désigné comme « un art du recyclage[118] ». Évelyne de la Chenelière ne veut pas contribuer à une inflation des textes de création qui est un phénomène remarquable au Québec. En effet, si l'on peut saluer le dynamisme de l'écriture dramatique dans un territoire pourtant peu peuplé, on peut aussi, avec Évelyne de la Chenelière déplorer une forme de fuite en avant dans cette multiplication de textes de création qui n'auront souvent qu'une vie à court terme et ne participeront pas à la construction d'une véritable histoire du théâtre québécois :

> Je cesse, pour l'instant, de participer à cette cadence effrénée de nouveaux textes dramatiques qui, pour la plupart, n'auront qu'une lecture, qu'une création, qu'une dimension.
> Nous vivons dans la chimère des générations spontanées, où chacun croit qu'il s'est auto-enfanté.

---

117 Maria STASINOPOULOU, « L'ultime pas de deux de Simone et Jean », *Jeu*, n° 144, (3) 2012, p. 27-29.

118 Jessie MILL, « Frotter son langage contre l'autre », site de l'Espace Go, http://www.espacego.com/saison2011-12/prog_5.3.php, consulté le 15 janvier 2012.

> Un règne d'artistes et d'écrivains qui n'ont pas d'ascendants, pas de parents, et beaucoup d'originalité.
> Avant de nous noyer dans le flot des produits culturels engendrés par notre hâte et notre aveuglement, je m'arrête.[119]

Le choix d'Évelyne de la Chenelière peut entrer en résonance avec le propos d'autres dramaturges québécois qui déplorent la difficulté du Québec à se construire un passé, à accepter le long terme. En effet, beaucoup d'auteurs et d'observateurs de la société québécoise décrivent cette société comme en perpétuel recommencement. Ainsi Évelyne de la Chenelière fait le choix de créer une pièce sans pour cela « accroître la population mondiale[120] » née de la littérature. Ce qu'elle nous propose c'est aussi son dialogue avec une morte, l'autrice Marie Cardinal, qui justement n'avait plus la capacité de parler à la fin de sa vie car elle était atteinte d'aphasie.

> La Marie Cardinal que j'ai côtoyée était déjà largement atteinte par l'aphasie qui la privait de mots, et donc de l'articulation de sa pensée. Cruelle ironie du sort, pour une femme de lettres, d'être forcée au mutisme. Inutile de dire que je n'ai jamais eu de grandes conversations avec Marie Cardinal, et je le regrette. J'aurais tant aimé la connaître plus tôt, ou alors que ses mots l'abandonnent plus tard…Aujourd'hui je me venge du sort : je parle avec elle.[121]

4.2.2 Une revenante comme source et forme de la fiction théâtrale

Dans la pièce d'Évelyne de la Chenelière, c'est la matérialité de la mort, le cadavre de la noyée que Jean découvre, qui est sans cesse le moteur de la fiction. Ainsi, les premières paroles du personnage de Simone, longue tirade sur le mode interrogatif adressée à Jean, son mari, celui qui a trouvé le corps de la morte, celui qui a vu ce corps, concernent la nature du cadavre trouvé : « SIMONE. (à Jean) Un cadavre ? / Un cadavre de quoi ? / Un cadavre de qui ?[122]». On peut d'emblée noter ici que le cadavre est à la fois un élément de la fable de la pièce autour de l'identité de la jeune noyée qui va interroger les protagonistes (« cadavre de qui »), et en même temps un élément profondément métathéâtral, signe de la modalité intertextuelle de l'écriture : « cadavre de quoi ».

---

119 Évelyne de LA CHENELIÈRE, *La chair et autres fragments de l'amour*, Montréal, Leméac, 2012, p. 8.

120 Christine MONTALBETTI, *Le personnage*, Paris, Garnier Flammarion, 2003, p. 45.

121 Évelyne de LA CHENELIÈRE, *op. cit.*, p. 10.

122 *Ibidem*, p. 13.

Ainsi, le cadavre est une véritable matière à fabuler pour les personnages de Simone et Jean qui inventent à loisir la vie de la jeune noyée au gré de leur conflit amoureux et de leurs propres questionnements au risque d'être séparés par ce qui pourtant n'est plus : une morte. On peut d'ailleurs noter que la première tirade de Simone se clôt sur plusieurs phrases dont une formulation qui joue sur la syllepse de sens et réactualise la formule consacrée du mariage « jusqu'à ce que la mort vous sépare » pour offrir un véritable programme de la pièce : « Veux-tu m'aimer jusqu'à ce que la mort nous sépare ?[123] ». En effet, cette phrase dit la richesse de l'utilisation du motif de la mort dans une pièce qui montrera la dissection et la mort d'un couple, l'acheminement d'une femme, Simone, dans la maladie, jusqu'à la mort de sa parole, et les multiples réinventions du couple autour d'une morte, Mary, la noyée.

Le cadavre est le motif de relance du dialogue entre Jean et Simone au sens propre et figuré car il permet au couple de se dire ce qu'il ne s'est jamais dit et il provoque concrètement le dialogue entre les deux personnages autour de la répétition cyclique de ce jeu de questions-réponses :

> SIMONE. Quelle histoire, hein ?
> JEAN. Quoi ?
> SIMONE. Ce cadavre.
> JEAN. Oui.
> SIMONE. On ne parle que de ça, au village.[124]

Ce petit jeu est une matrice à partir de laquelle l'histoire de Mary va s'inventer puisque ce petit dialogue qui revient cycliquement donne progressivement une humanité à la morte : « ce cadavre[125] », « cette femme, cette noyée[126] », « cette Mary, cette noyée[127] », « cette Mary, cette échouée[128] », « cette Mary, cette trouée[129] ». On note, dans cette évolution de la dénomination du cadavre que Jean et Simone, tels des auteurs dramatiques, donnent de plus en plus de réalité à leur objet de fiction en lui attribuant un sexe, puis un type de mort, puis un prénom. D'ailleurs ce prénom n'est pas anodin ici puisqu'il s'agit du prénom de

[123] *Ibid.*, p. 14.
[124] *Ibid.*, p. 17.
[125] *Idem.*
[126] *Ibid.*, p. 18.
[127] *Ibid.*, p. 19.
[128] *Ibid.*, p. 20.
[129] *Ibid.*, p. 23.

Marie Cardinal anglicisé car la pièce se passe en Irlande. En outre, il résonne avec le motif du mariage que l'on retrouve à plusieurs reprises comme lien qui transcende la mort par exemple dans cette phrase de Mary la marieuse qui fait écho à la formule du mariage qui était déjà utilisée en début de pièce par le personnage de Simone : « MARY. Pour le meilleur et pour le pire jusqu'à ce que la mort vous sépare.[130] ». Après le prénom, Jean et Simone lui attribue un destin tragique avec ces deux adjectifs « échouée » et « trouée » qui sont à entendre au propre comme au figuré et qui métaphorisent la matérialité de la mort.

On peut aussi noter ici le « on » de la rumeur, du village, derrière lequel se cache le couple qui veut créer l'histoire de Mary. C'est Simone telle une spectatrice avide qui demande d'abord à Jean de « raconte(r)[131] » ce qu'il a vu quand il a découvert la noyée. Puis c'est elle qui se prend au jeu d'inventer la vie de Mary, en mélangeant les degrés de réalité autour d'une valse des temps et des modes de la narration : l'imparfait de l'indicatif qui dit un passé révolu, la description d'un quotidien passé, le conditionnel présent qui laisse place à l'imagination de Simone et le passé composé qui semble profondément rapprocher Mary du présent de Simone :

> SIMONE. Mary était heureuse. Elle aurait un enfant, un mari, elle serait médecin. Billy venait jeudi, elle lui annoncerait la nouvelle. Il serait heureux lui aussi. Quand Billy est arrivé, elle l'a embrassé tendrement. Elle riait, elle était toute contente de le voir, et lui tout heureux et surpris de la voir si contente. Elle l'a fait asseoir cérémonieusement, en se moquant de la cérémonie…[132]

Mais si ce cadavre est fécond du point de vue de l'histoire qui nous est racontée, s'il est objet de fiction par excellence, il sert aussi de modèle à la forme de l'écriture puisque le cadavre fragmente l'énonciation, trouble la linéarité du récit et Évelyne de la Chenelière elle-même décrit son écriture comme anatomique : « L'autopsie de la dépouille en décomposition était tellement théâtrale et riche que j'ai eu envie de travailler par sections du corps, dans une espèce d'autopsie à travers son histoire[133] ».

L'histoire en effet dans cette pièce se construit petit à petit, morceaux par morceaux et joue sur la perpétuelle construction-déconstruction du

---

[130] *Ibid.*, p. 41.

[131] *Ibid.*, p. 21.

[132] *Ibid.*, p. 41.

[133] Mélissa PROULX, « Évelyne de la Chenelière. Autopsie d'une âme », *Voir*, 19 avril 2012, http://voir.ca/scene/2012/04/19/evelyne-de-la-cheneliere-autopsie-dune-ame/, consulté le 25 janvier 2012.

récit. Le rythme de la langue est rapide, haché, et si le personnage de Simone s'exprime d'abord dans une tirade dynamique qui juxtapose les questions, elle finira par demeurer seule avec le cadavre de sa langue passée. C'est elle-même qui l'annonce dans un long monologue qui décrit d'abord ce qui va arriver sur le mode clinique au sens où la langue est décrite comme un corps qui se décompose littéralement et qui finit par voir la réalisation de cette décomposition dans une parole qui demeure alors incompréhensible pour toujours :

> SIMONE. [...]
> ma syntaxe se démembrera.
> Ma grammaire se disloquera.
> Mes phrases se décapiteront.
> [...]
> Ma langue s'arrachera.
> [...]
> La mort, avec ses doigts de renard,
> fait des nids d'hirondelle
> dans les cheveux des noyés
> Je dis
> À l'aubépine les chevaux fouleront la
> marée brève[134]

4.2.3 Transferts de présence

Si Mary (ou son cadavre) est l'objet de la fiction et son moteur, on observe aussi tout au long de la pièce des transferts du pouvoir fictionnel d'un personnage à l'autre et Évelyne de la Chenelière propose une dramaturgie où chaque personnage peut devenir démiurge à son tour et peut imaginer l'autre pour s'inventer soi-même. D'une certaine façon, le fil directeur de la pièce est l'histoire d'un transfert de vie et de mort de Mary à Simone. Ainsi le cadavre sans nom prend vie sous les paroles de Jean et Simone et c'est Simone qui est petit à petit touchée par la maladie et la mort de ses propres mots. À la dislocation du cadavre répondra la dislocation de la parole de Simone.

D'ailleurs, ce transfert de la mort et de la disparition est annoncé par Simone : « SIMONE [...] Oh comme je me plains, je me plains d'être disparue en partie/ et de regarder ta vie sans moi dans ta vie[135] ». À ce moment de la pièce, il s'agit du réquisitoire de Simone contre Jean qui

134 Évelyne de LA CHENELIÈRE, *op. cit.*, p. 77.

135 *Ibid.*, p. 25.

est un mari infidèle qui ne la regarde plus et en ce sens ne lui donne plus d'existence, mais ce qui est ici une métaphore autour de la disparition se concrétisera petit à petit au cours de la pièce. Si Jean ne regarde plus Simone, il est le seul, en revanche, à avoir vu la noyée, vision qui est le point de départ d'une forme de résurrection fictive de la morte.

Mais au-delà de ce fil, le dynamisme de la pièce repose sur une inversion constante des points de vue sur la fable qui nous est racontée. Si c'est d'abord le couple qui semble donner vie à Mary la noyée, c'est pourtant aussi Mary elle-même qui devient la narratrice de leur histoire. Elle ressuscite elle aussi un passé révolu, celui du début de leur histoire d'amour. La réactualisation est complète car c'est le présent qui domine son récit et le récit est actualisé concrètement puisqu'au fil de la narration, Jean et Simone, tels les acteurs de leur propre passé, donnent vie à ce que raconte Mary :

> MARY. Depuis toujours, Simone attend Jean.
> Depuis le tout premier appel, elle attend.
> Depuis le commencement.
> […]
> SIMONE. Appelle-moi.
> MARY. Elle attend. Ça ne fonctionne pas.
> SIMONE. Appelle-moi.
> MARY. […]
> Jean libère sa gorge de sécrétions imaginaires.
> Il transpire.
> Il a le souffle court, la poitrine oppressée, la bouche sèche, les mains moites.
> Il tremble.
> (…)
> MARY. Jean appelle Simone.
> JEAN (appelant). Simone ![136]

En outre, au terme de ce transfert du pouvoir fictionnel, Simone prend littéralement la place de la noyée puisque la matrice de fiction employée pour inventer la vie de Mary est ici réutilisée pour Simone :

> MARY. […] Quelle histoire, hein ?
> JEAN. Quoi ?
> MARY. Cette Simone. Cette grande amoureuse.
> JEAN. Oui.[137]

---

136 *Ibid.*, p. 58-59.

137 *Ibidt.*, p. 59.

Ce transfert va assez loin car Simone suggère même à un moment qu'elle inventerait Jean qui est l'éternel absent, au sens figuré, puisqu'il la délaisse toujours. Ainsi l'éternelle absence de Jean le transformerait petit à petit lui aussi en fantôme : « SIMONE. [...] Je ne vois pas son visage. / Mais un fantôme de Jean, /c'est mieux que pas de Jean du tout.[138]».

Ainsi, les trois protagonistes de l'histoire s'inventent eux-mêmes un destin commun, tour à tour narrateurs et acteurs de leur histoire, une histoire toujours racontée par un autre qu'eux-mêmes : « MARY. [...] Vous m'inventez, je vous invente en retour. D'ailleurs nous sommes devenus un trio inséparable.[139] ». Par conséquent, c'est une grande polyphonie qui s'installe petit à petit dans ce perpétuel transfert de voix où chacun est porteur de l'histoire de l'autre, mais aussi de la voix de l'autre. En fait, il s'agit aussi pour les personnages de redonner la voix aux disparus, aux morts. Jean et Simone redonnent à la morte Mary la possibilité de parler, mais Mary, elle aussi, fait parler les morts. On peut citer par exemple ce passage très riche où Mary convoque le passé de Simone et en particulier le personnage de sa mère, qui justement était obsédée par la mort. Mary fait alors surgir la voix de la mère disparue, une mère morte qui justement était fascinée par la mort :

> MARY. Sa mère adorait fleurir les tombes, courir les salons funéraires, attendre les mauvaises nouvelles, pour ensuite les répandre passionnément, verser des larmes [...] rêver son épitaphe, l'écrire, puis la lire à voix haute pour en vérifier l'effet [...] Elle disait *Aime-moi, Simone ! Je vais mourir, Simone ! Tu dois m'aimer, je vais mourir !*
> SIMONE. *Aime-moi, je vais mourir !*[140]

Ce qui est particulièrement intéressant dans ce passage, c'est justement le transfert des voix. Mary, la morte à qui Simone a donné une voix, devient la narratrice de l'histoire passée de Simone et convoque non seulement sa mère mais aussi les paroles de sa mère qui sont ici au discours direct (mises en exergue par l'italique) et adressées à Simone. Or Simone se réapproprie ces paroles pour les faire siennes puisqu'elle aussi va mourir. Ainsi, c'est le thème de la mort qui tisse ici un partage des voix au sens littéral.

[138] *Ibid.*, p. 63.
[139] *Ibid.*, p. 65.
[140] *Ibid.*, p. 66.

Au même titre que Martha dans *Ce qui meurt en dernier* de Normand Chaurette était la narratrice-personnage-lectrice de sa vie, les personnages de Mary et Simone, tous deux des avatars de l'auteur Marie·Cardinal et de la dramaturge Évelyne de la Chenelière (qui jouait Mary lors des représentations) sont à la fois des « personnages-fantômes[141] » et des « personnages à tout faire[142] », dispositif à rapprocher du « ghosting », notion forgée par Marvin Carlson et Hervé Blau et qu'Edwige Perrot redéfinit pour parler des solos de Pol Pelletier dans une formulation qui peut tout à fait s'appliquer ici :

> Le dédoublement des voix conjugué à la présence d'un seul corps problématise la distinction entre la narratrice («protagoniste», «personnage» ou «voix») et l'artiste (non seulement en tant qu'individu mais aussi en tant que personne connue du public). Ce phénomène que Marvin Carlson (2001) et Herbert Blau (1992) définissent sous le terme de *ghosting* se situe aux frontières du réel et de la fiction, dans la mesure où il émerge des frictions entre la figure de l'artiste – notamment les traces que ce dernier laisse dans la mémoire collective – et le personnage. C'est dans (ou grâce à) cet écart entre réel et fiction qu'il convoque différentes strates de sens à partir desquelles les spectateurs vont pouvoir construire ou compléter sémantiquement ce qui leur est donné à voir. Au-delà de la représentation théâtrale se joue donc un phénomène mnésique qui trouve son origine à la fois dans la présence de l'artiste et dans cette enveloppe fantomatique qui l'accompagne.
>
> Le processus de réception est dominé par un jeu d'associations, d'intertextualité, voire «d'interthéâtralité» qui s'opère dans l'entrecroisement d'éléments préexistant à l'ici et maintenant de la représentation. Que ces éléments soient issus d'une mémoire collective (historique) ou de spectacles antérieurs (auxquels renvoient certaines allusions), un processus de reconnaissance vient enrichir la création de sens et, paradoxalement, suscite une certaine confusion dans la détermination de celui ou de celle qui prend la parole.[143]

Ces personnages, au-delà de l'histoire de la pièce, représentent en fait la littérature dans son ensemble et l'écriture dramatique en particulier autour du motif récurrent dans la pièce du corps de la langue. La langue

---

141 Jean-Pierre RYNGAERT, *Écritures dramatiques contemporaines,* Paris, Armand Colin, 2011, p. 151.

142 *Idem.*

143 Edwige PERROT, « Pour une esthétique de la dissidence : dire du corps et dire du discours au service d'une polyphonie hétéromorphe dans les solos de Pol Pelletier », *L'Annuaire théâtral*, n° 47, 2010, p. 47.

de la Chenelière est en effet décortiquée, anatomique et la maladie physique de Simone/Marie Cardinal est représentée comme une « écriture étrangère[144] ».

4.2.4 Intertextualité et héritage artistique

Les personnages de la pièce sont donc profondément métathéâtraux puisqu'ils ne cessent de dire ce qu'est l'invention dramatique. En ce sens, Évelyne de la Chenelière est l'héritière d'une tradition métathéâtrale forte dans la dramaturgie québécoise ayant justement commencé avec l'œuvre de Jean-Pierre Ronfard.

Il faut surtout souligner le caractère ludique de l'intertextualité que pratiquent plusieurs autres dramaturges québécois (Larry Tremblay, Carole Fréchette, Olivier Choinière). De la même façon, Évelyne de la Chenelière installe une distance ironique de ses personnages par rapport à leur destin : « JEAN. Tu es tellement dramatique, Simone./ SIMONE. Je ne suis pas dramatique, je suis tragique.[145] ». Évelyne de la Chenelière joue sur la richesse de l'intertextualité et convoque dans la bouche de Simone (figure de l'écrivain) une référence shakespearienne en comparant Mary à la plus célèbre des noyées, Ophélie, pour finalement mieux s'en détacher en présentant cette figure d'Ophélie comme le comble de l'illusion :

> SIMONE. Dans tes yeux,
> la mort de Mary devient une parure sublime,
> la noyée est ophélisée,
> elle devient pure, image fixée, comme ces papillons de collectionneurs,
> [...]
> Mary n'est pas Ophélie !
> Tu m'entends, Jean ?
> Mary n'est pas la sirène inconsciente et impérissable que tu imagines[146].

Ce qui intéresse finalement Évelyne de la Chenelière, ce n'est pas tant d'inscrire son écriture dans le grand réseau de la littérature que d'affirmer un héritage artistique dans le but de construire une histoire du théâtre québécois à laquelle contribuer. Ainsi, la dramaturge travaille depuis plusieurs années à l'Espace Libre, lieu qui a été fondé par trois troupes,

---

144 Évelyne de LA CHENELIÈRE, *op. cit.*, p. 61.
145 Évelyne de LA CHENELIÈRE, *op. cit.*, p. 33.
146 *Ibidem.*, p. 56.

le Nouveau Théâtre Expérimental, Omnibus et Carbone 14 en 1979. Or, ces trois troupes se sont réclamées d'un théâtre d'art et de recherche et ont profondément changé la scène québécoise dans les années 1980. C'est dans leur lignée et en particulier dans celle de Jean-Pierre Ronfard – qui occupa le théâtre de 1981 à 2003 – que de La Chenelière souhaite s'inscrire notamment autour du rapport au plateau qu'elle privilégie dans ses collaborations avec Daniel Brière.

Ainsi, ce que nous avons désigné comme une dramaturgie à développement durable est aussi l'inscription d'un parcours dans une filiation artistique forte. Jean-Pierre Ronfard est mort en 2003 d'un malaise cardiaque, peu de temps après avoir laissé un message téléphonique sur le répondeur de L'Espace Libre, message dans lequel il donnait sa vision de l'avenir du théâtre, un message très fort qui a servi de matériau pour le spectacle *Ronfard nu devant son miroir* qu'ont créé Évelyne de la Chenelière et Daniel Brière en 2011. Or, c'est justement la fille de Jean-Pierre Ronfard et Marie Cardinal, la metteuse en scène Alice Ronfard qui a proposé le projet d'une adaptation du roman de sa mère *Une Vie à deux* et qui a mis en scène le texte, ce qui fut, pour elle, une expérience affective très forte et en même temps un hommage au couple d'intellectuels qu'étaient ses parents.

Ainsi, contrairement à une définition du spectre comme être évanescent, les spectres de Chaurette et de la Chenelière sont profonds grâce à la richesse de l'intertextualité à laquelle ils participent et à la démultiplication des points de vue que les dramaturges donnent sur eux. Tantôt narrateurs de leur propre vie, tantôt acteurs, ils ne cessent de dire les métamorphoses de l'être fictionnel et en particulier de l'être dramatique qui par définition a toujours plusieurs peaux et interroge l'adéquation d'une voix et d'un corps. Cette polymorphie souvent accompagnée d'une parole polyphonique est la définition même du personnage dans le théâtre contemporain, « personnage promis à la destruction [qui] n'a cessé de renaître, irréductible, tantôt surchargé de qualités, tantôt démembré, sosie ou fantôme, mannequin ou icône, disséqué sous toutes ses coutures, dévoré par son discours[147] ». Ces personnages interrogent donc les possibles degrés de présence en scène, les différents états d'humanité et le degré d'individuation de l'être humain. Les spectres intertextuels sont à la fois toujours semblables et différents par rapport à leur source, ils sont

147 Robert ABIRACHED, *La Crise du personnage dans le théâtre moderne*, Paris, Gallimard, collection « Tel », 1994, p. 439.

à la fois singuliers et interchangeables et disent l'immensité de l'humanité morte, comme Simone dans la pièce d'Évelyne de la Chenelière :

> SIMONE
> Nous ne sommes plus trois
> Nous ne sommes plus deux
> Et tu n'es pas seul
> Nous sommes innombrables[148]

La présence de spectres intertexuels est donc profondément autoréflexive, métathéâtrale, comme nous l'avons vu à plusieurs reprises, et chacun des personnages que l'on a pu analyser ne cesse de dire ce qu'est une création fictionnelle. Ainsi, ils renvoient à la figure de l'auteur et interrogent fortement le lien entre intertextualité et positionnement de l'auteur. On peut rappeler ici que la notion d'intertextualité a été forgée dans les années 1960 et participait alors à l'idée structuraliste très forte de disparition du sujet-auteur au profit d'un texte autonome, indépendant. L'intertextualité présente en effet la littérature comme un grand réseau dans lequel circulent des motifs qui ne dépendent plus alors de l'originalité d'un auteur. De même, la pratique intertextuelle présuppose l'existence d'un hors-texte qui influencerait l'écriture puisqu'elle remet en question la référence à un réel comme base de l'écriture. L'intertextualité dit une littérature qui se nourrit d'elle-même, s'auto-engendre et fait référence à elle-même plus qu'à un réel qu'elle tenterait de reproduire. C'est pour cela que les spectres intertextuels sont par définition des personnages non-mimétiques et démultipliés qui ne cessent de s'affirmer comme des êtres purement littéraires.

Pourtant, comme on a pu le voir de manière prégnante avec Évelyne de la Chenelière, le choix de l'intertextualité engage un positionnement fort du sujet-auteur par rapport aux créateurs qui l'ont précédé et produit donc un dialogue entre l'auteur et ses prédécesseurs à travers la reprise d'une œuvre et son nécessaire changement d'orientation, de point de vue. À travers la reprise de personnages littéraires déjà existants, l'auteur interroge donc la construction de sa figure d'auteur en même temps que le processus d'invention d'un personnage de manière générale.

On a pu voir ici un type de personnage qui trouve sa profondeur dans son appartenance à un monde littéraire préexistant. Cette intertextualité lui confère une profondeur autre que psychologique et provoque des

---

[148] Évelyne de LA CHENELIÈRE, *op. cit.*, p. 77.

effets de reconnaissance et de déception pour le lecteur-spectateur. Mais ces spectres intertextuels, s'ils sont fantomatiques, n'en sont pas moins dotés de couches de sens épaisses.

À l'autre bout du personnage contemporain, il y a le modèle de la figure qui, lui aussi, trouve une réalisation particulière dans le théâtre québécois contemporain – et l'on pourrait faire la même analyse pour une partie du théâtre occidental, si l'on pense par exemple à l'œuvre de Falk Richter – à travers un phénomène d'écriture fortement lié à la société qui est née et s'est développée dans les années 2000 : une société globalisée où les médias de masse occupent une place prépondérante et infiltrent les individus pour formater à la fois leur mode de vie et leur langage.

5. Les « hommes sans qualité » : les personnages du monde médiatique

> Pour ma part, c'est plutôt le devenir-fantôme du personnage le plus ordinaire que je voudrais essayer de retracer. « Fantôme sans substance », autant dire *homme sans qualités*. Considérer, pour reprendre le titre du grand roman de Musil, que le personnage moderne est sans qualités, sans propriétés qui le définissent, revient à constater que, incapable de coïncider avec lui-même, il est irrémédiablement en perte d'identité. Et cela à cause d'un manque ou d'un trop d'ouverture : soit, comme le Ulrich de Musil, tous les possibles lui sont ouverts, jusqu'au vertige absolu ; soit, à l'instar des protagonistes de Kafka ou du Bartleby de Melville, il se place toujours, malgré lui, en retrait du monde.[149]

5.1 Le monde médiatique comme modèle d'écriture des personnages : trois instantanés des années 2000[150]

Pier-Luc Lasalle, dans *Judith aussi*[151], met en scène deux femmes prises dans le monde de la publicité « virale ». Olivier Choinière, avec *Félicité*[152], présente des personnages dont la perception du monde est notamment

[149] Jean-Pierre SARRAZAC, *Poétique du drame moderne, de Henrik Ibsen à Bernard-Marie Koltès*, Paris, Seuil, 2012, p. 195.

[150] J'ai mené cette analyse dans l'article suivant : « Le monde médiatique comme modèle d'écriture du personnage dramatique : l'exemple du théâtre québécois des années 2000 », *in* Joseph Danan et Catherine Naugrette, *Écrire pour le théâtre aujourd'hui, Registres*, Hors-série n° 4, Presses de la Sorbonne Nouvelle, 2015.

[151] Pier-Luc LASALLE, *Judith Aussi*, Montreuil, Éditions Théâtrales, 2010.

[152] Olivier CHOINIÈRE, *Félicité*, Montréal, Dramaturges Éditeurs, 2007.

déterminée par les constructions médiatiques autour de Céline Dion. Enfin, dans *Rouge Gueule*[153], Étienne Lepage propose une suite de monologues qui assimilent la scène à un défouloir proche du confessionnal de la télé-réalité.

Ces trois pièces écrites après 2000 montrent à quel point les logiques d'un monde médiatique omniprésent (publicité, starisation, télé-réalité) informent l'écriture du personnage dramatique et de sa parole. En présentant des personnages prisonniers d'une parole qui ne leur appartient pas, une parole prise dans des structures énonciatives éclatées, ces écritures interrogent la possibilité de l'intersubjectivité, puisque la communication entre deux êtres semble totalement exclue dans ces univers où règnent logorrhée et ventriloquie.

On pourra analyser les êtres dramatiques présents dans cette dramaturgie qui prend acte de l'invasion du discours médiatique dans la société, et parler d'une dramaturgie d'êtres ordinaires, témoins anonymes, nouveaux héros médiatiques incapables de produire de la socialité comme nous le dit Marie-Christine Lesage :

> Peut-être que la tendance la plus marquée de toute cette période est l'apparition de personnages inaptes à fonctionner dans un système où la productivité intense et le profit tiennent lieu de critères moraux. Qui se débattent, donc, dans un monde où l'économique et la notion de profit régulent tout, et plus particulièrement les relations entre les êtres.[154]

D'ailleurs, ce modèle d'écriture du personnage qui présente des êtres-surfaces qui ne parviennent pas à tisser de lien social, luttant sans fin avec le miroir de la société médiatique et se débattant dans leurs identités multiples, est à rapprocher de ce qu'on trouve sur les scènes contemporaines et notamment de la grande exploitation du « corps écranique[155] », c'est-à-dire la diffraction du corps de l'acteur en de multiples images et une logique scénique qui fonctionne, grâce aux nouvelles technologies, sur le modèle de l'apparition-disparition.

Mais si *Judith Aussi* de Lasalle et *Félicité* de Choinière mettent réellement en scène le monde de la publicité ou des *mass media* et utilisent donc les médias comme thématique – dans des optiques différentes bien

---

153 Étienne LEPAGE, *Rouge Gueule*, Montréal, Dramaturges éditeurs, 2009.

154 Entre la page et le plateau, Dialogue avec Marie-Christine Lesage », *in* « Ruptures et Filiations, Le festival du Jamais Lu », *Liberté*, n° 291, p. 51-52.

155 Ludovic FOUQUET, « L'écart et la surface : prémices d'une poétique du corps écranique », *Jeu*, n° 108, 2003 (3), p. 114-120.

entendu –, dans *Rouge Gueule* d'Etienne Lepage, c'est le modèle de la prise de parole de témoins anonymes et la violence d'une scène déversoir qui fait dire aux critiques que cette pièce met en scène une forme d'aliénation de l'individu aux médias.

On peut alors se demander comment l'on passe d'une thématique qui n'est pas récente (les médias, la télévision, la publicité) à un dispositif dramaturgique, un modèle de l'écriture dramatique du personnage et de l'énonciation qui met en scène un nouveau type de héros, en poussant le modèle médiatique à ses limites ?

5.1.1 Judith aussi *: le modèle publicitaire et les êtres sans histoire*

La pièce *Judith Aussi* de Pier-Luc Lasalle met en scène le monde de la publicité virale c'est-à-dire un type de publicité qui brouille dangereusement les frontières de la réalité et de la fiction. On le comprend dans le résumé de la pièce que propose le Centre des Auteurs Dramatiques à Montréal (CEAD) :

> Evelyne est diplômée d'une école de théâtre, Sophie-Anne a un bac en communications. Elles sont engagées par un séduisant publicitaire pour faire un nouveau type de *marketing* qui s'insinue dans le quotidien et exige réalisme et naturel : elles jouent à être des amies à la table d'un café. Leur but : imposer une marque de produits de beauté.[156]

Les trois premières scènes de la pièce présentent la reprise-variation d'un même dialogue huilé (les répliques changent sensiblement, mais le déroulé garde son objectif, introduire le produit : un panier-cadeau Vichy) qui tourne autour d'un objet virtuel de conversation, l'anniversaire d'une Judith, qui n'a pas plus d'existence que la fausse amitié entre les deux femmes qui jouent, mais qui donne son titre à la pièce.

Ainsi, c'est le virtuel, Judith, et le produit commercial, le panier-cadeau Vichy, qui ont plus d'existence que la relation entre les deux femmes, Sophie-Anne et Évelyne, qui ne sont pas réellement amies. Le dialogue est essentiellement construit sur des formules stéréotypées, des slogans, du déjà-dit.

La boucle est d'ailleurs bouclée dans la dernière scène puisque les deux femmes semblent se retrouver après un long temps, mais alors qu'on pourrait s'attendre à une véritable conversation, le virtuel et l'artificiel

---

[156] http://www.cead.qc.ca/_cead_repertoire/id_document/8408, consulté le 15 mars 2012.

reprennent le dessus. D'abord, Judith est réutilisée comme si elle existait à nouveau : « SOPHIE-ANNE : […] Je m'ennuie un peu de Judith on dirait, […] EVELYNE : […] A l'a quand même fait partie de nos vies[157] ». Puis, le dialogue dévie sur la nouvelle coiffure de Sophie-Anne qui finit par placer la marque « L'Oréal » et par introduire ce qui semble une nouvelle amie fantoche, Annie, dans la formulation qui crée l'effet de bouclage et clôt en effet la pièce : « Annie aussi[158] ».

Les personnages que met en scène Pier-Luc Lasalle sont des êtres non qualifiés. Le seul élément qui les singularise est la mention de leurs études qui, là encore, contribue à les inscrire dans le monde de l'illusion et de l'artificiel : l'une étudie en communication, l'autre en théâtre. Elles n'existent que l'une par rapport à l'autre et le monde de leur connaissance, en dehors du lieu standardisé du Starbucks où elles parlent, se résume à leur agence de publicité, si bien qu'elles sont finalement attirées par le même homme, leur patron, Ian. Leur vie est donc enfermée dans un présent machiné et répétitif et Pier-Luc Lasalle ne leur donne pas d'existence en dehors de leur fonction publicitaire.

Elles sont sans histoire, et paradoxalement, le personnage qui se voit construire une histoire, et ce, par le biais de la narration des deux autres, c'est Judith, cet être virtuel qui a alors une plus grande existence pour le lecteur-spectateur que les porteuses de son histoire fictionnelle, les réelles protagonistes de la pièce.

Comme des êtres de fiction, elles n'existent que dans le regard des autres et sont incapables d'établir une communication en dehors du scénario de leur publicité. Ainsi, dans la scène 4, quand le bar est vide, elles se refusent à faire la conversation, c'est-à-dire à avoir une véritable conversation :

> *Starbucks, long silence.*
> ÉVELYNE- Grosse journée, hein ?
> SOPHIE-ANNE- On est pas obligées de se forcer, là. Ça sert à rien.
> ÉVELYNE- Qu'est-ce que tu veux dire ?
> SOPHIE-ANNE- C'est correct si on a rien à se dire. On est pas obligées de faire la conversation en ce moment, y a personne qui nous écoute.[159]

[157] Pier-Luc LASALLE, *op. cit.*, p. 54.

[158] *Idem.*

[159] Pier-Luc LASALLE, *op. cit.*, p. 15.

On assiste à une dépersonnalisation progressive des personnages. La publicité est utilisée comme thématique et comme structure puisque Lasalle met en scène l'impossibilité d'une réelle communication entre des personnages sans histoire dont la seule socialité sert un acte commercial.

De la même façon, la pièce d'Olivier Choinière que nous allons aborder maintenant utilise comme thématique et comme structure la dramatisation télévisuelle autour du phénomène de starisation d'une part et de délectation du fait divers d'autre part.

5.1.2 Félicité *d'Olivier Choinière et la société du spectacle*

Félicité est une pièce d'Olivier Choinière difficile à raconter, tant la structure dramatique est complexe et fondée sur une narration à tiroirs qui prend pour lignes de mire la représentation médiatique de Céline Dion et celle d'un fait divers atroce. Quatre personnages, Oracle, La Préposée, le Gérant et l'Étalagiste racontent une histoire dans un récit où les lieux changent et les personnages sont gigognes. Caro (le véritable nom d'Oracle) et ses collègues, qui travaillent dans un supermarché, portent les voix d'autres, d'autres qui ont eu une existence médiatique : d'un côté, la vedette Céline Dion, de l'autre, Isabelle, la victime d'un fait divers atroce. La structure narrative complexe que Choinière développe est guidée par les passages rapides entre virtualité et réalité, vérité d'un présent et imaginaire provoqué par les médias. Sa structure dramatique est donc pleinement la conséquence de son envie de représenter la société du spectacle dans laquelle nous vivons et qui rompt les frontières entre réel et fiction.

Chaque personnage est au service de multiples récits à raconter qui reprennent tous des récits déjà faits dans les médias. C'est en tout cas au spectateur de construire le récit à partir de ces tissages et c'est son imaginaire et son rapport à la fiction notamment proposée par les médias qui est sollicité, interrogé.

> Si l'auteur a misé sur cette structure narrative originale, c'est aussi pour interpeller la curiosité du public. « Il y a une action qu'on ne voit pas, mais qui existe dans la tête du spectateur. Pour moi, c'est ça, le rôle du théâtre : utiliser à son maximum l'imaginaire du spectateur. Je crois énormément au pouvoir d'évocation des mots et du texte, ainsi qu'à la capacité de l'auditoire à fantasmer. »[160]

---

[160] Alexandre VIGNEAULT, « Écrire des images dans la tête », *La Presse*, 10 avril 2010, www.cyberpresse.ca/arts/spectacles-et-theatre/theatre/201004/10/01-4269187-olivier-choiniere-ecrire-des-images-dans-les-tetes.php, consulté le 1er mars 2012.

Dans *Félicité*, comme souvent, Choinière propose une liste riche de personnages où il donne une définition de chacun à la manière d'un article de dictionnaire. Et justement, dans *Félicité*, il choisit de dénommer ses personnages par leur fonction dans un grand magasin et donc par des noms communs non actualisés, ce qui contribue déjà fortement à les dépersonnaliser.

Mais en plus, les fonctions qu'il leur donne sont symboliques de leur aliénation à la société et de leur impossibilité à être des êtres singuliers, avec une identité propre. À chaque fois, la première définition qui est donnée est celle de leur fonction au sens le plus strict et qui réduit leur champ d'action (les personnages sont définis par leur dépendance ou soumission à autrui ou par le vide de leurs fonctions), puis la deuxième définition leur donne une action possible et enfin la troisième définition est une indication plus classique avec leur sexe et leur âge.

> PRÉPOSÉE : 1. Qui accomplit un acte sous la direction d'un autre. 2. Maquille, déguise, adoucit. 3 Femme fin quarantaine.
>
> GÉRANT. 1. Qui gère pour le compte d'autrui. 2. Organise, défend, fait fac. 3. Homme début cinquantaine.
>
> ÉTALAGISTE. 1. Qui compose, dispose les étalages, expose la marchandise. 2. Archive, place, situe. 3. Homme fin vingtaine.[161]

Même la star Céline Dion, au centre de tous les récits, est présentée comme un objet, une marque, et sa vie est définie comme autotélique, car tous les éléments sont rattachés à elle, à son nom devenu marque déposée : son bateau par exemple s'appelle « le Céline » et dès que Choinière met dans la bouche de ses personnages un récit en rapport avec Céline Dion, tous les objets sont dits « de Céline » : « le bébé rouge sang de Céline », « l'infirmière de Céline », « les draps de Céline », « le garde du corps de Céline ». Ainsi, à la manière de la Judith de Lasalle, Céline est l'objet virtuel central de tous les récits des protagonistes et elle gagne plus de réalité que les porteurs de son récit.

En revanche, dans *Rouge Gueule* d'Étienne Lepage, ce n'est plus la thématique des médias qui envahit le texte mais bien la forme du texte qui pousse à son extrême une forme de langage-matière médiatique, proche de ce que l'on peut trouver dans la télé-réalité.

---

[161] Olivier CHOINIÈRE, *op. cit.*, p. 7.

5.1.3 Rouge Gueule *: les détournements du confessionnal*

Serge Ouaknine, dans son article « Le réel théâtral et le réel médiatique » en 1987 définissait très bien l'incidence des médias sur la communication et le lien social et formulait des phénomènes qui sont la base de la dramaturgie de la pièce *Rouge Gueule* d'Etienne Lepage, l'impossibilité du silence et de l'intersubjectivité :

> Le cinéma, la télévision, la radio, l'informatique, les techniques audiovisuelles utilisées en pédagogie ont façonné si rapidement nos mentalités que le fait de vivre dans un univers presque totalement dominé par l'image et la sursaturation sonore font du silence et de la relation interpersonnelle un luxe.[162]

En effet, cette pièce se présente sous la forme d'une suite de prises de paroles, le plus souvent monologuées et logorrhéiques, sans lien clair entre elles. Cette parole frontale instaure un rapport direct au spectateur puisque les personnages disent « ce qu'ils ont sur le cœur ». L'image de la scène-déversoir est installée clairement dès la première prise de parole qui n'est qu'une longue suite d'insultes et de jurons d'une femme à un homme qui l'a déçue, sous la forme d'une logorrhée qui semble s'auto-générer : « Mon tabarnak d'osti de chien sale/ Mon crisse d'osti de tabarnak/ de câlice de chien sale/ Chien sale/ Crisse/ Mon crisse/ Mon crisse de câlice/ d'enculé du tabarnak [...] Fuck you/ Fuck you/Meurs [...][163] ».

Étienne Lepage, dans un entretien qu'il nous a accordé en avril 2012, explique que la forme du confessionnal traverse depuis toujours le théâtre québécois et qu'il l'a réutilisée dans *Rouge Gueule*, mais en supprimant la possible production de vérité de soi qui en découle d'ordinaire pour les personnages. Son confessionnal s'apparente donc au confessionnal de télé-réalité où les participants viennent déverser toutes leurs pensées sans filtre, une pièce-déversoir sur le modèle religieux du confessionnal, mais à des fins superficielles comme l'explique François Jost :

> En passant de la version *princeps* protestante à son format catholique, le lieu où venaient se confier les candidats, de *diary room* qu'il était – chambre du journal intime, sans vraie connotation religieuse – est devenu le *confessionnal*, espace où, en principe, on se lave de ses fautes ou, plutôt, de ses péchés. Si ce lieu privé est largement détourné de sa fonction, puisqu'il sert plutôt à « balancer » ou à exclure les autres [...][164]

---

162 Serge OUAKNINE, « Le réel théâtral et le réel médiatique », *Jeu*, n° 44, 1987, p. 94.

163 Étienne LEPAGE, *op. cit.*, p. 7.

164 François JOST, *Télé-réalité*, Paris, Le cavalier bleu, 2009, p. 37.

Ce qui est intéressant dans ce détournement de la forme du confessionnal chez Lepage, c'est ce qui est dit de l'impossible vérité de l'individu. Dans *Rouge Gueule*, les personnages viennent exposer une artificialité. Ils sont des personnages-surfaces qui revendiquent une superficialité décomplexée qui constitue justement toute leur intériorité.

La scène emblématique de ces figures artificielles assumées c'est « Some ugly shit » où le personnage Dave défend les beaux contre les laids en montrant l'hypocrisie de la société qui chercherait une beauté intérieure. Or ce personnage, Dave, pendant qu'il déblatère son raisonnement implacable sur la laideur des laids, engloutit de la nourriture de *fast-food* et la logorrhée anti-laideur est contrebalancée par cette ingestion tout aussi mécanique que le discours. La bouche, comme souvent, est donc organe de parole et de nourriture et Dave vocifère, mastique et déblatère littéralement.

L'intérêt ironique de ce monologue est que le personnage, Dave, développe tout un raisonnement qui vise à prouver que le beau est beau (« mais quoi, les laids sont beaux ?[165] ») et semble donner de la profondeur à la surface comme il le dit lui-même : « on parle de vraies affaires / là / Je parle de vraies affaires / On est loin de la conversation de salon / C'est du *thick*[166] ». Dans ce monologue, c'est le combat répété entre le « on » et le « je » qui s'immisce partout et la volonté sans cesse entravée d'avoir un discours personnel au « je ». Mais quand le « je » revient, c'est dans la répétition et dans l'expression quasi figée et vidée de son sens « je veux dire ». La modalisation prend alors le pas sur le contenu, on est dans l'épanorthose perpétuelle, l'impossibilité à dire quelque chose, si ce n'est la persistance du dire.

5.1.4 Le modèle médiatique contre le « télévisisme »

C'est bien sûr le questionnement sur l'illusion qui est au cœur de ces dramaturgies, la question fondamentale est celle de donner le spectacle de la société dans une société du spectacle.

> Les médias de communication, par le pouvoir d'ubiquité qu'ils donnent à un message, ont dégonflé, d'une certaine façon, le narcissisme de la présence et de l'emphase qui était le propre de l'amplification théâtrale. La médiatisation excessive a dérouté la représentation théâtrale. Les concepts de «réel» comme ceux de «présence» ont changé.[167]

165 Étienne LEPAGE, *op. cit.*, p. 17.

166 *Ibidem.*, p. 15.

167 Serge OUAKNINE, « le réel théâtral et le réel médiatique », *Jeu*, n° 44, 1987, p. 95.

Cette nouvelle dramaturgie québécoise parvient en partie à saper le réalisme justement télévisuel – qui sert encore, pour beaucoup de productions théâtrales québécoises, de modèle d'écriture – et ce, en utilisant le modèle des médias pour le distancier en le poussant dans ses retranchements. Ainsi, cette écriture dramatique qui prend les médias de masse comme thématique et comme modèle de la parole ou de la structure dramatique empêche d'offrir une fable et des personnages destinés à un jeu télévisuel. Les personnages sont surfaces et pourtant multidimensionnels, ils sont pris dans des logiques qui les dépassent et ce que mettent en scène ces dramaturgies, c'est le combat pour la singularité ou la résignation à être un anonyme, un « sans qualité ». Le modèle télévisuel est donc mis en scène comme une coquille vide et c'est l'écart ludique qu'installent ces auteurs qui les empêchent de tomber dans ce que l'auteur Christian Lapointe définit comme le « télévisisme[168] » et qu'il juge être le fléau du théâtre québécois.

Dans le même sens, la pièce de Guillaume Corbeil *Nous voir nous* interroge le rapport de l'individu aux réseaux sociaux et à travers cette interrogation il construit son propre rapport aux personnages qu'il crée.

5.2 *Le personnage dramatique et son auteur à l'épreuve des formes médiatiques : l'extimité dans* Nous voir nous *de Guillaume Corbeil (2013)*

En 2013, le dramaturge Guillaume Corbeil propose un texte, *Nous voir nous (Cinq visages pour Camille Brunelle)*[169] dans lequel cinq jeunes gens, Un, Deux, Trois, Quatre, et Cinq, définissent leur avenir et mettent en scène leur vie à travers l'énumération sans fin de références culturelles et d'amis virtuels, dans un langage et une structure dramatique profondément calqués sur le modèle de Facebook. Guillaume Corbeil est un jeune auteur dramatique. Il a terminé sa formation en écriture dramatique à l'École nationale de théâtre du Canada en 2011 et Nous voir nous est son texte de sortie d'école, sur lequel il a été accompagné par Olivier Choinière : il y a d'ailleurs là une filiation claire entre les deux auteurs autour du rapport qu'ils ont à la société du spectacle en général et à l'écran en particulier.

---

168 Christian LAPOINTE, « Faire comme si », *Jeu*, n° 141, 2011, p. 63.

169 Guillaume CORBEIL, *Nous voir nous (Cinq visages pour Camille Brunelle)*, Montréal, Leméac, 2013.

La pièce de Corbeil joue sur la notion d'« extimité[170] » qui a été élaborée par Serge Tisseron pour parler des participants à la télé-réalité. Il s'agit en effet pour les personnages de cette pièce d'extérioriser une intimité et cela à travers un médium qui sert alors une représentation de soi pour les autres et qui devient totalement indépendant d'une forme d'intériorité réelle. L'extimité prend la forme d'une hypertrophie d'un intime construit et fondé notamment sur le besoin d'identités multiples. Cette notion d'extimité rend compte d'un nouveau rapport à l'image dans notre société qui habitue très tôt l'individu à grandir avec deux visions de lui-même : celle de son miroir (qui est déjà inversée par rapport à la réalité d'où le titre à la forme spéculaire *Nous voir Nous*) et celle qui existe sur d'autres supports qui la médiatisent et le démultiplient (vidéos, photos, d'où le sous-titre *Cinq visages pour Camille Brunelle*). Ainsi les personnages de Corbeil disposent de plusieurs identités successives ou concomitantes, ce qui fait d'eux des êtres flottants dans une perpétuelle impossibilité à se dire :

> […] dans la logique de la civilisation narcissique qui est la nôtre où l'introspection, héritée de la tradition religieuse (catholique) est devenue rétrojection de soi sur l'écran (cathodique) du réel, il appartient à chaque individu de produire une image de sa personne et de faire en sorte qu'elle circule dans le monde.[171]

Ce qui nous intéresse surtout dans cette pièce c'est sa forme énonciative qui est la conséquence directe de son rapport d'adéquation aux formes médiatiques qu'elle met en scène. Corbeil choisit de proposer des personnages enfermés dans un « je » qui ne cesse de se définir par l'accumulation de références extérieures à lui, mais qui ne trouve jamais véritablement le « tu » d'un destinataire. La structure dramatique est fondée sur deux phénomènes Facebook, la récurrence du « j'aime » et l'alternance entre la parole et la « photo », qui structurent la pièce.

Nous verrons donc, dans un premier temps, comment se construit ce modèle dramaturgique issu des réseaux sociaux, en fondant notre analyse à la fois sur la structure dramatique et sur l'exploitation par Corbeil de la notion d'extimité qui définit ses personnages. Puis, dans un deuxième

---

[170] Serge TISSERON, *L'intimité surexposée*, 2001, Paris, Ramsay.

[171] Yves JUBINVILLE, « La vie en reste Sur quelques cas de témoignages dans la dramaturgie québécoise actuelle (Danis, Chaurette, Tremblay) », *in* Chantal HÉBERT et Irène PÉRELLI-CONTOS (dir.), *La Narrativité contemporaine au Québec, 2 : le théâtre et ses nouvelles dynamiques narratives*, Québec, les presses de l'Université Laval, 2004, p. 49.

temps, nous questionnerons le modèle du « personnage-réseau » que développe Jean-Pierre Sarrazac à propos du théâtre contemporain, qui se trouve actualisé ici dans le modèle concret du réseau social pour analyser l'*ethos* paradoxal construit par l'auteur dramatique qui l'accompagne : un créateur tout puissant qui veut exhiber pourtant sa disparition complète.

5.2.1 Le modèle dramaturgique du réseau social

> Guillaume Corbeil : Donc j'étais en voyage avec ma blonde et on parlait de tout ça, de ce que les réseaux sociaux ont changé sur le monde, sur la façon de se voir, sur le déplacement du réel, le déplacement de la scène sur laquelle on vit. On s'est dit que c'était vraiment dommage qu'il n'y ait pas encore de pièce sur ça avec des « j'aime » et des photos. Ma blonde m'a dit alors que je pouvais le faire, vu que je suis auteur dramatique ! J'ai commencé avec cette idée que cette pièce aurait dû avoir été écrite. J'ai essayé de remplir un vide que j'avais constaté. Ça sortait pas mal de ma démarche. Mais rapidement sans le travailler, je me suis rendu compte qu'il y avait des choses qui faisaient écho à ce que je faisais déjà : les jeux de géométrie, de miroir, le miroir dans le miroir dans le miroir que je ne me lasse jamais de faire. Je suis donc parti avec cette matière là : je savais qu'il y aurait des « j'aime » et des photos et après je devais développer une architecture.[172]

Guillaume Corbeil décide de se lancer dans l'écriture d'une pièce qui traiterait des réseaux sociaux avec l'idée qu'elle aurait déjà dû être écrite étant donné l'influence qu'ont ces réseaux sociaux sur la vie de tout un chacun.

5.2.1.1 Facebook *comme modèle de structure dramatique*

On voit dans les documents de préparation à la pièce que l'auteur nous a confiés qu'il s'impose comme contraintes d'écriture des procédés typiques du réseau social de *Facebook* :

> Procédés
>
> I. Les photos.
> II. Les commentaires de photos.
> III. Les listes.
> IV. Les statuts.
> V. Les confessions : vidéo ?
> VI. Les listes de j'aime.
> VII. Listes d'amis : Je connais…

---

172 Entretien réalisé le 3 avril 2013 à Montréal.

D'ailleurs, le modèle dramatique du réseau social est pensé dès l'écriture comme un modèle scénique qui doit pouvoir rendre compte d'une forme de spatialisation du réseau social et Guillaume Corbeil lui-même imagine déjà des dispositifs scéniques à même de rendre compte de ce monde médiatique et écranique :

I. Les acteurs font face au public, un écran est installé derrière eux.
II. Les acteurs font dos au public ; ils sont filmés et leur image est retransmise sur un écran. Comme ça, on voit les spectateurs en même temps, derrière les acteurs, comme s'ils étaient inclus dans le spectacle.
III. Les acteurs font face au public ; chacun dispose d'une caméra vidéo, leur image est projetée sur un écran.
IV. Pareil que 3, mais à l'écran, on alterne d'un acteur à l'autre lors de leurs prises de parole.
V. Les acteurs sont les uns aux côtés des autres, mais des éléments de décor laissent deviner qu'ils sont chacun dans des lieux différents.
VI. Chaque acteur est derrière un écran, sur lequel on projette sa photo.
VII. Chaque acteur est dans un coin différent de la salle, chacun est filmé ; sur un écran, ils sont les uns à côté des autres.
VIII. Les cinq acteurs face au public ; ils parlent dans un micro ou un porte-voix.
IX. Les cinq acteurs face au public, mais un écran est placé devant chacun : on y voit leurs photos, etc.

Le premier principe qu'il va suivre est donc celui de l'accumulation de références autour de l'embrayeur « j'aime » qui structure aussi l'utilisation du *Facebook* réel. Corbeil propose alors cinq personnages qui vont décliner sur le modèle de liste et de la définition d'un profil leurs goûts littéraires, cinématographiques, musicaux *etc*...Cette formule du « j'aime » est alors aussi montrée dans l'excès d'une accumulation sans fin comme le symptôme d'une adhésion des individus au monde, d'une porosité de leur être aux éléments extérieurs sans possibilité de distance critique sur les objets de leur affection.

De même, la parole est réduite très souvent dans la pièce à la simple description de photos (désignées clairement par le terme « photo » entre parenthèses sous la forme d'une didascalie). C'est alors à travers une suite perpétuelle et fragmentaire de descriptions de photos que le tableau d'une jeunesse en perdition se construit, multipliant les points de vue, alors inévitablement extérieurs, sur les personnages :

UN. Mon taxi qui arrive
(*Photo*)

Moi qui descends de la voiture
(*Photo*)

Moi qui grimace
(*Photo de photo*)

Moi qui ris en regardant la photo de ma grimace
(*Photo*)

Le doorman
(*Photo*)

La file au vestiaire
(*Photo*)

Enfin mon tour
(*Photo*)

Moi qui jase avec le barman
(*Photo*)

Moi qui bois une bière
(*Photo*)[173]

De même que dans le réseau social règne une forme d'immédiateté répétée à l'infini, la structure dramatique de la pièce de Corbeil présente une temporalité déréglée à travers des consciences qui ne sont plus capables de rétablir la linéarité de leur vie. La temporalité devient floue pour les personnages et semble enfermée dans un cycle inéluctable de répétitions autour de récits de soirées toujours passées et toujours à venir qui éloignent les personnages d'une possibilité d'interpréter le présent de leur intériorité :

DEUX. J'étais pas où ?
TROIS. À la soirée
DEUX. C'est pas ce soir ?
TROIS. C'était hier
DEUX. On est déjà demain ?
QUATRE. On est aujourd'hui
Hier on est sortis[174]

---

[173] CORBEIL, *op. cit.*, p. 35-36.

[174] CORBEIL, *op. cit.*, p. 35.

Ces personnages semblent, en effet, dépourvus d'une intériorité reconnaissable. Ils exhibent une forme construite de leur intériorité sur le modèle ce que Serge Tisseron a appelé « l'extimité ».

5.2.1.2 Les personnages face à la modélisation

> Dans une telle société, le sujet semble n'être en contact qu'avec des apparences et n'être lui-même qu'un simulacre, un semblant d'être, englouti dans un rêve ou l'impossible et l'irréversible tendent à ne plus exister, pas davantage que la relation vivante avec l'autre ou même le monde palpable.[175]
>
> Serge Tisseron montre ainsi comment, à côté du désir d'intimité de chacun, est apparu à travers ces nouveaux réseaux un autre désir qu'il appelle *extimité*, désir qui nous incite à montrer certains aspects de notre moi intime pour les faire valider par d'autres afin qu'ils prennent une valeur plus grande à nos yeux.[176]

Serge Tisseron définit les caractéristiques principales d'une société hypermoderne construite sur l'extimité[177] et ces caractéristiques sont autant de caractéristiques dramaturgiques de la pièce de Corbeil : l'universalité (sur laquelle Corbeil revient à la fin de la pièce, nous y reviendrons), l'interchangeabilité des interlocuteurs (on a l'impression dans le choix des cinq personnages présentés comme des chiffres qu'il s'agit en fait des cinq porte-parole d'une « supravoix » que serait celle du réseau social à travers une langue formatée de la même façon pour les cinq personnages, mais là encore nous reviendrons sur cette interchangeabilité), la volonté d'intéresser l'autre plutôt que de communiquer avec lui (en effet la pièce se présente en grande partie comme une liste d'intérêts des personnages et les dialogues réels sont quasi-inexistants, si ce n'est sous la forme de « commentaires », comme sur *Facebook*, qui viennent gloser sur ce qui a déjà été dit), l'éloge de l'immédiateté (que la pièce développe notamment dans les descriptions de photos au présent de narration) et la volonté d'avoir plusieurs vies en simultané (ce que Corbeil exprime à travers ces cinq visages d'une même entité, l'individu contemporain face à l'impossibilité de se définir).

---

175 Nicole AUBERT et Claudine HAROCHE (dir.), *Les tyrannies de la visibilité*, Toulouse, Édition Érès, 2011, p. 9.

176 *Ibid.*, p. 13.

177 *Ibid.*, p. 124-127.

Les personnages sont alors réduits à l'état de « profils », terme utilisé sur *Facebook* pour définir la page personnelle. Ils sont tout d'abord perpétuellement définis par les autres, le regard des autres :

CINQ. Euh
Je sais pas trop
UN. Il me semble que c'est pas ton genre de refuser une soirée entre amis
CINQ. OK
Pourquoi pas ?
UN. Là je te reconnais[178]

Mais il surgit parfois chez eux la volonté de s'émanciper de cette définition en profil, en goûts, en intérêts, pour accéder à une intériorité et surtout à l'acceptation d'appartenir à une humanité ordinaire :

QUATRE. Je sais pas
Je suis tanné
J'en peux plus de faire croire que je suis quelqu'un d'autre
Je suis pas celui que vous pensez
Celui qui s'intéresse à l'art
Et qui va sauver le monde
Je suis banal
Je suis juste moi 4.[179]

Ainsi, la pièce se construit sur une éternelle exposition des personnages à la première personne qui, paradoxalement, alors qu'elle se construit sur la nomination du monde extérieur (l'essentiel de la parole théâtrale est constituée de noms connus de lieux, de films, de livres, de musiciens), ne parvient jamais à proposer une définition des personnages eux-mêmes, à commencer justement par leurs noms qui demeurent tout au long de la pièce des chiffres.

De la même façon, les bribes de dialogues ne concernent jamais l'expression d'une intériorité ou de sentiments des personnages, mais ils peuvent par exemple porter sur l'exactitude du nom ou d'une date d'un film.

Les corps sont toujours représentés comme malléables, violentés et utilisés par les autres, ce qui contribue à désigner les individus comme des interfaces :

---

178 CORBEIL, *op. cit.*, p. 34.

179 *Ibidem*, p. 76.

DEUX. Un client qui me paye un extra pour m'enculer
Photo

CINQ. Killer Mike qui m'encule et me frappe
Photo

DEUX. Un obèse et un nain qui me payent un extra pour me frapper

Et me cracher dessus
Photo

TROIS

Sylvain Brault qui m'encule me frappe me crache dessus et me rentre son poing dans la bouche

Avec Léonie Malouin qui me chie dans le visage et me rentre son poing dans le cul[180]

D'ailleurs ces personnages, s'ils semblent en deux dimensions, c'est que Guillaume Corbeil a en effet travaillé sur le cliché. Il les a tous définis en termes d'archétypes urbains reconnaissables, ce qui fait d'eux des personnages stéréotypés, mais pas totalement interchangeables, malgré l'impression que l'on peut en avoir à la lecture :

Ils veulent faire la démonstration de leur personnalité

I. Est intégrée, n'est pas rejetée FILLE
II. Est pure, n'est pas sale FILLE
III. Est cool, n'est pas fifille FILLE
IV. Est cultivé, savant, artiste GARS
V. Est engagé, empathique GARS

Ils ne sont pas totalement interchangeables. Ils sont tous des archétypes urbains (je suis arrivé avec cette expression-là). Il y a en a une qui est *bitch*, qui aime la beauté, la poésie. Un autre est beaucoup plus *artsy*, *hipster*. Il y avait comme des couleurs qui se définissaient dès le début par ces espèces de *street styles*. Mais rapidement, ils en viennent à vouloir montrer qu'ils sont cet archétype-là mais aussi son contraire. C'est comme si ces personnages voulaient sans cesse sortir de leur définition. En ce sens-là, ce sont des personnages qui essaient toujours d'échapper à leur modélisation.

[...]

G.C. : Je pense que les personnages sont là. La pièce les traite comme des affaires 2D. Mais la vie de ces personnages est d'essayer d'échapper à ce 2D. Ils nous disent : « Regardez comme j'ai d'autres facettes, comme je suis un prisme, je fais la fête, mais j'ai une intériorité. J'ai des amis qui meurent et

---

180 *Ibid.*, p. 93-94.

d'autres qui pleurent en cachette, je suis quelqu'un qui voyage, qui essaie constamment d'être 3D ». Les interfaces les aplatissent toujours mais c'est là qu'il y a quelque chose de vivant chez eux dans leur désir d'exister.[181]

Ils sont aussi présentés comme les témoins de l'Histoire du monde, à travers les listes de films et de musiques qu'ils ont connus. Ils sont les témoins des autres anonymes et notamment, dans un des passages de la pièce, les témoins des morts de la Grande Histoire :

QUATRE. Moi sous le choc devant une fosse commune à Sarajevo
Photo

CINQ. Moi dans les ruines d'une maison à Hiroshima
(*Photo*)

Moi avec un jouet de bébé calciné par l'explosion
(*Photo*)

Mes yeux qui se mouillent
Photo

DEUX. Moi qui pleure à chaudes larmes devant Ground Zero
(*Photo de photos*)

Moi qui prends le temps de regarder chaque photo
(*Photo de photos*)

De chaque disparu[182]

D'ailleurs, c'est dans la mort seule que le personnage de Un désire enfin être lui-même et c'est la mort qui semble permettre une mise à distance par rapport à la modélisation de son identité qu'opèrent les médias et les autres personnages :

QUATRE. T'étais la plus belle
(*Photo de photo*)

Toujours bien habillée
(*Photo de photo*)

Bien coiffée
(*Photo de photo*)

Je t'appelais ma Jackie Kennedy
UN. Appelle-moi par mon nom
Je suis moi[183]

---

181 Entretien réalisé le 3 avril 2013 à Montréal.

182 CORBEIL, *op. cit.*, p. 69.

183 *Ibidem*, p. 104.

Même la morte se fait voler sa singularité puisqu'elle est alors comparée à toutes les mortes connues et son identité sur le réseau social (ses goûts, ce qu'elle a vu ou lu) se fait alors réapproprier par tous les autres. Mais dans ce monde qui met sans cesse en scène une interchangeabilité possible, les personnages ne sont-ils pas alors plus que jamais des avatars de l'auteur, qui lui, construirait, à travers cette parole à la fois une et démultiplié sa figure de suprapersonnage ?

5.2.2 « Personnages-réseaux » et ethos *de l'auteur dramatique*

Nous pouvons tout d'abord proposer l'hypothèse de la disparition de l'auteur dramatique dans une dramaturgie qui prendrait pour modèle les réseaux sociaux. En effet, la disparition de l'auteur dramatique est souvent affirmée dans le cadre du genre théâtral qui, dans sa forme la plus canonique, le dialogue entre des personnages, laisserait peu de place à une parole d'auteur, contrairement à la forme romanesque dont la figure notamment du narrateur permet la naissance d'un avatar plus ou moins déformé de l'auteur. Cependant, dans une forme dramatique telle que la pièce de Corbeil qui prend pour modèle le réseau social *Facebook*, qui se construit essentiellement sur la suite ininterrompue de statuts de ses participants et dans laquelle le dialogue est toujours repoussé ou dépendant de la forme du monologue-liste, on peut se demander si la seule voix identifiable n'est pas seulement celle de l'auteur dramatique, suprapersonnage de ce réseau de paroles.

La naissance du projet d'écriture de la pièce de Corbeil s'accompagnait d'une utopie de disparition complète de l'auteur et de son écriture au profit d'autres voix, des voix réelles du réseau social *Facebook*, puisque Guillaume Corbeil voulait se contenter de présenter un copier-coller de phrases trouvées sur *Facebook* et de les agencer pour en créer une forme dramatique. On trouve d'ailleurs dans les documents de travail d'écriture de la pièce un certain nombre de captures d'écrans de *Facebook* avec des phrases d'internautes et notamment des citations utilisées par des utilisateurs de *Facebook*. Corbeil voulait faire acte d'écriture sans rien écrire, sur le modèle du collage, privilégié notamment dans les arts visuels, et c'est l'invraisemblance des propos qui le pousse alors à inventer cette langue du réseau social et sa dramaticité :

> Mais j'avais aussi une autre étape avant où je m'étais dit que je n'allais jamais rien écrire pour cette pièce-là. J'allais juste faire du copier-coller de choses que j'avais trouvées. Rapidement, c'est devenu indéfendable parce que ce que

> les vraies gens disaient une fois mis sur scène, ça avait l'air invraisemblable. Pour que ça ait l'air d'être vrai, il fallait que j'invente. Mais je trouve ça drôle d'être passé par là.
>
> P.B. : Le copier-coller est devenu une des stratégies d'écriture. Ça fait partie des nouvelles modalités d'écriture.
>
> G.C. : Cela vient aussi beaucoup des arts visuels. Avec ces artistes qui font faire par les autres. Il y avait quelque chose d'intéressant et de ludique à être un auteur qui n'écrivait rien. Ce matériau-là ne fonctionnait pas, mais il reste deux-trois répliques dans le texte final.[184]

Or on retrouve à la fin de la pièce la volonté de disparaître comme auteur au sens le plus fort, c'est-à-dire garant de ce qui est dit et autorité sur le texte, puisque la pièce se termine sur des notes dans lesquelles Corbeil explique que la pièce peut entièrement être changée selon l'endroit et le moment où elle sera représentée puisque les références qui sont utilisées dans la pièce sont relatives. Elles concernent un Québec de l'année 2013. Corbeil montre ainsi qu'une dramaturgie issue de la forme du réseau social doit aussi avoir le même caractère précaire, éphémère, que le réseau social lui-même et il propose de concevoir le texte dramatique comme une interface, au même titre que les personnages mis en scène :

> *Dans la scène 1, les descriptions physiques des personnages ainsi que leur date de naissance doivent être changées en fonction de celles des acteurs. Aussi, dans cette même scène 1, une éventuelle production chinoise pourrait remplacer les spectacles de théâtre québécois mentionnés par des spectacles chinois ; une production brésilienne, par des spectacles brésiliens ; une production new-yorkaise, par des spectacles new-yorkais ; une production australienne, par des spectacles australiens ; une production russe, par des spectacles russes ; une production portugaise, par des spectacles portugais ; une production tunisienne, par des spectacles tunisiens.*
>
> *Si on le juge pertinent, une production qui aurait lieu dans vingt ans pourrait modifier la liste d'artistes musicaux pour y ajouter ceux qu'écouteront les gens dans vingt ans ; dans trente ans, ceux qu'écouteront les gens dans trente ans ; dans cinquante ans, ceux qu'écouteront les gens dans cinquante ans. Il faudrait aussi, évidemment, supprimer ceux qui ne diront plus rien à personne.*
>
> *Certains films et certaines œuvres littéraires pourront aussi être ajoutés ou supprimés.*[185]

---

[184] Entretien réalisé le 3 avril 2013 à Montréal.

[185] Guillaume CORBEIL, *op. cit.*, p. 117.

Corbeil construit alors ainsi un *ethos* particulier d'auteur dramatique, un auteur qui serait distancié de son texte au point de pouvoir le faire réécrire entièrement selon les circonstances de sa représentation. Cette souplesse et cette distance correspondent aussi à ce que recherchait le metteur en scène Claude Poissant qui a créé le texte et qui souhaitait un texte remodelable à l'infini (nous observerons le même phénomène pour la création de *Rouge Gueule* d'Etienne Lepage), notamment du point de vue du nombre de personnages (on trouve d'ailleurs dans les documents de travail une version pour quatorze personnages) comme Guillaume Corbeil nous le disait dans une entrevue en avril 2013 :

> G.C. : Je lui ai donné quelque chose de fini. Même si le projet à la base était que je donne un texte et qu'il puisse être totalement remodelable. Claude Poissant m'avait dit que ça se pouvait qu'il n'y ait à la fin qu'un seul personnage ou au contraire douze ou même aucun. Ça me faisait peur parce que j'ai quand même passé deux ans à écrire ce texte-là. Je sais que quand on le lit, ça a l'air d'être simplement des énumérations mais il y a une structure. Je pense que c'est normal que quand on lit, on ne voit pas cette structure car on perd de vue petit à petit qui est Un, Deux, Trois, Quatre et Cinq. Dès la première lecture, Claude Poissant a décidé de garder la structure de base. Ensuite, j'ai assisté parfois à des répétitions et je faisais des petits changements. À un moment donné, on a eu le besoin de resserrer la scène 4 et j'ai enlevé trois pages. Mais sinon la pièce était pas mal celle que je lui avais envoyée par courriel.[186]

En même temps, on voit bien dans la réponse de Guillaume Corbeil qu'il a un attachement réel à son texte, notamment du point de vue de la structure dramatique, qui donne l'illusion d'être arbitraire, mais qui ne l'est évidemment pas. D'ailleurs, si l'on poursuit sur la question du degré d'autonomie du texte par rapport à son auteur dramatique, on s'aperçoit que les personnages qui apparaissent dans cette pièce correspondent tout à fait à ce que Jean-Pierre Sarrazac a appelé dans son ouvrage *Poétique du drame moderne*[187] des personnages-réseaux, des personnages qui sont extrêmement dépendants de leur créateur et qui semblent sans cesse désigner leur processus de création.

---

[186] Entretien réalisé le 3 avril 2013 à Montréal.

[187] « Or, n'en déplaise à Georges Steiner, le théâtre moderne et contemporain nous incite à faire le deuil du personnage *vivant*, voire du personnage tout court. En tout cas, du personnage autonome, indépendant – au profit, peut-être, de personnages en réseau, de personnages en série. », *in* Jean-Pierre SARRAZAC, *Poétique du drame moderne, De Henrik Ibsen à Bernard-Marie Koltès*, Paris, Seuil, 2012, p. 183.

Ainsi, on trouve à plusieurs endroits dans la pièce une autoréflexivité assumée et notamment une métathéâtralité des personnages à travers des références qui disent ce qu'ils sont réellement, à savoir des personnages-surfaces :

> QUATRE. J'ai vu I'm Still Here
> UN. C'est pas I'm Not There ?
> QUATRE. Non
> UN. Je suis sûre que c'est I'm not there
> QUATRE. C'est I'm still here
> UN. Le film où six acteurs différents jouent Bob Dylan ?[188]
>
> QUATRE. J'ai lu Un coup de dés jamais n'abolira le hasard de Stéphane Mallarmé
> J'ai lu La machine infernale de Jean Cocteau
> TROIS. J'ai lu Fragments d'un discours amoureux de Roland Barthes
> J'ai lu Les somnambules d'Hermann Broch
> J'ai lu L'homme sans qualités de Robert Musil
> DEUX. J'ai lu La vie mode d'emploi de Georges Perec[189]

Les personnages se construisent donc sous nos yeux à travers un langage formaté par le réseau social *Facebook* et se battent sans cesse avec leur modélisation opérée par les médias, mais aussi par les autres. La possibilité d'une intériorité semble alors disparaître petit à petit et laisser la place à ce que Nicole Aubert et Claudine Haroche appellent un « faux-self » dans l'ouvrage qu'elles ont dirigé et dont le titre est *Les tyrannies de la visibilité* :

> Se constitue ainsi un Moi de façade, un « faux-self » dans lequel nous projetons une image idéale. Non pas un idéal intérieur, mais un idéal sociétal, en accord avec les exigences de la société hypermoderne. Cette exacerbation du visible entraîne dès lors […] une hypertrophie du Moi extérieur, et un appauvrissement du Moi intérieur.[190]

C'est d'ailleurs ce « faux-self » qui a inspiré à une autre dramaturge québécoise, Fanny Britt, un texte clairement autobiographique intitulé *Faux-self mon amour* et qui raconte les ravages de *Facebook* sur sa confiance en soi. Corbeil, lui, ne choisit pas l'autobiographie assumée, mais sa pièce opère tout de même un renversement. Alors qu'elle se présente sous une forme dramatique calquée sur *Facebook* et explore pleinement ce que Serge Tisseron a appelé « l'extimité » en mettant en scène des

---

188 CORBEIL, *op. cit.*, p. 27-28.
189 *Ibid.*, p. 32.
190 AUBERT et HAROCHE, *op. cit.*, p. 333-334.

personnages qui ne construisent leur existence que sur l'affichage de leur vie en photos et sur des listes de choses qu'ils aiment ou ont vues et sont alors broyés dans un système qui les démultiplie à l'infini jusqu'à la mort ou à un corps rendu malléable et perméable à toute agression extérieure, on pourrait dire que la pièce construit une chaîne de références qui, mises bout à bout, tracent en creux le portrait intime de l'auteur dramatique Guillaume Corbeil qui affiche ainsi la somme de ses propres références et son rapport aux réseaux sociaux, dans une première pièce qui est aussi un présentation de lui comme auteur :

> Oui, je suis totalement sur mon *Iphone* tout le temps, sur *facebook etc*... Quand on est auteur, on passe beaucoup de temps sur les réseaux sociaux, parce que c'est la porte de sortie facile du traitement de texte.[191]

> Nous sommes tous avalés par la bête, les uns après les autres. Nous avons beau tout faire pour y échapper, ses tentacules s'enroulent à notre jambe et nous tirent vers sa gueule grande ouverte ; chaque instant et chaque chose sont dévorés et digérés. Dans le ventre du monstre, nous sommes des acteurs, qui tentent tant bien que mal de définir notre rôle, de nous mettre en scène du mieux possible pour être saisis tel que nous croyons ou voulons être – ou voulons croire que nous sommes. Il est naïf d'accuser les médias sociaux de l'apparition de ce phénomène : il existe depuis la naissance de cette chose qui avale tout, qu'on a fini par nommer société du spectacle. *MySpace*, *Facebook*, *Twitter* et tous les autres à venir ne sont que des scènes sur lesquelles nous envoyons parader nos images. Si ses feux nous fascinent tant, j'imagine que c'est parce que même le présent s'y est subordonné. Nos ombres numériques – appelez-les nos profils – s'agitent sous le regard de nos corps, qui disparaissent peu à peu dans l'obscurité des coulisses, sinon celle de la salle.[192]

Corbeil, qui explore aussi dans ses autres œuvres son obsession pour le miroir et la mise en abîme, semble être désigné comme la seule voix identifiable de cette pièce-trombinoscope qui vire au cauchemar et dont la première version de septembre 2010 s'intitulait tout simplement *Moi me voir*.

Pour entrer dans les écritures québécoises du personnage dans le théâtre des années 2000, il nous fallait dessiner un cadre théorique pour penser la notion de personnage : nous nous sommes donc servi des deux pôles possibles du personnage dans le théâtre contemporain, celui de la

---

[191] Entretien réalisé le 3 avril 2013 à Montréal.

[192] Guillaume CORBEIL, Mot dans le programme de salle pour la mise en scène de *Nous voir nous* par Claude Poissant à l'Espace Go en mars 2013.

figure et celui de la créature, entre lesquels les personnages du théâtre québécois des années 2000 oscillent.

Le modèle du personnage-figure nous a ouvert les portes du modèle médiatique que nous avons défini comme un des modèles d'écriture du personnage spécifique aux années 2000, notamment dans les dramaturgies d'Olivier Choinière, Etienne Lepage et Guillaume Corbeil. Il a aussi permis d'embrasser la foule des sans-famille et sans-territoire qui peuplent les dramaturgies de Normand Chaurette, Larry Tremblay et François Godin depuis le début des années 1990.

Celui de la créature, plus riche dans cette dramaturgie qui a toujours été autoréflexive, nous a permis d'analyser les nombreux personnages qui exhibent leur création dans le théâtre québécois : des autochtones de Danis aux spectres intertextuels de Normand Chaurette pour ne citer qu'eux.

Ainsi, il nous a été possible de dessiner un paysage de l'écriture du personnage dans le théâtre québécois des années 2000, une écriture qui, suivant l'héritage de son père fondateur, Michel Tremblay, continue de détourner le réalisme psychologique et cela grâce à des pratiques dramaturgiques qui ont parcouru l'histoire de ce théâtre, au premier rang desquelles on trouve le travail sur la langue et la métathéâtralité.

Les dramaturges québécois cherchant sans cesse à échapper au réalisme psychologique qui est encore très présent dans le paysage théâtral d'Amérique du Nord, se fondent d'abord sur deux pôles d'écriture pour donner naissance à leurs personnages : la langue, une langue qui doit être singulière et force d'affirmation, et le corps, le corps réel de l'auteur comme fondement du corps fictif du personnage. Conscients que leur écriture n'est plus seulement une écriture solitaire, les auteurs incluent enfin le pôle de la scène – sous des formes variées – dans leur réflexion sur l'écriture des personnages et ils pensent aussi leur propre place dans le texte.

On constate en effet, ces dernières années, une véritable volonté des auteurs de reprendre une place dans le processus théâtral, jusqu'à même être sur scène, comme c'est le cas de Daniel Danis dans certaines de ses productions. Il y a même une réelle tendance du théâtre québécois le plus récent à privilégier le modèle de l'auteur-acteur, capable de *performer* ses propres textes et de concevoir des autofictions théâtrales. Cet auteur-acteur peut aussi mettre en scène ses propres processus de création qui deviennent alors les sujets des pièces, dans un nouveau type de dramaturgie que l'on peut appeler une dramaturgie de la genèse et dans laquelle l'auteur-suprapersonnage raconte comment il a écrit le texte qu'il est en train de nous livrer.

Ainsi, la démultiplication de la voix de l'auteur, sa diffraction, est au centre des dernières créations des auteurs contemporains. De l'auteur-ventriloque qui construit des personnages avatars de lui-même à l'auteur-acteur qui se met en scène comme personnage principal de la fiction théâtrale, la scène québécoise s'ouvre de plus en plus à des dramaturgies qui font entendre les voix singulières des auteurs à travers un filtre de personnage de plus en plus mince, des voix diffractées issues de l'atelier d'écriture.

II. La confusion des voix : L'auteur-personnage dans tous ses états, de l'atelier à la scène

Si beaucoup de critiques ont constaté que le théâtre québécois était passé d'une parole collective à une parole intime, individuelle, dans les années 1980, une parole qui s'était accompagnée d'une forte autoréflexivité des pièces, cette autoreprésentation des auteurs semble avoir passé un nouveau cap ces dernières années :

> Au cours des trente dernières années, le projet collectif et politique a cédé la place, dans notre dramaturgie, à de multiples voix individuelles. Chacune de ces voix donne à chacun de ces auteurs droit de cité en tant qu'individu. Voilà, il me semble, le principal outil d'un tel théâtre post-dramatique, post-événementiel : la parole individualisée, sincère et vraie, bien que jouée et miroitée. Disons parole assumée plus que jouée, puisque parole de soi que l'auteur adresse, en confidence et avec l'aide d'interprètes, directement au public. Quelle est cette parole ? Qu'a-t-on à dire dans ce théâtre autobiographique ? Simplement : j'existe, me voici.[193]

Il s'agit désormais pour les auteurs dramatiques de s'inventer une place au sein même de leur œuvre pour affirmer leur existence par le biais d'une voix personnelle, directe, parfois même adressée au public et qui les fait sortir du non-lieu dans lequel ils se trouvaient jusqu'alors. Ils exploitent donc toutes les voix possibles de la fiction : celle du personnage autoréflexif, celle de l'autofiction jusqu'à la mise en scène de leur voix personnelle.

Dominique Maingueneau dans son ouvrage *Le discours littéraire, paratopie et scène d'énonciation* a défini la situation particulière de l'écrivain dans la société, grâce au concept de « paratopie », qui s'applique très bien à cette place marginale qu'occupe l'auteur dramatique, à la fois dans le processus théâtral (même si Maingueneau ne parle pas spécifiquement de cela) et dans la société de manière générale. Pour Maingueneau, tout écrivain, parce qu'il énonce un discours, se trouve projeté dans un non-lieu

[193] Louis-Patrick LEROUX, « Théâtre autobiographique : quelques notions », *Jeu*, n° 111, 2004, p. 85.

puisqu'il s'exclut à la fois de la société dans laquelle il énonce ce discours et de son œuvre même dans laquelle il ne prend pas position en son nom propre. Il est alors définitivement en marge de la société et c'est pour cela que la figure de l'auteur est depuis toujours associée à des personnages marginaux « bohémiens, juifs, femmes, clowns, aventuriers, Indiens d'Amérique…, selon les circonstances[194] » :

> La paratopie n'est telle qu'intégrée à un processus créateur. L'écrivain est quelqu'un qui *n'a pas lieu d'être* (aux deux sens de la locution) et qui doit construire le territoire de son œuvre à travers cette faille même. Ce n'est pas une sorte de centaure qui aurait une part de lieu plongée dans la pesanteur sociale et l'autre, la plus noble, tournée vers les étoiles, mais quelqu'un dont l'énonciation se constitue à travers l'impossibilité même de s'assigner une véritable place, qui nourrit sa création du caractère radicalement problématique de sa propre appartenance au champ littéraire et à la société.[195]

Or, les auteurs dramatiques québécois, pour retrouver un « lieu d'être », jouent de plus en plus avec leur moi comme matériau dramaturgique autour de formes qui oscillent entre autoreprésentation et autofiction et qui mettent en scène le rapport si complexe qu'ils entretiennent avec leur propre voix. L'auteur, au-delà de l'œuvre qu'il présente, se crée alors sous nos yeux, de la même manière qu'il crée ses personnages, en orchestrant ses différentes voix, en dessinant ses différents visages :

> Autoportrait, autoreprésentation « en autre », autofiction : la complexité de ces notions s'éprouve dans la diversité des approches. Ce que révèlent pourtant ces jeux avec le « je » est l'importance, aujourd'hui plus que jamais, de l'apparence et de l'apparaître. L'artiste qui joue avec sa propre image questionne rarement son identité, ne procédant qu'exceptionnellement à une introspection. En revanche, il s'utilise comme un matériau, se soumet à une transformation, devient le support d'un autre de chair ou de peinture, quand il n'incarne pas l'œuvre d'un prédécesseur. Narcissisme déguisé ? « Moi » éclaté ? Simulacre ? Les démarches actuelles ont le mérite de susciter l'interrogation quant à la figure de l'artiste qui, comme on sait, relève simultanément de la réalité sociale, de la réception critique et, aujourd'hui plus que jamais, de l'autopoïétique.[196]

---

194 Dominique MAINGUENEAU, *Le discours littéraire, paratopie et scène d'énonciation*, Paris, Armand Colin, 2004, p. 77.

195 *Ibid.*, p. 85.

196 Nathalie PUGNET (dir.), *Les doubles je[ux] de l'artiste*, Aix-en-Provence, Presses Universitaires de Provence, 2012, p. 15.

L'auteur se métamorphose pour survivre et demeurer hors de son atelier la créature monstrueuse qu'il est dans l'espace de son atelier : un être aux multiples identités. Or cette monstruosité est, selon Yves Jubinville, la marque de survie de l'auteur dans un monde théâtral qui l'a parfois déclaré mort :

> Suivant la piste de Lehmann, qui ne dessine pas toujours une ligne droite (c'est toute l'ambiguïté du préfixe *post* [dans postdramatique]), nous partons donc de l'hypothèse que l'auteur dramatique n'est pas mort… bien qu'on ait maintes fois rédigé sa notice nécrologique. Deux images viennent immédiatement à l'esprit pour traduire cette idée : celle de l'Hydre à sept têtes de la mythologie ancienne évoquant les identités multiples de l'auteur et celle du mutant, qui a été réactualisée par le cinéma américain récent (*The Terminator*), et dont l'enveloppe charnelle se régénère aussitôt qu'elle subit l'assaut de l'ennemi… Aussi bien dire que l'auteur serait devenu un monstre.[197]

Les auteurs se présentent tous comme des ventriloques qui doivent manipuler des poupées à même d'intégrer leur propre voix. En outre, l'écriture théâtrale les démultiplie au point qu'ils se retrouvent alors diffractés, et éclatés « en mille morceaux ». Or ces motifs de la ventriloquie et de l'éclatement, du morcellement de l'auteur en de multiples voix, sont au centre des créations des auteurs québécois contemporains qui reconfigurent la place de l'auteur dans l'acte théâtral, d'une autoréflexivité assumée qui va jusqu'à transférer l'espace de la genèse des pièces sur la scène, à une parole personnelle au sein de collectifs d'écriture où c'est l'auteur comme personnage public qui prime.

Dans cette partie, nous dresserons un panorama autour des pratiques de trois familles d'auteurs présentes dans le champ théâtral québécois des années 2000. Tout d'abord les auteurs dramatiques (Larry Tremblay, Carole Fréchette, Daniel Danis) qui vont mettre en scène dans leurs textes leur geste créateur pour y inscrire leur moi écrivant, puis les auteurs-performeurs (Marie Brassard, Wajdi Mouawad, Mani Soleymanlou) qui jouent avec leur moi intime sur scène autour de la forme de l'autofiction, et enfin les « auteurs à tout faire », auteurs émergents de la toute jeune génération (Sarah Berthiaume, Sébastien David, Dany Boudreault, *etc.*…) qui veulent à la fois faire entendre des voix fictives et leur voix personnelle dans le cadre de performances verbales et de textes qui mettent à jour les sources de leur écriture.

---

197 Yves JUBINVILLE, « Portrait de l'auteur dramatique en mutant », *Voix et images*, vol. 34, n° 3 (102), printemps-été 2009, p. 68.

Or, ces trois familles d'auteurs partagent des pratiques communes de « l'auteur-personnage ». Nous avons choisi d'étudier trois pratiques : la ventriloquie ou la rhapsodie assumée (les auteurs présentent les personnages comme des émanations de leur voix), la mise en scène du geste créateur ou dramaturgie de la genèse (les auteurs mettent en scène leur moi écrivant dans des œuvres autoréflexives et métathéâtrales) et l'affirmation de l'auteur-personnage public (les auteurs parlent en leur nom dans des performances verbales et des blogs qui exposent la fabrique des voix de la fiction).

1. La ventriloquie ou la rhapsodie assumée

1.1 Larry Tremblay et ses poupées : le modèle dramaturgique de la ventriloquie

À la figure très classique du créateur comme père géniteur des créatures de la fiction, les auteurs dramatiques québécois substituent celle du ventriloque avec ses enfants-poupées. D'ailleurs Normand Chaurette récuse toute idée d'« œuvre comme progéniture [...] image de la génétique textuelle, « paternité » ou « maternité » de l'œuvre, métaphore [qui l'] horripile[198] ». En revanche, le personnage de l'enfant – et en particulier de l'enfant mort ou mourant – est récurrent dans ses pièces parce qu'il illustre justement, si l'on suit les analyses de Véronique Perruchon dans sa préface à l'ouvrage *L'Enfant qui meurt, Motif avec variations*, les possibles de l'écriture :

> Enfant réel ou enfant imaginaire ? La question ne concerne pas tant la fiction scénique qui par convention emploie des substituts de bébés, que la fiction textuelle. L'enfant est-il réel, fait-il partie de la société fictive des personnages de la pièce ou est-il le fruit de l'imagination ? Entre fiction théâtrale et rêve éveillé, l'enfant incarne la projection des imaginaires. Un enfant qui vit et meurt selon le degré de créativité des personnages qui peuplent son théâtre permet de créer du réel par l'imagination. [...] Mais au-delà de la fiction, ce qui nous intéresse est l'imbrication du processus dans l'écriture. L'enfant n'est pas seulement le fruit de l'imaginaire des protagonistes, il est le fruit du processus dramatique.[199]

---

[198] Christian SAINT-PIERRE, « Briller par son absence. La figure de l'enfant dans le théâtre de Normand Chaurette », *Jeu*, n° 142, 2012, p. 62-67.

[199] Véronique PERRUCHON, « Préface : propos sur une mort dramaturgique », *in* Georges BANU (dir.), *L'Enfant qui meurt, Motif avec variations*, Montpellier, Éditions L'Entretemps, coll. Champ Théâtral, 2010, p. 29.

Le personnage de l'enfant est un personnage omniprésent dans la dramaturgie québécoise et en particulier chez Normand Chaurette, Larry Tremblay et Daniel Danis. « Brill[ant] par son absence[200] », pour reprendre une formule de Christian Saint-Pierre, dans les pièces de Chaurette où l'enfant est toujours l'absent, le disparu obsédant pour les autres personnages, il est présent dans toutes les pièces de Daniel Danis. C'est le cas dans *Terre Océane*, par exemple, qui sert de point d'appui à Véronique Perruchon pour montrer à quel point la représentation de la mort de l'enfant met explicitement en jeu le pouvoir de l'auteur dans sa fiction et en particulier la mise à jour de la fabrique de l'illusion :

> Certaines pièces jouent sur l'incertitude de la mort de l'enfant, comme si personne ne prenait vraiment en charge cette mort. Une incertitude partagée par l'auteur et les personnages tout aussi bien que par le lecteur. Dans certains cas, il semblerait bien que l'auteur ait du mal à assumer la mort programmée. Au moment fatidique, il peut se défiler, laissant une ellipse pudique afin de dire sans dire. (ex. *Terre Océane*, un blanc) […] L'implication de l'auteur se rompt souvent par une prise de distance, comme s'il était impossible d'aller au bout de l'acte même dans l'écriture. La tension dramatique extrême se voit sabordée par le principe de réalité qui nous ramène à la fabrique du théâtre. L'illusion théâtrale est en soi impossible à tenir dans le cas de l'infanticide et l'auteur se manifeste comme artisan des mots et des gestes en glissant de lui-même de la face montrée à la face cachée. […] La question du désengagement auctorial apparent conforte l'idée que l'autorité scripturale préside à la décision de vie et de mort de l'enfant. Comme de tout personnage certes, mais dans le cas de l'enfant, le lien de subordination et sa vulnérabilité renforcent l'enjeu. Malléable à souhait, son statut est propice à un jeu où la fiction et l'écriture sont complices. On peut ainsi remarquer que sa mort est d'autant plus assumée qu'il est passé du statut d'enfant à celui de poupée.[201]

D'ailleurs, ce n'est pas un hasard si deux créations de Tremblay et Danis sont intitulées pour l'une, *L'Enfant-matière*[202], et pour l'autre, *L'Enfant lunaire*[203], comme si tous deux affichaient dans les titres de leurs textes leurs pratiques d'écriture en construisant en même temps leurs figures d'auteurs. En effet, Larry Tremblay se réclame d'une « imagination matérielle » (définie par Bachelard) au fondement d'une écriture profondément physique,

---

200 Christian SAINT-PIERRE, « Briller par son absence. La figure de l'enfant dans le théâtre de Normand Chaurette », *Jeu*, n° 142, 2012, p. 62-67.

201 Véronique PERRUCHON, *op. cit.*, p. 35-38.

202 Larry TREMBLAY, *L'Enfant matière*, Carnières-Morlanwelz, Éditions Lansman, 2012.

203 Daniel DANIS, *La Scaphandrière*, suivi de *L'Enfant lunaire*, Paris, L'Arche, 2011.

tandis que Daniel Danis définit depuis toujours son écriture comme « rêvique » dans la mesure où elle prend appui sur le compte-rendu de ses visions nocturnes (le personnage principal de *L'Enfant lunaire* se nomme d'ailleurs Nocturne).

Dans sa pièce, Larry Tremblay présente un enfant dont on ne sait s'il a été trouvé, volé ou acheté et qui est élevé dans un univers entièrement contrôlé par un homme qui veut le rendre parfait et le coupe de tout lien avec le monde extérieur. Cet homme lui apprend à parler et lui enseigne le monde seulement à travers des images vidéo. Si cette pièce porte à l'origine sur l'enfant comme objet de consommation, elle met aussi en scène le duo obsessionnel chez Larry Tremblay du créateur et de sa créature, ici dans un huis-clos qui interroge la façon dont l'auteur donne vie à ses personnages, êtres créés de toutes pièces, sans lien avec le monde extérieur et soumis aux désirs sadiques de l'auteur dramatique anatomiste.

Cette pièce est à mettre en lien avec le motif de la ventriloquie envahissant dans la dramaturgie de Tremblay comme dans ses pratiques d'écriture, puisque « l'enfant matière » est un enfant poupée seulement capable de répéter les mots de celui qui le séquestre. D'ailleurs, la représentation de l'enfant au théâtre passe souvent par l'utilisation concrète de poupées, de mannequins qui rendent compte de sa vulnérabilité par rapport aux autres personnages :

> Ce personnage qui peine à éclore, manipulé par les protagonistes qui tient littéralement les ficelles dramaturgiques, est souvent incarné par une poupée considérée comme réelle à un moment ou à un autre par certains des protagonistes qui se « rangent de son coté ».[204]

Le Ventriloque de Tremblay, pièce bien antérieure à *L'Enfant matière*, proposait déjà un véritable modèle d'écriture des personnages autour des figures fondatrices que sont le ventriloque et la poupée, présents uniquement dans la scène d'exposition, tels les proto-personnages du reste de la fiction dramatique dont la relation sadomasochiste met en scène le rapport de l'auteur Tremblay aux figures qu'il crée.

Dans la première scène du *Ventriloque* en effet, Larry Tremblay construit un dispositif assez proche d'un dispositif d'un théâtre de marionnettes ou d'objets puisqu'il nous fait entrer dans un premier

---

204 Véronique PERRUCHON, *op. cit.*, p. 30.

niveau de réalité par un « *lever de rideau*[205] » (terme qui désigne une petite pièce donnée avant le spectacle principal) dans la didascalie initiale qui ouvre sur une scène entre un ventriloque et une poupée. Cette première réalité-cadre qui nous est présentée va ouvrir sur une seconde réalité (un deuxième lever de rideau intervient quelques pages plus tard) qui présente les véritables personnages de la fiction, Gaby et le Docteur Limestone.

Avant ça, on peut noter que dans la liste des personnages, comme souvent chez Tremblay, se cachent déjà les illusions et le programme déceptif du personnel dramatique. Dans cette liste de personnages, on voit d'emblée que le rapport corps/voix est problématique. Il y a en effet un doute sur le nombre de corps et de voix en scène, puisque Tremblay nous dit qu'« un seul acteur joue les rôles du ventriloque et du Docteur Limestone[206] ». Or ce personnage double est en fait triple puisque ce ventriloque qui n'a d'ailleurs pour nom que sa fonction – ce qui sous-entend déjà une perte d'identité – désigne un être dédoublé qui devra transférer sa voix dans un autre corps, inanimé, la poupée, qui apparaîtra dans la première scène de la pièce. Dans la liste des personnages, on a ensuite une liste de noms hétéroclites.

> Hortense, Léa, Étienne, Docteur Mortimer, Balzac et Talihuana sont des personnages dont on n'entend que la voix. Toutefois, ils peuvent être incarnés selon les besoins de la mise en scène.[207]

Ces personnages sont autant de voix sans corps, puisque là encore Larry Tremblay nous donne une indication qui va dans le sens d'un dispositif marionnettique, ce « sont des personnages dont on n'entend que la voix[208] ». Larry Tremblay fait donc se côtoyer, dans cette liste, des personnages démultipliés et des personnages-surfaces et opère une hiérarchie de son personnel dramatique par le degré de consistance physique. Il programme ainsi des corporalités diverses pour chaque personnage et pose d'emblée l'incarnation d'un personnage par un seul acteur comme problématique.

L'auteur propose ensuite une première scène proche de l'univers du cabaret, une première réalité dont on dit déjà l'illusion et la coupure avec le réel, un univers spécifiquement théâtral :

---

205 Larry TREMBLAY, *Le Ventriloque*, *op. cit.*, p. 5.

206 *Idem.*

207 *Idem.*

208 *Idem.*

Lever de rideau
Un ventriloque manipule une poupée représentant une jeune fille
Ventriloque : Bonjour
Poupée : Bonjour
Ventriloque : As-tu quelque chose à me raconter ?
Poupée : C'était ma fête[209]

S'ensuit alors un dialogue très artificiel entre deux personnages qui ont un degré d'existence soumis à caution puisqu'on a un « ventriloque [qui] manipule une poupée représentant une jeune fille[210] ». Il y a donc d'emblée un emboîtement trouble d'identités. Or ce faux dialogue permet une première construction du récit qui va ensuite être développé et joué par les véritables personnages de la fable dans la deuxième scène : Gaby et le Docteur Limestone.

La poupée, d'une certaine façon, est un « proto-personnage » puisqu'elle annonce le personnage de Gaby qui apparaîtra après le deuxième lever de rideau pour jouer la scène d'anniversaire que la poupée décrit ici. La poupée ne serait qu'une prothèse, une excroissance du ventriloque et un proto-personnage préparant celui de Gaby. Cette première scène met parfaitement en scène la genèse de la pièce qui s'est d'abord construite sur des scénarios physiques entre deux entités proches de marionnettes.

Ensuite, le récit de la poupée qui raconte comment elle a ouvert son cadeau d'anniversaire, à savoir douze boîtes vides les unes dans les autres (ce qui programme la structure dramatique de la pièce qui inscrira le personnage de Gaby dans douze emboîtements fictionnels alors que Gaby elle-même raconte qu'elle a écrit douze livres), se cristallise sur le corps de cette poupée comme réceptacle de sentiments sous la forme d'une suite de sensations physiques : « J'ai eu une contraction au cœur », « J'ai fait de la fumée avec mes oreilles », « Je me suis mise à saigner »[211]. C'est là que l'on retrouve la théorie de jeu et d'écriture dramatique que Larry Tremblay nomme « l'anatomie ludique » et qui consiste à penser qu'un personnage est joué avec une partie du corps de l'acteur et, d'une façon similaire, que chaque personnage provient d'un lieu singulier du corps de l'auteur dramatique. Le récit de la poupée se construit sur un comique de répétition qui ici est plutôt le développement d'un vide tragique.

---

209 *Idem.*

210 *Idem.*

211 Larry TREMBLAY, *op. cit.*, p. 7.

Ce modèle d'équilibre/déséquilibre entre du plein et du vide concrétisé dans le motif des boîtes vides est sans cesse déployé dans la pièce autour des modèles du ventriloque et de la poupée, entités symboliques du vide et du plein : la poupée est une coquille vide remplie par la voix du ventriloque qui laisse alors son propre corps comme coquille. Et ce modèle de la ventriloquie continue d'être décliné dans d'autres œuvres dramatiques de Tremblay tel un récit des origines de l'écriture chez l'auteur.

D'ailleurs au-delà du questionnement sur le rapport corps-voix qui est essentiel pour Tremblay, en particulier dans la genèse de ses pièces, il y a une dimension critique dans ce travail dramaturgique de la ventriloquie qui questionne la véritable possibilité pour un dramaturge d'aujourd'hui d'avoir une voix qui lui appartienne vraiment alors qu'il est dépossédé de sa propre parole par les *mass medias*. C'est ce que Larry Tremblay explique lui-même en entrevue :

> Cela pose aussi la question du sujet en nous : comment notre « je » est constitué ? Souvent, je me surprends à entendre des pensées en moi qui ne sont pas les miennes. Et je me dis « Merde, je suis possédé. Merde, on me manipule. Merde, je suis une poubelle. Merde, je suis un entrepôt. Merde, on vient d'entrer chez moi». Et je crois que chacun, chacune, devrait se poser cette question parce qu'on est tous victimes de voleurs, d'usurpateurs, de logeurs, de locataires non voulus. C'est ce que j'essaie d'installer dans mes pièces pour montrer qu'on n'est pas toujours tout seul chez soi, dans son propre corps. Avec ce phénomène de télévision, de films, de *mass media*, on est extrêmement manipulé. [...] Alors qu'il y a énormément de gens qui parlent à travers nous, comme dans la ventriloquie. On est presque tous pris dans cette ventriloquie des médias, on est parlés et les moments où je pense que je parle vraiment à partir de moi sont plutôt rares. Une grande partie de ce que je dis est manipulée. Je pense que tout le monde est comme ça. Il faut être vigilant pour savoir quand est-ce que c'est moi qui parle en moi et non pas d'autres.[212]

Cette expérience d'une ventriloquie subie que Tremblay expérimente concrètement dans le cadre de l'écriture dramatique devient un motif récurrent de ses pièces, motif qui lui permet justement de constituer sa voix singulière, de s'autoreprésenter comme le dramaturge-ventriloque ayant vaincu ses propres voix intérieures.

Cette peur d'être plusieurs qu'exprime ici Tremblay donne aussi lieu à une invasion sur les scènes québécoises de solos où c'est l'auteur devenu

---

212 Pauline BOUCHET, « Une Leçon d'anatomie », *Agôn* [En ligne], Entretiens et documents, http://agon.ens-lsh.fr/index.php?id=867, consulté le 2 février 2014.

acteur de sa propre parole qui embrasse la multiplicité des voix qu'il a créées et qui incarne alors sur scène, par le biais de son corps unique, une forme d'utopie de la voix de l'écriture enfin réunifiée, malgré la mise en scène d'une multiplicité de moi, que les nouvelles technologies permettent de concrétiser, de spatialiser sur le plateau, comme dans les solos de Marie Brassard.

1.2 Autofictions et ventriloquies scéniques dans les solos de Marie Brassard

Ce n'est pas un hasard si le paysage théâtral québécois présente beaucoup de solos. Cette forme est issue d'une figure particulière de l'auteur, figure très répandue dans le milieu théâtral québécois : l'auteur-acteur, l'auteur-performeur.

Cette omniprésence d'auteurs-acteurs dans le champ théâtral québécois provient en réalité d'un héritage de la période foisonnante de la création collective dans les années 1970 qui, justement, a repoussé à la marge la fonction même d'auteur dramatique pour lui substituer celle d'acteur-créateur, capable d'embrasser toutes les fonctions du processus théâtral.

Or, à la suite de la désillusion qui toucha les créateurs au début des années 1980 et vit se briser certaines utopies de la création collective et apparaître le repli sur les individualités, ceux qui avaient participé à cette vague de créations collectives sont devenus progressivement des auteurs dramatiques, auteurs aujourd'hui reconnus et publiés comme Alexis Martin ou encore Carole Fréchette.

Ces auteurs issus de la création collective, au plus près du plateau, restent donc profondément marqués par cette période qui teinte leur écriture d'un horizon scénique très prégnant, ce qui les éloigne aussi du milieu littéraire (contrairement à des auteurs comme Michel-Marc Bouchard ou Normand Chaurette, encore très marqués par leurs formations littéraires), comme l'explique Yves Jubinville :

> Le phénomène atteint des proportions considérables, ce qui n'infère pas pour autant une parenté de style, voire une conscience, de la part des auteurs-acteurs, de former une communauté distincte au sein de la confrérie dramatique québécoise. Il n'empêche que la conception de l'auteur qui se dégage de cette expérience en est une où le sujet semble moduler son désir de singularité, propre à l'écriture, à partir d'une connaissance plus sûre et plus immédiate des interactions auxquelles préside la scène et du potentiel

> créatif qu'elle recèle. Dans cette perspective, l'écriture théâtrale ne saurait être envisagée comme un espace séparé (autonome) de celui de son expression publique. On y verra l'une des causes, sinon un facteur déterminant, pouvant expliquer le fossé qui s'est creusé, au fil des ans, entre l'activité des auteurs de théâtre et la vie (l'institution) littéraire.[213]

Ils écrivent pour des scènes, pour des corps. Et ceux qui sont restés les plus fidèles aux idéaux de la création collective sont ceux qui sont désignés comme des écrivains scéniques et qui, en réalité, proposent des formes scéniques fondées sur les mêmes principes que les modèles dramaturgiques que nous avons mis au jour, en particulier celui de la ventriloquie qu'exploite l'auteur-acteur Larry Tremblay.

Ce modèle de la ventriloquie et de la polyphonie est d'ailleurs aussi l'héritage d'un des premiers écrivains scéniques québécois, Robert Lepage, qui, dans ses solos, a exploité toutes les potentialités du moi de l'auteur-acteur-personnage. Montrant sans cesse en scène un rapport singulier du moi démultiplié du créateur au reste du monde, il a permis de questionner plus avant les problématiques identitaires, notamment en leur donnant des formes particulièrement spectaculaires. Le créateur offrait alors une identité performative et le sujet de la pièce devenait cette autopoïèse du moi (réel ou fictif) de Robert Lepage au contact des personnages qui le traversaient et constituaient autant de devenirs possibles pour lui, comme l'analyse Edwige Perrot :

> Les solos de Lepage ont la particularité d'offrir le reflet d'une identité qui se construit – par opposition à une identité qui ne serait que le fruit immuable d'un destin déterminé. Or, cette conception de l'identité selon laquelle le devenir du Sujet lui appartient, qu'il est le fruit de ses actes et n'obéit pas uniquement aux normes et conventions sociales de sa culture, Judith Butler la qualifie « d'identité performative ». Et c'est bien dans cette pensée de l'identité que Lepage s'inscrit. Chez Lepage, la construction identitaire se joue dans la quête d'authenticité et la découverte de soi dont les personnages sont les protagonistes. […] C'est dans les procédés de représentation qu'il affectionne tout particulièrement que l'on peut voir se dessiner deux des aspects fondamentaux de l'identité en construction : l'ouverture à une multiplicité de devenirs possibles et le processus de transformation que ces devenirs impliquent. […] Il est intéressant de noter qu'au sein même de

---

[213] Yves JUBINVILLE, « Portrait de l'auteur dramatique en mutant », *Voix et images*, vol. 34, n° 3 (102), printemps-été 2009, p. 67-78, http://www.erudit.org/revue/vi/2009/v34/n3/037665ar.html?vue=integral, consulté le 9 janvier 2014.

> ces personnages, une dualité subsiste toujours. Tant les effets de miroir que l'idée du double, qu'il soit ombre ou reflet, sont récurrents chez Lepage et se retrouvent à la fois sur le plan dramatique et sur le plan scénique. [...] Lepage montre que, dans la multiplication des personnages ou l'évocation de multiples visages, c'est aussi la fragmentation d'un moi qui s'opère comme s'il était donné à voir sous ses différentes facettes.[214]

Or, Marie Brassard est sans doute l'artiste qui poursuit le plus ce type de travail autour de l'identité performative de l'auteur sur scène. Elle a commencé par participer comme actrice aux grandes créations collectives orchestrées par Robert Lepage, comme *La Trilogie des dragons*. Puis, s'émancipant du collectif, elle a présenté son premier solo, *Jimmy, créature de rêve* en 2001 au Festival TransAmériques. Ce premier solo raconte comment un personnage peut naître du rêve d'un autre, puisque, dans son spectacle, un coiffeur homosexuel naît de l'esprit d'un général américain homophobe. Ce spectacle, s'il n'était pas clairement centré sur le « je » de l'actrice Marie Brassard, posait cependant les jalons de ses prochains solos : le rapport à la créature, celle qui peut naître des rêves, de l'imaginaire d'un autre, le rapport à l'aliénation (un autre peut vivre en soi) qui illustre la création artistique et la ventriloquie comme dispositif sonore essentiel.

En effet, dès ce premier spectacle, Marie Brassard est équipée d'un micro qui peut moduler, transformer, texturer sa voix de sorte que son corps unique donne lieu à une multiplicité de voix : « Le spectacle en solo n'est-il pas le lieu par excellence pour comprendre jusqu'à quel point un «corps parlant» peut se soustraire à l'univocité monologique ?[215] ».

Car ce que Marie Brassard explore par la suite dans ses solos, c'est la manière dont son omniprésence dans le processus théâtral peut questionner aussi les autres qui sont en elle au cours de la création d'une fiction. Son identité en scène est alors toujours soumise à caution et elle est toujours, en même temps, une auteure qui invente la fiction, une actrice qui la joue et un personnage-figure qui se métamorphose au gré de l'utilisation de dispositifs sonores et visuels qui la transforment en une présence démultipliée :

---

214 Edwige PERROT, « L'identité autrement dans les solos de Robert Lepage », *Jeu*, n° 127, 2008, p. 129-134,http://www.revuejeu.org/dossiers/robert-lepage/l-identite-autrement-dans-les-solos-de-robert-lepage, consulté le 9 janvier 2014.

215 Gilbert DAVID, « Monodrame et performance autofictionnelle dans les solos de Marie Brassard », *L'Annuaire théâtral*, n° 47, 2010, p. 103.

> Dès lors qu'un créateur en solo comme Marie Brassard assume solidairement les fonctions d'auteur-acteur-agenceur scénique (AAA), la question se pose quant à la nature de son investissement en tant que sujet : d'une part, sous l'angle performanciel – par exemple, ce qui fait qu'il serait et ne serait pas un «personnage/figure» ou en quoi il serait ou non un «corps fictif»; d'autre part, dans une perspective performative, dans la mesure où, pour s'adresser directement au public, pour le prendre à témoin voire pour l'interpeller en tant que présence réelle, il ne saurait que dévoiler son altérité constitutive.[216]

Par ailleurs, Marie Brassard propose deux types de solos qui entretiennent un rapport différent à la ventriloquie, comme le propose Gilbert David : d'une part, les spectacles «où elle a un partenaire en chair et en os dont les interventions prennent en charge les êtres masculins de la fiction, mais où le point de vue reste cependant celui de la narratrice et conceptrice qu'est Marie Brassard[217] » comme *La Noirceur* que nous allons analyser dans un premier temps, et d'autre part, les spectacles où Marie Brassard « assume toutes les figures de la fiction par le biais d'un processeur qui lui permet d'attribuer une voix distincte à chacune d'elles[218]» comme *Jimmy, créature de rêve* ou *Moi qui me parle à moi-même dans le futur*, que nous étudierons dans un second temps.

Dans les deux cas cependant, c'est bien elle qui orchestre les éléments du spectacle autour de son omniprésence et qui apparaît comme la source principale des voix, comme la distributrice de la parole, cette voix narrative qui est si souvent le point de départ de l'écriture théâtrale avant la naissance du dialogue :

> Ainsi, Marie Brassard ne masque aucunement son rôle d'émettrice omnipotente : c'est en tant que créatrice démiurgique qu'elle s'adresse aux spectateurs. En fait, l'adresse externe qui la désigne comme embrayeur de l'événement spectaculaire s'accompagne du brouillage introduit par la multiplicité des adresses internes, puisque toutes les créatures de la performeuse ont aussi recours aux adresses : à Marie Brassard – en son for intérieur – ou bien à une autre créature de la fiction ou encore au public lui-même.[219]

Car contrairement à la position de l'auteur dramatique traditionnel qui joue sur une présence-absence, Marie Brassard s'affirme, dans le cadre

---

216 *Ibidem*, p. 104.
217 *Idem*.
218 *Idem*.
219 Gilbert DAVID, *op. cit.*, p. 109.

d'une rhapsodie assumée, comme l'origine des voix fictionnelles, et plus seulement comme un réceptacle de ces voix :

> Je n'ai pas de mandat précis, ni de mode d'emploi au regard de la manière dont les choses doivent être faites. Je sais seulement que quelque chose doit sortir de moi et je laisse cela arriver publiquement, devant le monde.[220]

Le spectacle *La Noirceur* a été créé en 2008. Il raconte l'éviction d'artistes de leur immeuble convoité par des promoteurs peu scrupuleux. Ce spectacle n'est pas à proprement parler un solo, puisque Marie Brassard est accompagnée sur scène par l'acteur Guy Trifiro qui assume les rôles masculins. Mais cette pièce, dont l'artiste dit qu'elle pourrait se passer dans n'importe quelle grande ville d'aujourd'hui, prend sa source dans un épisode biographique : Marie Brassard a dû quitter son appartement de la rue Ontario à Montréal car son immeuble a été racheté par des promoteurs qui souhaitaient transformer les appartements en condominiums pour une clientèle plus aisée. Il s'agit donc pour Marie Brassard de prendre position et d'offrir une pièce de résistance à la transformation des grandes villes et en particulier au rejet de certaines populations dans des quartiers de plus en plus éloignés des centres-villes :

> Cette pièce est une prise de position politique par l'art au sujet de la gentrification de quartiers moins bien nantis par des promoteurs immobiliers qui ne recherchent que les bénéfices et le gain, insensibles au destin des habitants moins fortunés (surtout des artistes).[221]

D'ailleurs cette part autobiographique est totalement affirmée dès le début du spectacle. En effet, Brassard propose une introduction dans laquelle elle fait entendre sa voix d'artiste comme personnage public. Dans cette présence liminaire, elle décrit la fonction de l'auteur dramatique, qui n'est pas un acteur politique à proprement parler, mais doit se contenter d'être un témoin qui prend ensuite la parole. La force de résistance de l'auteur est donc bien sa prise de parole. D'ailleurs, si Carole Fréchette, par exemple, doute de la force politique de sa parole d'auteur, comme nous le verrons dans l'analyse d'une de ses pièces, *Je pense à Yu*, Brassard, elle, s'affirme comme une militante de la parole, de la voix, en lutte contre le silence :

---

220 Marie BRASSARD, « Tout peut arriver », http://infrarouge.org/?cat=26#, consulté le 21 janvier 2014.

221 Dominique FORTIN, *Mise en voix de l'intime, étude de cinq solos de Marie Brassard*, mémoire de maîtrise présenté à l'Université de Montréal, décembre 2012, p. 23.

J'aimerais parfois être activiste politique. J'aimerais m'appeler Jaggi Singh, Susan Sarandon, Aung San Suu Kyi, Nelson Mandela, Gandhi ou Michael Moore. Je n'ai pas pour cela le talent qu'il faut. Mais, témoin direct d'un de ces saccages urbains, je ne peux pas faire silence.
Alors ici, je propose de la musique, des images, du bruit, de la poésie.[222]

C'est cette voix de l'actrice-démiurge qui fait advenir la fiction dès les premiers mots du spectacle. En effet, le personnage désigné comme « l'actrice » dans le texte est joué par Marie Brassard elle-même et sa parole narrative, descriptive, prend la forme d'une didascalie fleuve qui met en place l'espace imaginaire dans lequel le spectacle va prendre place. Le personnage de l'actrice dans *La Noirceur* naît en même temps que la fiction qu'elle fait advenir par sa parole. D'ailleurs cette première section porte le même titre que la pièce, titre qui constitue aussi les premiers mots du personnage comme si cette première prise de parole condensait à elle seule une image globale du spectacle à venir :

1. LA NOIRCEUR

L'actrice entre en scène
L'actrice
La noirceur s'étend sur la ville
Derrière chaque fenêtre, les lampes éclairent une histoire que je ne connaîtrai jamais
Alors que la nuit tombe, je les regarde qui s'allument une à une
Et j'écris
Souvent, le rythme vient avant les mots et les images avant le sens ou alors j'imagine un geste et quelqu'un apparaît et j'essaie de comprendre cette personne.
J'habite au neuvième étage d'un édifice de la rue Ontario
Et maintenant le soir, c'est très silencieux.
Avant j'entendais des bruits dans le couloir de la musique des cris.
C'était la rumeur des gens qui vivent la nuit mes amis et j'étais heureuse de vivre avec eux. Maintenant, la nuit, c'est très silencieux.
L'année dernière, des promoteurs immobiliers ont acheté l'immeuble.
Ils veulent transformer nos espaces en condo de luxe et petit à petit, les habitants sont chassés, la plupart sont des artistes.
Je vais peut-être devoir partir bientôt
J'habite au neuvième étage d'un édifice de la rue Ontario
Avant dans le loft voisin, habitait un grand ami.
Je l'avais rencontré ici et la première fois que je l'avais vu, j'avais pensé :

[222] Marie BRASSARD, *La Noirceur*, tapuscrit, 2008, p. 1.

tiens ce gars-là il pourrait être mon ami… C'était une amitié naturelle, incontournable…
Il y a quelques mois, les nouveaux propriétaires ont doublé le prix de son loyer. Il avait pas le choix. Il devait partir.
Ça faisait neuf ans qu'il habitait dans cet édifice-là.
Son loft était immense, magnifique, il l'avait aménagé avec beaucoup de goût et très peu d'argent. Il y avait de grandes fenêtres et de chez lui, on pouvait voir le soleil se lever sur la ville. Souvent le matin, j'allais prendre un café avec lui avant de commencer la journée.
Et là, tout à coup, un jour, il y a quelques mois,
Il a compris qu'il n'a pas eu le choix, il devait partir.[223]

Cette première prise de parole est très riche car au-delà de l'installation concrète de l'espace de la fiction, elle est aussi un synopsis de la pièce et une réflexion profonde sur la transformation du réel en fiction par un auteur dramatique et le positionnement du moi dans le cadre d'une dramaturgie autofictionnelle. En effet, celle qui est désignée comme actrice se définit aussi d'emblée comme auteure dans une partie du texte mise en exergue par la mise en forme de la réplique et qui était aussi mise en valeur vocalement par l'actrice en scène lors des représentations : « Et j'écris ».

La conjonction de coordination en début de ligne, l'aspect synthétique de l'affirmation et l'utilisation du présent de l'indicatif contribuent à définir le personnage par cette action et laissent penser que cette action est peut-être même l'action principale du spectacle : une artiste en train d'inventer une fiction sous nos yeux.

D'ailleurs, à la suite de cette affirmation, Marie Brassard évoque justement la façon dont un personnage naît dans l'esprit d'un auteur. Or cette naissance – ou plutôt les difficultés de cette naissance – est un *leitmotiv* de la pièce et c'est ce qui donne toute la richesse à sa dimension métathéâtrale concentrée sur l'écriture dramatique : « Souvent, le rythme vient avant les mots et les images avant le sens ou alors j'imagine un geste et quelqu'un apparaît et j'essaie de comprendre cette personne. ». Ainsi, la réplique mêle des références biographiques (Marie Brassard a bien habité au neuvième étage d'un immeuble rue Ontario) à une fiction en train de naître (un homme apparaît que Brassard va définir comme un voisin). La phrase qui rythme le monologue en apparaissant à deux reprises pour

223 *Ibidem*, p. 5-6.

relancer la narration est justement l'expression de la donnée biographique (« J'habite au neuvième étage d'un édifice de la rue Ontario »).

Entre les deux occurrences de cette phrase, la fiction évolue. En effet, la première mention de cette donnée permet à Marie Brassard de parler d'une situation réelle qui la révolte : « L'année dernière, des promoteurs immobiliers ont acheté l'immeuble. / Ils veulent transformer nos espaces en condo de luxe et petit à petit, les habitants sont chassés, la plupart sont des artistes. » Elle lui permet aussi d'installer son contexte d'écriture, cette nuit, cette noirceur de laquelle va surgir le destin de son personnage, le voisin forcé de partir. C'est du vide, du silence que la parole naît, comme le met en scène Marie Brassard dans cette première prise de parole : « C'était la rumeur des gens qui vivent la nuit mes amis et j'étais heureuse de vivre avec eux. Maintenant, la nuit, c'est très silencieux. » Petit à petit, parti de la définition personnelle de l'artiste, de l'exposition de sa première personne, le récit se concentre sur le personnage du voisin que Brassard a fait naître : « Je l'avais rencontré ici et la première fois que je l'avais vu, j'avais pensé : tiens ce gars-là il pourrait être mon ami… C'était une amitié naturelle, incontournable… / Il y a quelques mois, les nouveaux propriétaires ont doublé le prix de son loyer. Il avait pas le choix. Il devait partir. » Mais on note une résonance étrange entre l'actrice et son personnage de voisin : si elle, elle habite au neuvième étage, lui, il habite dans l'immeuble depuis neuf ans et ces deux plans construisent l'espace-temps de ce lieu en train de disparaître.

Dès cette première scène, on comprend que le spectacle de Marie Brassard est en réalité un récit de genèse. Elle met en scène son processus créateur et notamment la ventriloquie qui préside à toute écriture théâtrale, puisque tous les personnages de la fiction *La Noirceur* naissent explicitement de l'entité créatrice qui est aussi l'actrice :

> Déstabilisé, chassé de chez lui, le personnage central a beaucoup de mal à créer. Pour réussir à accoucher de sa création, L'actrice met en scène son processus créateur. Voilà sans doute pourquoi ici, à la différence de son solo précédent, tous les personnages de l'artiste montréalaise naissent du discours du protagoniste – même si le spectateur n'en prend tout à fait conscience qu'à la fin du spectacle, alors qu'il réalise que les personnages du dernier tableau (les mêmes qu'au premier) font partie des créatures imaginées par L'actrice.[224]

[224] Dominique FORTIN, *op. cit.*, p. 25.

Cela va même plus loin parce qu'en réalité, elle met en scène le processus créateur du spectacle que l'on est en train de voir. On voit se construire petit à petit la fiction à laquelle on assiste, et ce, en même temps qu'on y assiste. Marie Brassard dessine notamment trois étapes du geste créateur : l'idée de départ, abstraite, la découverte du sujet, plus précis et enfin l'écriture elle-même dans ses errances.

La première étape est celle du projet d'écriture qu'elle explicite dans le cadre d'un dialogue avec le voisin-ami. Comme tout projet, il semble extrêmement abstrait. Or, ce qui est intéressant c'est qu'en découvrant cette origine, Marie Brassard nous donne les clefs du sens du spectacle qu'on est en train de voir :

> **L'actrice**
> [...] On a parlé de mon prochain spectacle.
> **L'ami**
> Ça va parler de quoi ?
> **L'actrice**
> Je le sais pas... de la violence. J'ai envie de parler de la noirceur dans l'esprit, de l'ignorance, de tout ce qu'on peut pas nommer, de la difficulté de communiquer avec les autres, de la difficulté de s'exprimer, qui est une source de douleur mais de violence aussi...de, (*elle est visiblement confuse*) de, je sais pas, c'est comme si... je veux parler de la solitude... de l'état dans lequel on se plonge quand on se retrouve seul... pas la solitude qu'on ressent quand on est pas amoureux, mais la solitude qui est intrinsèque à tout le monde, celle qu'on est les seuls à connaître, celle qui peut nous plonger dans l'abîme...[225]

Ensuite, Marie Brassard raconte sa découverte du sujet précis, qui est en réalité une image photographique et l'écriture est alors représentée comme une tentative au milieu de la solitude de l'auteure, cette solitude dans la nuit qui est l'idée abstraite que l'auteure annonçait vouloir sonder dans le passage précédent. Ainsi, si le sujet précis de l'écriture est explicité, on comprend que le sujet réel est bien celui de l'écriture comme nuit, comme noirceur :

> **L'actrice**
> [...] Au milieu des machines, il y avait un homme les cheveux ras, qui fumait une cigarette en regardant par la fenêtre. En regardant bien, j'ai reconnu les fenêtres de mon ancien loft du neuvième étage.
> J'ai trouvé la photo belle et je l'ai gardée.

---

[225] Marie BRASSARD, *op. cit.*, p. 8.

> Je l'ai épinglée sur un mur dans mon nouveau loft avec d'autres images ; une sorte de vestige d'un passé.
> Et, seule, alors que la nuit tombe, je regarde l'homme sur la photo. Je le regarde qui regarde par la fenêtre et j'essaie d'écrire son histoire.[226]

La troisième étape est celle du mystère de la pratique même de l'écriture, des tentatives répétées de développer l'histoire d'un personnage. Brassard donne à voir les errances de l'écriture. Il y a d'abord les errances géographiques de l'auteur qui doit sortir de sa solitude, se confronter au monde, au dialogue réel avec les autres de sa réalité quotidienne. Puis il y a les errances dans la pratique même de l'écriture dont le fondement n'est jamais certain :

> **L'actrice**
> J'essaie d'imaginer l'histoire de quelqu'un qui est privé de quelqu'un
> J'essaie d'imaginer l'histoire de quelqu'un qui est privé d'espace
> Chaque fois que je m'assieds derrière le bureau pour écrire une phrase, mon esprit part dans une autre direction et je digresse, je pense à autre chose, je me fais un café, je téléphone à quelqu'un, j'écris un email. Des fois je sors marcher. Je descends la rue St-Laurent en direction du Chinatown. En passant je salue le restaurateur Tunisien, je passe devant le dépanneur Pakistanais, le boucher Indien, l'épicier Libanais, je marche jusqu'au club de nuit Cléopâtre, où il y a des danseuses nues au rez de chaussée et des travestis au premier qui font des numéros de lip sync en costumes extravagants. En face, le bar Midway où les vieux se réunissent le jeudi soir pour faire de la danse en ligne au son du juke box et je m'attarde au coin St-Laurent et Ontario où il y a des prostituées et des dealers toute la nuit. Et je sais très bien que dans quelque temps, tout cela va disparaître. Tout cela va être lavé et va devenir blanc, propre et luxueux.
> Je rentre à la maison et j'essaie d'écrire à nouveau.
> Des fois il y a un rythme qui vient dans ma tête, mais c'est pas des mots.
> Je vois des images ou alors j'imagine un geste. Je le regarde, lui, sur la photo, son air violent et son regard triste, ses cheveux ras, comme il est habillé, et je ne comprends pas les signes qu'il envoie ; c'est comme une sorte de langage, des symboles, comme des hiéroglyphes en fait, que je n'arrive pas à déchiffrer. Comme si j'avais, en trouvant cette photographie qui était dédiée aux archéologues du futur. Comme si j'avais trouvé les fondements d'une civilisation enfouie dont je ne reconnais pas le langage. Et j'écris…[227]

Car ce qui est difficile pour l'autrice Marie Brassard, c'est bien de trouver la voix du personnage. Le langage du personnage lui est dans un

---

226 *Ibidem*, p. 10.
227 Marie BRASSARD, *op. cit.*, p. 11.

premier temps étranger, comme s'il ne venait pas d'elle, mais lui parlait d'un endroit inconnu. C'est grâce à l'écoute de cette langue inconnue à déchiffrer que l'écriture dramatique a lieu. Or, ce mystère de la voix, c'est justement ce qui transparaît sur la scène du spectacle *La Noirceur* qui joue sur la confusion des voix en particulier autour des fonctions multiples de Marie Brassard, qui est toujours en même temps une actrice en train d'interpréter et l'autrice qui nous donne à voir la naissance de la fiction :

> Il existe donc une dynamique, renforcée par la multiplicité des canaux expressifs, entre l'état psychique du sujet fictif, souvent démultiplié en créatures, dont on peut suivre les flux de pensée et les impressions plus ou moins énigmatiques, et le discours de l'acteur qui y superpose ses propres questions ou commentaires, tirant la fiction vers le métadrame. Cela dit, il n'est pas toujours commode de départager les deux niveaux en cours de représentation, c'est-à-dire entre Marie Brassard en tant que voix de la fiction et Marie Brassard actrice *in situ*...[228]

Or cette forme de métadrame défini comme une plongée archéologique dans la fiction, qui fait se superposer en scène les voix de l'auteur-démiurge, de l'actrice-interprète et des personnages naissants, trouve son accomplissement dans un spectacle de Marie Brassard qui renoue avec le solo à proprement parler, un solo résolument polyphonique : *Moi qui me parle à moi-même dans le futur.*

Le titre de ce spectacle créé en 2012 au Festival TransAmériques est très bien choisi dans la mesure où il nous résume, dans sa formulation, les thématiques et problématiques scéniques du spectacle. En effet, il s'agit ici d'une démultiplication, d'une fragmentation du moi de la comédienne qui crée une profondeur temporelle et nous fait voyager du quotidien au mythologique dans un univers qui est, dans son ensemble, onirique, et se fonde sur la naissance répétée de la fiction.

La démultiplication du moi est opérée par plusieurs moyens scéniques. Dès le début du spectacle, la vidéo montrant une ombre de Marie Brassard de dos parlant devant un micro sur pied nous interpelle dans la mesure où nous attendons effectivement Marie Brassard et où, à l'avant du plateau, se trouve un même micro sur pied, mais posé parterre. Il s'agit donc d'un premier avatar de la comédienne qui introduit à la problématique d'un corps écranique et d'une polyphonie intérieure. Ensuite, lorsque la comédienne apparaît, elle est munie d'un petit micro qui va, tout au long

[228] Dominique FORTIN, *op. cit.*, p. 105.

du spectacle, déformer sa voix. Ainsi, elle peut endosser le rôle d'elle-même en vieille femme se parlant à elle-même dans le présent et raviver de même les souvenirs de son enfance en adoptant une voix de petite fille. Elle peut aussi entrer dans une étrangeté à elle-même plus grande en adoptant la voix d'un homme qui semble alors ne plus appartenir au corps de la comédienne tout en en sortant naturellement :

> En effet, *Moi qui me parle à moi-même dans le futur*, comme son titre l'indique, met en scène trois états du moi à différents moments de l'existence de la créatrice – soit le passé, par le biais du personnage de La voix de l'enfant, le présent par La narratrice, et le futur, représenté par La narratrice, vieille. Il s'agit donc, ainsi que le souligne Philippe Couture, de « trois visions fantasmées d'elle-même, [...] trois morceaux d'une même identité se rencontr[a]nt au cœur d'un univers virtuel où toute frontière est abolie». (Philippe Couture, « L'inclassable Marie Brassard », *Le Devoir*, section Culture, Montréal, 30 mai 2011, p. 8.)[229]

Ici, Marie Brassard joue avec les modifications technologiques de la voix pour créer des profondeurs temporelles dans le spectacle en présentant passé, présent et futur dans un même corps en scène qui ne change pas et en montrant concrètement au spectateur la possibilité d'une aliénation, d'une étrangeté à soi :

> Tout se passe donc comme si la voix de chacune des créatures prenait congé de toute référence à un corps réel. Marie Brassard, bien sûr, donne à voir son propre corps, tout menu, mais ce que l'on entend est et n'est pas corporéisé. Il s'ensuit que le spectacle procède de la dissociation de deux logiques habituellement convergentes : celles de la vue et de l'ouïe. Les créatures convoquées par la fiction sont pour ainsi dire dématérialisées et elles viennent hanter la comédienne qui en restitue les paroles, tel un médium qui serait à l'écoute d'âmes mortes, désormais errantes : rescapée du rêve d'un général frappé mortellement, ou réanimée à partir d'une simple photographie trouvée dans un loft dévasté, ou tout droit sortie d'un conte de Perrault ou encore imaginée par une chanteuse.[230]

Cette polyphonie installée dans la voix de la comédienne est démultipliée par la présence en scène de plusieurs médias. Deux musiciens en *live* sur le plateau composent des musiques envoûtantes, hypnotiques, fondées là encore sur la répétition des motifs en même temps que sur les déformations monstrueuses de la voix. Ainsi, la voix déformée du musicien Alexandre

229 Dominique FORTIN, *op cit.*, p. 41.

230 Gilbert DAVID, *op. cit.*, p. 108.

St-Onge compose sa musique en surimpression sur la multiplicité des voix déjà installées par la comédienne. En outre, la comédienne se trouve devant un écran géant sur lequel sont projetées des images plus ou moins abstraites qui résonnent avec les propos dits tout en ne les illustrant pas tout à fait. Lorsque la comédienne expose sa fiction de l'origine du monde liée à des têtards à jambes humaines, les images vidéo présentent des poissons en noir et blanc dont les mouvements sont au ralenti.

Les procédés technologiques du spectacle sont mis au service d'une polyphonie qui creuse une temporalité dans le spectacle. Le technologique contribue à créer une mythologie personnelle de la comédienne-personnage.

D'ailleurs cette indéfinition du rôle de l'actrice en scène est primordiale puisqu'il s'agit d'un spectacle autofictionnel dit au « je » et adressé au public qui ne cesse de questionner ce qu'est une fiction. Marie Brassard, à plusieurs reprises dans le texte, défend l'arbitraire de la fiction en montrant que si on invente quelque chose – comme lorsqu'elle invente son récit fantasque des origines du monde – cette chose existe bel et bien. Elle montre ainsi au spectateur que les récits qu'elle crée sont à prendre comme une réalité parallèle à celle qu'il connaît au quotidien, mais tout aussi valable. Elle travaille ainsi la frontière entre réalité et fiction et cela, à travers les fictions de son moi démultiplié à l'infini :

> En effet, l'agencement des monologues permet d'entendre la voix de la créatrice et, ainsi, d'entrevoir l'auteure, ne serait-ce que parce que, dans ses créations – par le montage des prises de parole de différentes figures organisées autour d'un même thème (la création, le sexe ou la mort, par exemple) –, Marie Brassard nous présente les facettes d'un moi divisé, une « mosaïque » de petites pièces. Ces multiples faces d'un même sujet sont précisément le moteur du traitement de la voix, dont l'émission à partir d'un corps unique en rend justement perceptible la plasticité psychique.[231]

Dès le prologue, Marie Brassard, dans le cadre d'un récit à la première personne, construit sa mythologie personnelle. Elle nous invite à sa naissance, comme à la naissance du monde d'un personnage fictionnel. Elle superpose d'emblée les temporalités : celle de sa naissance et de son enfance et celle d'un passé récent dans lequel elle a revisité le passé lointain. On note d'ailleurs que dans la présentation du tapuscrit, les didascalies elles-mêmes sont à la première personne, ce qui montre à quel point le moi de l'artiste est omniprésent dans toutes les parties du texte et à quel point le spectacle est pensé par elle, pour elle :

---

[231] Dominique FORTIN, *op. cit.*, p. 101.

Prologue

Je la fais devant, à côté de la petite maison, off mic.

Je suis née dans une petite ville et j'ai été élevée dans un bungalow, au milieu d'un champ.

Il y a quelques mois, en plein hiver, je suis retournée là bas, à Trois-Rivières
J'ai loué une chambre au motel Coconut Bar
Et je suis restée là, seule, pendant une semaine
J'ai marché et revisité tous les endroits,
Des rives du fleuve aux champs, aux bars où j'allais jadis la nuit,
à la maison où je suis née et les écoles où j'étudiais, enfant.
J'ai revu de vieux amis
Ceux qui m'ont initiée au théâtre, à l'art, la littérature, la poésie.
Des professeurs passionnés et brillants et des artistes qui m'ont sauvé la vie,
En m'empêchant de me laisser glisser dans l'ordinaire, de perdre le contact avec le monde.

Un d'entre eux, Pierre Corbeil, publiait un livre il y a longtemps,
"*La Mort d'Auline Aquin*".
Je l'ai relu à nouveau, la nuit avant de m'endormir dans ma chambre de motel.

Le livre commence comme ça :
« *Je me demande parfois si j'existe ou si je ne suis qu'un témoin attentif*
De certain, il y a la ville, Trois Rivières.
Cet été là, tous se plaignirent de la chaleur. D'après les très vieux, il y avait fort longtemps qu'on avait connu un pareil été… »

Trois-Rivières
Un été, c'était au mois d'août, dans un bungalow
Le jour où je suis née, que le décompte a commencé[232]

La construction de ce début de pièce programme la complexité de la temporalité dans le spectacle tout entier. En effet, on note ici un temps circulaire qui commence à la naissance de l'artiste et se clôt sur un retour au point zéro de l'histoire personnelle de Marie Brassard, présenté comme le début d'un « décompte », perspective inverse à l'idée d'un temps linéaire. Et au centre de cette symétrie se trouve le récit d'un passé récent dans lequel l'artiste nostalgique a revisité le temps de son enfance et l'évocation d'un texte, celui d'un de ses professeurs, qui ouvre les portes d'une fiction en résonance avec sa propre histoire. Car bien que Marie Brassard soit résolument une autrice de plateau, le texte et la fiction sont toujours au centre de ses dispositifs scéniques. Elle écrit toujours un texte du spectacle

[232] Marie BRASSARD, *Moi qui me parle à moi-même dans le futur*, tapuscrit, version Vienne 2010, p. 2.

construit dans une forme dramatique classique avec des titres de scènes, des didascalies, une distribution de la parole entre plusieurs personnages :

> Et, finalement, malgré ce qu'elle-même en dit, il n'en demeure pas moins que ses solos sont indéniablement narratifs et textocentriques – même en ce qui concerne des pièces tenant plus de la performance que du théâtre comme *L'invisible* ou *Moi qui me parle à moi-même dans le futur* […]. Sans le texte, il n'y a pas de spectacle brassardien. Bien qu'ils soient issus de la voix et inspirés par le son, les textes constituent la charpente de sa pratique artistique. Structurés et détaillés, transcrits avec noms de personnages et didascalies, ils sont suffisants en eux-mêmes, en ce sens que leur compréhension ne nécessite aucunement le support des captations vidéo.[233]

Le spectacle se construit aussi autour de ritournelles, un retour de motifs en particulier métatextuels qui ne cessent de dire qu'une fiction est en train de se construire. On trouve à plusieurs reprises un dialogue qui interroge le pouvoir même de la fiction de faire advenir des mondes. Dans ces dialogues, c'est toujours la voix de l'homme qui pousse à l'invention de la fiction et les voix féminines de Brassard (celle de l'enfant, celle de la narratrice) qui répondent en écho à la voix de l'homme :

> ***La voix de l'homme***
> Cela n'est pas possible, cela n'existe pas.
>
> ***La voix de l'enfant***
> Si je l'invente cela existe ?
>
> ***La voix de l'homme***
> Si tu l'inventes, cela existe
>
> ***La voix de l'enfant***
> Cela existe[234]
>
> ***La voix de l'homme***
> *« Cela n'est pas possible. Cela n'existe pas. »*
>
> ***Narratrice***
> Si je l'invente cela existe ?
>
> ***La voix de l'homme***
> *« Cela existe »*
>
> ***Narratrice***
> Cela existe[235]

---

233 Dominique FORTIN, *op. cit.*, p. 7.

234 Marie BRASSARD, *op. cit.*, p. 13.

235 *Ibidem*, p. 21-22.

On peut observer dans ce passage la façon dont Brassard, même dans la version écrite du spectacle, joue sur une superposition possible des voix. Si le premier extrait est bien un dialogue au premier degré entre l'homme et l'enfant, on peut d'emblée noter que ce sont leurs voix qui dialoguent et non leur être tout entier (« voix de l'homme », « voix de l'enfant »), ce qui expose clairement le fait que Brassard ne choisit pas d'incarner ses personnages, mais bien d'emprunter leurs voix pour les intégrer à son propre corps de performeuse.

Or il semble que dans le deuxième passage, le partage des voix se complexifie encore, puisque, non seulement les deux sources de la parole ne sont pas à égalité (il y a d'un côté une voix sans corps, celle de l'homme et de l'autre, un personnage unifié, mais représenté comme une source du récit, la narratrice), mais en plus les paroles assumées par « la voix de l'homme » sont en fait transcrites comme des paroles rapportées, qui viennent donc d'une autre voix (Brassard utilise ici des guillemets). Ces paroles rapportées peuvent justement évoquer la première fois qu'elles ont été prononcées par la voix de l'homme dans le premier passage que nous avons cité. Ainsi, Marie Brassard joue sur un degré de présence varié dans les sources de la parole théâtrale et tout en donnant à son tapuscrit l'apparence d'un texte dramatique conventionnel, elle instille, à la fois dans les didascalies et dans la forme même des répliques, une complexité du partage des voix qui met en scène une absence réelle de dialogue :

> Tous ses textes sont divisés en répliques clairement attribuées à différents personnages. Le mot réplique ne fait pas ici référence au « texte dit par un personnage au cours du dialogue en réponse à une question ou au discours d'un autre personnage, ce qui instaure d'emblée un rapport de forces », les personnages brassardiens étant toujours solitaires. C'est-à-dire qu'il peut y avoir apparence de dialogue, mais l'alternance des répliques dans la bouche de différents personnages a pour but de dynamiser le récit des événements plutôt que d'établir un rapport de force entre eux, puisque les personnages se relaient mais ne conversent jamais.[236]

Ainsi, le texte final se présente à l'écrit comme une véritable orchestration des différentes voix empruntées par l'artiste et de leur alternance, plutôt que de leurs dialogues. D'ailleurs, à cette diversité des voix s'ajoute aussi une diversité des types de prises de parole, puisque Brassard, dans ce spectacle, propose aussi des paroles chantées, le plus souvent attribuées à la voix de l'enfant. Elle joue aussi sur le

236 Dominique FORTIN, *op. cit.*, p. 8.

mystère des paroles prononcées qui ouvre sur des images saisissantes plutôt que sur une histoire linéaire que l'on peut suivre de bout en bout. Mais comme on le voit dans la présentation même du texte, sa présence à elle, Marie Brassard, comme actrice principale du spectacle, est toujours explicite dans sa véritable première personne dont la place est le texte didascalique :

> *Je vais au micro*
>
> ***La voix de l'homme***
> 100-99-98-97-96-95-94-93-92-91
> 1.Les histoires d'enfant
> ***La narratrice***
> Quand j'étais enfant je rêvais de choses petites dans l'immédiat :
> Avec mes amis, aller jouer dans le parc, pêcher des poissons
> Se balancer sur les balançoires en chantant des chansons françaises
> Dont nous connaissions les paroles par cœur.
> Danser les chorégraphies calquées sur celles que nous avions vu la veille à la télévision
> Créer des spectacles d'horreur dans les garages adjacents à nos maisons.
> On éteignait les lumières, on enfermait des monstres dans les armoires. Des monstres comme ceux qu'on avait vus dans les films d'horreur ou dans les tentes de cirques où on montrait les phénomènes aux corps difformes.
> Au passage des visiteurs on éclairait furtivement leurs visages affreux.
> Il y avait un couloir sinueux à travers lequel nous devions circuler.
> Les plus courageux avaient les yeux bandés et faisaient le trajet à l'aveugle.
> Nous choisissions parmi eux un esclave. On le prenait par la main et il devait nous suivre.
>
> ***Une voix d'enfant qui chante (elle se mélange à la fin à la voix de l'homme)***
> *Viens avec moi*
> *N'aie pas peur*
> *Je serai tes yeux*
> *Je serai tes yeux*
> *N'aie pas peur*
> *Viens avec moi*
> *N'aie pas peur*
> *Je serai tes yeux*[237]

On peut noter que même si les voix sont distribuées, elles sont totalement poreuses et Marie Brassard programme dans le texte même du spectacle, les transitions qui peuvent s'opérer entre ses différentes voix (« elle se mélange à la fin à la voix de l'homme »), car au-delà de

237 Marie BRASSARD, *op. cit.*, p. 2-3.

la superposition de voix étrangères à la voix réelle de l'actrice Marie Brassard, les procédés technologiques utilisés visent à montrer aussi la superposition des voix fictives entre elles.

Au-delà de ces voix empruntées, Marie Brassard met cependant en scène une voix surplombante, la sienne, ou du moins celle de la fiction, représentée par le personnage de la « Narratrice », seul personnage qui n'est pas seulement une voix, mais bien une entité complète et qui logiquement rejoint la voix et le corps de l'actrice en scène. On note ici que s'est opéré un déplacement dans la désignation de la voix de l'artiste. Elle n'est plus « l'Actrice » de la *Noirceur* qui peut encore assumer un rôle et dialoguer avec un autre personnage, mais elle devient la source même de la fiction théâtrale, elle représente cette voix du récit, la véritable voix de l'auteur dans l'intimité de l'atelier d'écriture avant la naissance de personnages et donc une démultiplication des voix. Or cette Narratrice, origine de toutes les paroles de ce spectacle, est surtout la porte-parole de l'histoire personnelle de Marie Brassard ; elle est, d'une certaine façon, le personnage le plus proche de Marie Brassard qui viendrait s'adresser directement au spectateur :

> ***La narratrice***
> Je raconte cette histoire qui ne fait pas de sens
> Mon mythe fondateur personnel,
> Ma genèse du monde est plausible
> Tout autant que celle des autres[238]

Or, comme on le voit, cette parole si personnelle représentée par la Narratrice, dont le contenu des répliques est souvent relié à la biographie de Marie Brassard (en particulier son enfance à Trois-Rivières), tend cependant toujours vers une universalité. Elle se présente comme une parmi d'autres, dont l'histoire personnelle rejoint une histoire du monde et dont l'identité est interchangeable et transférable au public :

> Je vous donne mon identité
> ***La narratrice***
> Dans la ville où je suis née, il y a une rivière
> Deux îles la séparent en trois branches
> Sur une des îles l'été on peut aller camper et se baigner
> Ou s'allonger la nuit sous le ciel et regarder les étoiles
> Adolescente, j'allais sur une des îles parfois la nuit
> Et, allongée là, je rêvais à d'autres îles

---

[238] *Ibidem*, p. 10.

> Des îles ou à la place des pins, des bouleaux et des sapins,
> Il y aurait des palmiers, des lézards, des singes, des perroquets, des oiseaux lyre et des tarentules avec la peau comme du velours
> Dans la ville d'où je viens il n'y avait que des vaches, des champs, quelques maisons.
>
> Je vous donne mon identité
>
> Je vous nomme comme moi j'ai été nommée
> Et je vous dépose dans cette région sans repères
> Je vous prête mon corps d'alors,
> Mon nom, mes rêves et mon désespoir
> Mon travail et mes amis
> Je vous donne mon identité et je vous parachute au milieu de rien
> Là où les ambitions dégénèrent vite
> Là où on ne peut pas croire qu'il est possible d'avoir une vie semblable à celles des autres,
> Les géants qui vivent dans les grandes villes
> Là où les être humains sont si différents de nous[239]

Ce solo de Marie Brassard constitue donc une parole très intime sur elle-même, en même temps que l'expression d'une volonté de raconter l'histoire du monde. Et c'est ce lien entre le moi singulier de l'artiste et le reste du monde qui est exploré dans les vertigineuses ventriloquies mises en scène. Marie Brassard se présente comme une narratrice du monde capable d'embrasser la voix d'autres, ces autres qui sont en elle, ces personnages qui l'habitent parce qu'elle est autrice dramatique, cette humanité fictive :

> Cette pièce contient une version personnelle et étonnante de la genèse de l'humanité qui constitue, pour l'instant, l'apogée de l'ouverture de la créatrice montréalaise vers le monde – soit non plus seulement elle-même (*Jimmy, créature de rêve* et *La noirceur*), ou l'enfance (le conte dans *Peepshow*, notamment) ou les préoccupations d'un siècle (dans *L'invisible*), mais bien la naissance (et la mort) du genre humain. Ainsi, quoiqu'elle n'ait jamais quitté le domaine de l'intime, Marie Brassard opère une ouverture graduelle vers l'Autre, chacune de ses pièces constituant une étape dans le décloisonnement de la fable, du moi vers le monde.[240]

Ainsi pour Marie Brassard, le sujet du spectacle devient le geste créateur même, et si sa réflexion sur la création atteint une forme d'universalité, elle est cependant ancrée dans l'expérience même de l'écriture dramatique

---

239 *Ibid.*, p. 18.

240 Dominique FORTIN, *op. cit.*, p. 45-46.

et sa ventriloquie nécessaire. Cette ventriloquie qui appartient à l'intimité de l'écriture, c'est ce qu'expose Marie Brassard dans un spectacle certes autofictionnel, mais qui finit par parler davantage de la création artistique que de la personne, Marie Brassard.

Or cette mise en scène de la genèse d'une œuvre (qui est encore chez Brassard à relier à la genèse du monde dans son ensemble) devient de plus en plus le sujet principal des auteurs dramatiques québécois contemporains. Il semble que les auteurs se redonnent une place dans leur œuvre même, en s'auto-représentant justement en train d'écrire. À la métathéâtralité du théâtre québécois des années 1980 qui était fondée sur la mise en scène de figures créatrices dans la fiction, les auteurs substituent une dramaturgie qui expose explicitement leur geste créateur.

Nous allons donc analyser trois cas de ces dramaturgies de la genèse qui consacrent une omniprésence de l'auteur dramatique dans ses pièces : Wajdi Mouawad et l'exposition (plutôt d'ailleurs la mise en scène) de la genèse de l'écriture de son solo polyphonique, *Seuls* ; Daniel Danis et certains de ses spectacles qui sont fondés sur la présence du personnage de l'auteur écrivant ; Carole Fréchette et sa volonté d'omniprésence et d'exposition de la fabrique de l'écriture dans deux de ses pièces *Je pense à Yu* et *Entrefilet*, la seconde pièce étant le récit de la genèse de la première.

2. Le moi de l'auteur au centre des dispositifs : dramaturgies de la genèse

2.1 *Mouawad seul(s) : le moi de l'artiste au centre de la polyphonie scénique*

En dehors de la tétralogie-fleuve du *Sang des Promesses* (*Littoral*, *Incendies*, *Forêts*, *Ciels*), Wajdi Mouawad a exploré la forme du solo en portant lui-même en scène le monologue *Seuls*. Si la forme de ce spectacle l'éloigne des fresques épiques auxquelles il avait habitué le spectateur, on y retrouve cependant la même obsession pour la quête des origines, pour la mémoire et l'identité.

Harwan, un jeune libanais dont la famille a émigré au Québec (un double de Wajdi Mouawad) écrit une thèse sur le metteur en scène Robert Lepage (qui a énormément influencé Mouawad). Il réfléchit seul dans son appartement au sens de sa thèse et de sa vie. Il décide de suivre

Lepage à Saint-Pétersbourg dans les répétitions de son nouveau spectacle et se retrouve enfermé au Musée de l'Ermitage où il est confronté à la beauté du tableau *Le Retour du fils prodigue* de Rembrandt. Mais, alors que l'on croit pendant toute la première partie de la pièce que le père d'Harwan est dans le coma, un renversement dramatique intervient et le spectateur prend conscience que c'est Harwan lui-même qui est dans le coma. La fin de la pièce se mue alors en une réelle performance puisque Mouawad, devenu silencieux, donne à voir une séance de *body painting* : il peint avec son corps une immense cage en verre qui représente très explicitement le cerveau d'Harwan dans le coma.

Ainsi, le personnage en scène traverse un spectacle éminemment multidisciplinaire (ce n'est pas pour rien que *Seuls* s'écrit avec un « s ») habité par les voix des membres de sa famille sur un répondeur que l'on entend en voix *off* et par des vidéos projetées sur son corps ou servant au contraire à le faire apparaître en gros plan sur le décor.

C'est pourquoi Mouawad parle, dans l'édition du texte qui va retenir toute notre attention, de « polyphonie d'écriture », une polyphonie qui prend la forme, sur scène, d'une interartialité, mais qui a à voir, pour Mouawad, avec le questionnement de la forme autofictionnelle :

> Cependant, à la différence de Lepage et de Tanguy, il exploite une nouvelle forme de transposition d'écriture scénique qu'il nomme « polyphonie d'écriture ». C'est ainsi que l'édition papier de *Seuls* porte comme sous-titre « Chemin, textes et peintures ». Tenant lieu à la fois de carnet de notes de mise en scène, de journal, de livre d'art, de texte théâtral, ce texte défie toute tentative de classification. Il met en dialogue plusieurs arts et médias sur l'espace de la page et se donne avant tout comme le produit d'une pratique théâtrale polymorphe. [...]
>
> Cette pratique scripturale hétérogène porte le sceau du rapport problématique que Mouawad entretient avec le solo et la forme autobiographique. L'appartenance (trans-)culturelle du sujet écrivant (franco-arabo-libano-québécois) s'avère conflictuelle vis-à-vis de la langue, du territoire d'origine, et du ou des territoire(s) d'accueil (La France et le Québec).[241]

Ce qui va nous intéresser ici c'est cette édition du texte issue d'un spectacle résolument performatif et polyphonique. Mouawad choisit, dans une édition sous-titrée *Chemins, texte et peintures*, de mettre au jour

[241] Dominique FISHER, « L'écriture du spectacle *Seuls* de Wajdi Mouawad : poétique et détours transculturels », *L'Annuaire théâtral*, n° 50-51, 2011-2012, p. 125-126.

la genèse de la pièce, le parcours d'écriture et même de remonter à la source de l'écriture, qui précède le processus théâtral :

> Comment l'apprivoisement se fait-il entre un spectacle et celui qui va le fabriquer ? C'est-à-dire entre le spectacle et celui qui va le sortir de l'invisible pour le mettre dans le visible ou, si on veut le dire de manière encore plus délicate, comment rendre la partie visible de son être invisible et rendre invisible sa part visible ?
>
> De cela, j'ai peu l'occasion de parler. L'époque étant davantage admirative des procédés que de ce qui précède l'instant de l'éclosion, de la rencontre entre un artiste et le geste.[242]

Ainsi, Mouawad met en scène *a posteriori* la genèse du spectacle pour rendre public son moi-écrivant. On ne sait plus alors si l'on est invité à entrer dans la fabrique du spectacle ou à participer à une mythologisation de l'auteur tout puissant qui, à la fois, construit son identité de personnage public et verrouille le texte dont on a toutes les sources.

Trois phénomènes sont intéressants dans cette édition du texte réalisée par l'auteur-acteur lui-même. D'abord, Mouawad théâtralise littéralement son geste d'écriture et rend compte du dialogisme inhérent à toute écriture théâtrale. Ensuite, Mouawad se présente comme un moi polyphonique au centre du processus, à partir duquel se construit la fiction. Enfin, Mouawad montre bien que la forme qui précède le spectacle est celle du récit. C'est bien la voix romanesque, celle dont la parole n'est pas encore distribuée en dialogue qui va déclencher ensuite le travail en plateau. On voit ici que l'écriture de plateau se construit à partir d'un dialogisme premier (Mouawad parle avec son spectacle, avec lui-même) avant d'aboutir à un récit, une voix narrative, celle d'un sujet d'écriture explicite qui n'est déjà plus la voix de l'auteur, mais pas encore celle des personnages et qui peut déclencher le travail concret de la scène.

Mouawad met tout d'abord en scène des éléments concrets de ses propres rituels d'écriture. À la mention du site du Musée de l'Ermitage qu'il cite pour dire qu'il a fait des recherches sur les tableaux qui sont dans la même salle que *Le Retour du fils prodigue*, s'ajoute celle de son cahier d'écriture qui sera chargé de recueillir toutes les idées en lien avec le spectacle :

---

[242] Wajdi MOUAWAD, *Seuls, Chemins, texte et peintures*, Montréal-Arles, Leméac/Actes-Sud, 2008, p. 16.

> Sans traîner, mais sans courir, acheter un cahier qui convient
> Noter systématiquement la liste des éléments qui éveillent
> Noter aveuglément
> Sans se poser de questions
> Sans chercher à trouver ce qui peut les lier ensemble.
> Respecter comme une chose sacrée
> Ce que ces éléments cueillis peuvent avoir de disparate.[243]

Mouawad présente ici une forme de manuel de bonne conduite dans l'écriture par le biais des infinitifs au sens clairement injonctif. On retrouve cette modalité injonctive lorsqu'il fait la liste des expressions et mots qui le mettent mal à l'aise lors de la phase de conception du projet du spectacle. D'ailleurs, il est intéressant de voir que tout ce qui le gêne, c'est l'omniprésence de la première personne du singulier, de son moi d'auteur, alors que justement c'est ce moi polyphonique, obsessionnel qui habite toute la mise en scène de la genèse dans cette édition du texte :

> Voici une série d'expressions qui me jettent dans une certaine honte si je les prononce :
> .Mon prochain spectacle
> .Ma prochaine pièce
> .Mon prochain texte
> .Mon écriture
> .Mon spectacle
> .Dans ma pièce
> .Dans mon texte
> .Mon
> .Ma
> .Mes[244]

Progressivement, le spectacle à venir est personnifié, il devient littéralement un interlocuteur du moi de l'auteur, ce qui permet à Mouawad de mettre en scène le dialogisme qui préside à l'écriture théâtrale. Les premières pages font naître l'idée du spectacle comme une présence fantomatique qui accompagne l'auteur : « Tout d'abord il y a la

243 *Ibidem*, p. 38.
244 *Ibid.*, p. 28.

sensation d'une présence[245] », « Quelqu'un est là et me regarde[246] », « Je me retourne et je ne vois personne[247] », « Est-ce que tu es toujours là ?[248] ».

Puis Mouawad écrit même une scène génétique dans le sens où il se met en scène en train de dialoguer avec un garçon qui représente le spectacle à venir. Cette scène est présentée typographiquement comme une scène dialoguée aboutie avec des didascalies et la mention des personnages (« le garçon », « Wajdi ») :

> LE GARÇON. Maintenant, c'est moi
> WAJDI. Et qui es-tu... ?
> LE GARÇON. Je ne te dis pas mon nom, mais ce que je peux te dire, c'est que c'est moi qui t'observe, depuis déjà si longtemps. Le regard que tu sens fixé sur toi, c'est le mien. C'est moi. Je suis un spectacle que tu vas écrire, mettre en scène et jouer toi-même...seul ! Tout seul !
> WAJDI. Comment t'appelles-tu ?
> *Il n'est plus là.*
> *J'ai toujours l'éponge à la main, légèrement penché vers la table, en suspension.*[249]

Ce qui est intéressant dans cette scène ce sont les trajets du « moi » entre l'auteur et son personnage. D'un côté, l'auteur se distancie en écrivant son prénom, « Wajdi », plutôt que « Moi », de l'autre, les didascalies sont clairement à la première personne : « J'ai toujours l'éponge ». De la même façon, si le personnage du Garçon n'a pas de nom, il est cependant hanté par une inflation des marques de la première personne dans toutes les phrases qu'il prononce et qui rappellent la liste des mots qui mettaient mal à l'aise Wajdi Mouawad : « c'est moi », « c'est moi qui t'observe », « C'est le mien. C'est moi ». D'ailleurs, si le spectacle personnifié par le Garçon n'a pas de nom, le titre du spectacle est presque prononcé avant sa disparition de la scène : « [...] seul ! Tout seul ! ».

La scène génétique proposée dans l'édition de *Seuls* met bien en scène les diffractions du moi de l'artiste dans la conception du spectacle et ce dialogue extériorisé (Wajdi Mouawad et le spectacle comme autre à soi) est petit à petit intériorisé et laisse la place à des débats intérieurs de l'auteur, notamment autour de son personnage principal, Harwan, qui n'est autre qu'un avatar de lui-même :

---

245 *Ibid.*, p. 22.
246 *Ibid.*, p. 23.
247 *Ibid.*, p. 24.
248 *Ibid.*, p. 30.
249 *Ibid.*, p. 85.

Pourquoi Harwan ne parle-t-il plus l'arabe ?
Pour la même raison que moi.
Quel est l'âge de Harwan ?
L'âge que je donne à voir.
Pourquoi Harwan va-t-il à Saint Pét. ?
Pour rencontrer Lepage.
Pourquoi Harwan doit-il rencontrer Lepage ?
Je n'en sais rien !
Oui, mais pourquoi doit-il rencontrer Lepage ?
Pourquoi… parce que ![250]

Le personnage d'Harwan est bien un double assumé de Wajdi Mouawad. Dans cette édition, on trouve beaucoup de jeux esthétiques autour de la typographie et notamment une double page sur laquelle est écrit en immenses lettres : « Et si Harwan c'était Wajdi si Wajdi n'avait pas fait de théâtre ?[251] » qui explicite à quel point le personnage principal du spectacle est un double décalé de Mouawad.

D'ailleurs, l'artiste avoue que tous les prénoms des personnages principaux dans l'épopée du *Sang des Promesses* ont été choisis à partir de la lettre initiale du prénom Wajdi, comme pour dire à quel point le moi de l'auteur est inscrit dans l'identité de ses personnages et à quel point sa dramaturgie est totalement autoréflexive, voire narcissique :

Je cherche des W.
[…]
Après
WILFRID – WALTER – EDWIGE – WILLIAM – WAHAB – WILHEM – SARWAN – WOLF (« LOUP »), prénoms des personnages des pièces précédentes[252]

Car ce que nous raconte Mouawad, c'est aussi sa fascination pour sa propre identité, son propre mystère. Ainsi, toute l'édition génétique tourne autour de questionnements sur le moi de l'artiste Mouawad. L'exemple le plus visible est peut-être la page qui contient neuf autoportraits de Mouawad réalisés dans des photomatons pendant la période de conception du spectacle. La période de réalisation étant courte (de mars à novembre 2006), on voit peu de changements réels dans l'apparence de Mouawad sur les photos, mais seulement quelques détails variés (vêtements, coiffure)

---

250 Wajdi MOUAWAD, *Seuls*, *op. cit.*, p. 97.
251 *Ibid.*, p. 112-113.
252 *Ibid.*, p. 95.

et surtout des couleurs et prises de vue différentes qui donnent à voir neuf points de vue sur le visage du créateur.

Ce moi toujours identique et en même temps toujours multiple, c'est ce que met à jour Mouawad dans cette édition du texte. Il nous raconte ainsi que, comme son double Harwan, il est « habité par quelqu'un qu'il ne soupçonne pas[253] » car « nous sommes [tous] habités par des locataires dont nous ne savons rien[254] », ce qui rejoint ce que Tremblay dit aussi de son être parlé. Et parmi ces voix qui habitent l'artiste pendant l'écriture, il y a celle des pairs, des artistes inspirants, dans le sillage desquels on inscrit sa démarche, c'est le cas de Robert Lepage pour Mouawad. Ce dernier, qui explore toujours la recherche des origines par ses personnages, et en particulier du père, mène dans ce spectacle la recherche d'un père artistique : Robert Lepage. Mouawad explique d'ailleurs à la fois l'influence de Lepage sur son travail et leurs perspectives inverses, mais parallèles :

> De manière plus personnelle, j'ai été frappé par le fait que les histoires racontées par Robert Lepage, mettaient toujours en scène un personnage qui, quittant sa maison, tentait de découvrir le monde : cela m'apparaissait comme l'exact opposé de mes propres histoires qui mettaient en scène un personnage égaré, tentant de rentrer chez lui. […]
> Depuis, une image toujours :
> Robert Lepage et moi arpentant la même route, chacun dans un sens opposé. Cette pensée, rêve d'un petit frère envers son aîné, elle m'a souvent donné force et courage pour raconter ce que j'avais envie de raconter.[255]

Le terme de « raconter » employé ici est primordial, car ce que propose Mouawad dans cette édition est moins la naissance d'un texte théâtral qui sera porté à la scène que la naissance d'un récit complet capable de déclencher le travail concret en plateau de l'acteur Mouawad et des concepteurs techniques. En effet, Mouawad ici met en scène le dialogisme de l'écriture, parfois de manière très concrète comme dans la scène dans laquelle il dialogue avec son futur spectacle personnifié, mais ces dialogues visent à construire un récit qui servira de *synopsis* pour les premières expérimentations scéniques. Ainsi, au fil de l'écriture, le récit s'enrichit de nouveaux éléments pour aboutir à la version finale qui est le point de départ des répétitions :

253 *Ibid.*, p. 114.
254 *Ibid.*, p. 115.
255 *Ibid.*, p. 45.

> Tentative de récit numéro un :
> Un Libanais, vivant depuis trop longtemps au Québec, réalise, un jour où il tente de prononcer le mot « tigre » en arabe, que sa langue maternelle est brisée. Il voudra peut-être se pendre. Il est sauvé *in extremis* par un passant qui surgit tout d'un coup et le rattrape et dès lors, entre eux, s'installe une conversation.[256]
>
> Tentative de récit numéro X :
> Harwan, un jeune exilé libanais vivant à Montréal, engagé dans une vie qu'il croit lui convenir, se rend à Saint-Pétersbourg pour rencontrer Robert Lepage. Des événements indépendants de sa volonté le conduisent au musée de l'Ermitage devant le tableau de Rembrandt. Secoué violemment, il réalise qu'il est en train de passer à côté de sa vie, oubliant ce qui lui était essentiel. Il rentre à Montréal et, du jour au lendemain, il change sa vie au prix de conséquences irréparables.[257]
>
> Harwan, un jeune étudiant d'origine libanaise vivant à Montréal, prépare une thèse de doctorat sur Robert Lepage. Il entreprend de partir pour Saint-Pétersbourg et de rejoindre Lepage, dont les répétitions du prochain solo ont lieu dans cette ville. Lors des préparatifs pour ce voyage, son père tombe dans le coma suite à un accident cérébro-vasculaire. Après avoir hésité un certain temps, il décide tout de même de partir. À peine a-t-il mis le pied en Russie qu'on l'informe que Robert Lepage a dû rentrer de toute urgence en Amérique. Dépité, il va errer au musée de l'Ermitage et arrive devant le tableau de Rembrandt. Harwan, face au tableau qui se décompose, laissant place à une vision cauchemardesque, réalise qu'il n'est jamais parti de Montréal. Il est dans une chambre d'hôpital, c'est lui et non pas son père qui est dans le coma entre la vie et la mort. Prisonnier de cet espace, il retrouve dans une valise des pinceaux, des tubes de couleur et en un geste il se met à peindre comme il le faisait enfant.
>
> Je peux commencer à répéter.[258]

Mouawad orchestre donc dans l'édition de son solo *Seuls* la mise en scène de la genèse de l'écriture de la pièce. Le matériau génétique y est sélectionné, organisé et mis en page dans une forme d'auto-promotion de l'auteur. Certes, cette genèse est montrée comme profondément dialogique dans la mesure où elle ne cesse de scinder le moi de l'artiste entre plusieurs entités qui se parlent ou s'affrontent. Pourtant, cette mythologisation du moi créateur permet à Mouawad d'être omniprésent dans ce spectacle, depuis le plateau où en tant qu'auteur-acteur, il est au

256 *Ibid.*, p. 70.
257 *Ibid.*, p. 104.
258 *Ibid.*, p. 120-121.

centre du dispositif interdisciplinaire, jusqu'à l'édition même du texte dans laquelle il met à jour sa démarche. Le sujet du spectacle devient alors littéralement le moi polyphonique de Mouawad dont le double scénique est le personnage d'Harwan et le père artistique Robert Lepage.

Mouawad quitte alors la présence-absence qui était la sienne dans le *Sang des Promesses* (le nom de Liban n'est jamais prononcé, mais son évocation est omniprésente, et chacun des personnages de la tétralogie est explicitement construit à partir de l'identité problématique de Mouawad) pour afficher son moi créateur dans toute sa multiplicité, de l'atelier, qu'il expose et théâtralise, à la scène, dont il est le chef d'orchestre et le point de mire. Cette omniprésence témoigne alors de sa fascination pour son propre geste créateur.

2.2 Danis et la page blanche : les moi rêvés

Daniel Danis est lui aussi fasciné par son geste créateur. C'est pourquoi il conserve bien précieusement toutes ses archives d'écriture, des brouillons manuscrits aux versions tapuscrites des pièces, en passant par des courriers, des courriels adressés aux metteurs en scène et amis, des coupures de journaux, des recherches d'images sur Internet :

> Je garde toutes mes traces d'archives. La première sortie d'imprimante, la première à la main. Je les date pour qu'on puisse voir le chemin jusqu'à la publication. C'est une volonté pédagogique. Une œuvre, ce n'est pas seulement la finalité mais le processus de pensée qui y a conduit. Une jeune fille hier est venue me porter une lettre, elle veut écrire et elle voudrait avoir des conseils sur son écriture. Je lui ai répondu que j'allais lire son texte, que je ne lui parlerai pas de son texte, mais de son processus. Où elle est ? À quel endroit elle pense ? Quels sont les paramètres du début du texte ? Pourquoi ce choix de lieux ? Un auteur suisse est venu ici, on n'a pas parlé de texte mais de processus. Je réfléchis sur le processus d'écriture. J'ai écrit dans ma maîtrise les sept récits fondateurs de mon écriture pour voir comment j'expliquais les sources de mon travail dans le terreau de ma jeunesse, quand ma position terrestre a pris naissance.[259]

Comme on le voit ici, il ne s'agit pas seulement de conservation d'archives. En fait, Danis accorde une attention importante à ses processus d'écriture, au détriment même des versions finales, des résultats. L'écriture est avant tout pour lui un processus et il souhaite toujours remonter à la source de l'écriture d'un texte, à ce qui a pu la provoquer, pour mieux

---

259 Entrevue réalisée avec Daniel Danis, UQÀM, Montréal, 16 février 2011.

comprendre ses pratiques d'écriture. Or, à la source de toutes ses créations, il y a ses rêves.

En effet, Danis se réclame d'une « écriture rêvique » dans le sens où il se sert de ses rêves – qu'il prend soin de mettre par écrit – comme sources de ses fictions théâtrales :

> Le rêve témoigne de *l'anachronie* et de la *densité temporelle* [...] de la *présence de voix plurielles*, de processus de *condensation* [...] de *déplacement* et de *figuration* [...]. Le rêve procède par effet de métaphore. En effet, l'écriture – l'écriture des rêves –, apparaît, chez Danis, consubstantielle à l'expression de l'inconscient. La recherche identitaire des personnages se présente alors comme l'enjeu d'une parole codée dans les écrits rêviques. [...] L'origine « rêvique » des écrits de Danis pourrait expliquer la propension de l'auteur au détachement des voix d'une entité corporelle *in presentia*, puisqu'elles apparaissent errantes et non-maîtrisables, indépendantes de la volonté des personnages, du moins de leur volonté consciente.[260]

C'est cette écriture rêvique qui engendre donc des personnages déconnectés d'une forme de réalité et des mondes constitués d'images saisissantes et symboliques. Cette écriture cherche à sonder les méandres de l'inconscient, l'inconscient de l'auteur Danis démultiplié qui donne naissance à des personnages dont l'intériorité est toujours, elle aussi, menacée de dissémination.

D'ailleurs, Danis a mis en récit l'origine de son écriture par le biais d'une écriture narrative qui fonctionne, comme un rêve, par juxtaposition d'images symboliques et tissage de motifs :

> *Les actes d'avant l'écriture*
> Pour que naisse la lettre, je dois d'abord me rendre près d'un lac de nuit agité par un vent chaud, et là, il faut que j'attende de perdre connaissance et conscience. Sur le bord du lac devenu océan, lorsque je vois trente-deux pénis pousser autour de mes testicules grossissants, je fais un énorme trou pour y pondre trente-deux œufs de tortue. Au matin, je me cache dans les bois pour attirer les cannibales. Réfugié dans une cabane d'enfance, j'ai, pour me défendre, des poêlons de fonte contre les bras dévoreurs. Je prends la fuite durant leur sommeil d'après-midi.
> J'entre rapidement dans l'entièreté du néant où je devrai courir, nu comme une flamme, à travers des figures primordiales. Si je n'ai pas abandonné au cours de ces épreuves et de celles dont je ne parle pas ici, j'aboutirai face à face

[260] Flavia GOIAN, *La question identitaire comme enjeu d'une parole codée dans les écrits rêviques, La Trilogie des souliers de Daniel Danis*, Mémoire de DEA, dirigé par Jean-Pierre Ryngaert, Université de la Sorbonne Nouvelle-Paris III, 2004-2005, p. 2-3.

avec une falaise près de l'océan. Il me faudra enfoncer mon visage de chair et d'os dans celui de la pierre. Avec les mains, je taillerai et retirerai l'empreinte de mon masque funèbre. L'océan redevient le lac de nuit dans lequel je lance mon masque. Couché sous l'eau, les trente-deux tortues nagent au-dessus de mon visage empierré. Elles me montrent leurs écailles riches de signes et là enfin, dans le chaud silence de mon âme, je transcris ce que je décrypte sous leur carapace.[261]

Danis, dans une démarche autofictionnelle, met en scène les origines de son écriture dramatique, autour d'un récit-parabole qui constitue sa mythologie personnelle d'auteur, notamment constituée d'une abondance d'éléments de la nature. On retrouve ici tous les motifs qui innervent son écriture dramatique, notamment l'eau et la nuit, qui appellent le monde du rêve.

On peut aussi noter les motifs récurrents du visage et du masque qui interrogent l'identité dans l'écriture. Cette hésitation entre le visage et le masque, c'est justement ce qui préside à ses processus d'écriture. D'ailleurs, lorsqu'on l'interroge sur la nature de cette écriture rêvique, c'est bien la démultiplication de son moi qu'il place au centre de sa réponse. Écrire d'après ses rêves, pour Danis, c'est l'occasion d'être habité par plusieurs entités, sans jamais être lui-même visible, puisqu'il demeure le point de vue sans visage porté sur les personnages :

> J'ai plusieurs hommes en moi qui font leur chemin, qui sont de multiples possibilités, des corps quantiques, plusieurs moi. Tous mes rêves depuis que je suis enfant nourrissent un territoire extrêmement riche qui occupe la moitié de ma vie ou en tout cas un tiers et qui est une source de ma langue et de la construction de mes pièces. On sent dans mon écriture qu'il y a des passages entre des éléments rêvés, d'autres imaginés, d'autres de la réalité. Les rêves poursuivent des chemins d'images. Quand on est dans le rêve, on a une sensation qui se décline en mots et qui nous apporte une interrogation sur notre place sur terre, sur l'endroit où l'on est, où on vit et ça c'est aussi de la langue.
>
> Sur les personnages, ce serait intéressant d'interroger les auteurs en disant : « Vu de votre rêve, comment vous voyez le monde ? ». L'auteur est souvent lui-même tous les personnages à l'intérieur de son territoire imaginaire. Le rêve est une zone d'images, une chambre blanche dans laquelle se déroule une expérience humaine parallèle, c'est un vrai théâtre, j'ouvre, je ferme la porte, je tombe dans un autre monde que je manipule, je travaille.

---

261 Daniel DANIS, « Actes d'avant l'écriture », *Moebius : Écritures/Littérature*, n° 91, 2001, p. 41.

> Il est important d'intemporaliser les personnages qui sont des vecteurs d'une expérience qui se dédouble de mes moi multiples venant de mes rêves où je suis autant femme, que porte, que chien. Ces moi se déploient à l'intérieur de mon être, ce ne sont pas des moi narcissiques, des moi détachés de mon être [...]
> Au bout du compte, quand je fais le tour de cette expérience, encore aujourd'hui j'ai la volonté d'être un médiateur. Je veux recevoir des images, mais pas pour mon compte. Tous les corps qui m'habitent, quand je les travaille sur une scène d'écriture, ce ne sont pas mon moi. Comme les Carmélites, je divise mon corps, j'essaie d'être réceptif pour recevoir plusieurs corps : un vieux, une vieille, une chaise, un paysage. Ça peut transiter aussi dans mes rêves. Cette transition d'imagerie m'a fait comprendre la longueur du processus d'écriture des pièces. Je me laisse traverser et pour me laisser traverser, je dois être disponible, mais c'est compliqué d'être disponible.
> Moi ça m'intéresse de parler de la constitution de mes matériaux d'écriture pour échanger, pour transmettre à d'autres artistes. Je veux dire aux jeunes écrivains que l'écriture, ce n'est pas l'histoire, que l'histoire c'est un leurre, que c'est une architecture et des énergies.[262]

Ce processus d'écriture que Danis décrit ici comme la possibilité pour l'auteur d'habiter plusieurs moi, d'être le réceptacle de plusieurs paroles, c'est justement ce qu'il met en scène dans certaines de ses créations. À un moment, Danis a choisi de quitter l'écriture dramatique telle qu'il la pratiquait auparavant – celle d'un auteur solitaire écrivant des textes qui étaient ensuite mis en scène. Il a voulu se provoquer sur le plateau et a donc décidé de travailler autour d'expérimentations scéniques. Au moment où Danis quitte une écriture textuelle, il donne à voir ses spectacles les plus autoréflexifs qui ne cessent de mettre en scène l'auteur écrivant, les balbutiements (au sens aussi le plus concrètement vocal, nous le verrons) de la fiction. C'est le cas notamment de *La Trilogie des flous*, un spectacle autour de trois textes, dans lequel Danis est l'actant principal, un auteur sur scène qui semble faire advenir progressivement une fiction.

Ce spectacle créé en novembre 2009 à Montréal est désigné par l'artiste lui-même sur le site de sa compagnie comme une « création poético-performentielle ». *La Trilogie des flous*, bien que composée de trois textes *Je ne, Sommeil et Rouge* et *Reneiges*, qui sont distribués sur papier à chaque spectateur en début de représentation, se présente essentiellement comme une expérience multidisciplinaire mettant en scène une danseuse, des actants, des performeurs et des technologues, comme on peut le lire sur le

---

[262] Entrevue réalisée avec Daniel Danis, La Caserne, Québec, 8 février 2011.

texte distribué. Les textes ont finalement été publiés, mais seulement après la création du spectacle, comme c'est le cas pour *Seuls* de Wajdi Mouawad. Mais outre le fait qu'il s'agit d'une performance et donc d'une œuvre qui remet en question le statut du personnage en présentant simplement des actants, c'est-à-dire des personnes qui accomplissent des actes et n'entrent pas dans le mécanisme mimétique d'une re-présentation, le travail qui est fait est un travail sur l'abolition des frontières spatio-temporelles entre fiction et réalité.

Le texte fondé sur l'indicible, le trou, la suspension, suggère un implicite et l'énonciation se rapproche d'une profération sans cesse reprise en épanorthose. Il s'agit de faire sans fin renaître les mots, de jouer sur l'inattendu sonore. Le champ des possibles s'ouvre donc dans les points de suspension entre les mots et l'onirisme emplit la création tout entière. Danis dit s'inspirer de ses rêves pour créer et l'on a l'impression d'assister avec ce spectacle non seulement à des récits de rêves mais aux rêves eux-mêmes :

> La forme d'écriture à la fois imagée et décantée qui trame la *Trilogie des flous* fait entrer le lecteur dans une expérience poétique autre, exigeante dans la mesure où il faut accepter de s'aventurer sur un territoire où les repères habituels du récit (qu'il soit dramatique ou narratif) ont disparu et pour lequel il n'y a plus de cartes. Un peu comme l'aviateur de *Je ne*, on se retrouve parachuté dans une *terra incognita* qui peut donner envie de retourner sur sa terre natale si on n'a pas l'esprit aventurier. Mais une géographie imaginaire inusitée s'offre à qui accepte de se laisser porter par le « liquide du récit » : « Le récit, dit l'auteur, est sous la forme du soleil, sous tous les angles tu vois ce que tu as à voir. La lune est l'autre écriture où on ne voit pas sur quoi on avance, ce peut être dangereux. La procédure n'est pas soutenue par une architecture du récit (solide, avec des poutres). On est dans le liquide du récit. » Ces récits mouvants servent de matériau imaginatif tant aux créateurs de la scène qu'aux spectateurs, qui sont invités à naviguer librement au sein de cette cartographie d'images et à se faire leur propre scène.[263]

D'ailleurs, le travail sur le brouillage entre réalité et fiction, entre intérieur et extérieur est technologiquement assisté. En effet, Danis, équipé d'un micro qui déforme et transforme sa voix, peut faire sortir de lui des sons qui ne sont pas de l'ordre des capacités humaines, mais

263 Marie-Christine LESAGE, « Dans le "liquide du récit" : Daniel Danis, écrivain scénique », prochainement publié dans un dossier de la revue *Voix et Images*, dirigé par Gilbert David.

appartiennent pour le spectacle à du dépassement de soi, du « devenir-animal » défini par Deleuze :

> Devenir n'est pas progresser ni régresser suivant une série. [...] Les devenirs-animaux ne sont pas des rêves ni des fantasmes. Ils sont parfaitement réels. [...] Car si devenir animal ne consiste pas à faire l'animal ou à l'imiter, il est évident aussi que l'homme ne devient pas « réellement » animal, pas plus que l'animal ne devient « réellement » autre chose. Le devenir ne produit pas autre chose que lui-même.[264]

En effet, cet être dramatique que devient Danis n'est plus véritablement humain, il n'est pas non plus animal, il n'appartient pas non plus à une surréalité. Il est simplement dans un univers entre tous ceux-là, celui d'un devenir possible qui pourrait le faire entrer dans l'une ou l'autre des catégories (homme, animal, créature fantastique). C'est sur cette tension que joue Danis.

À cette tension, s'ajoute encore, dans le but de semer le trouble chez le spectateur, une perpétuelle distance à soi. Cette distance est créée par le microphone, comme nous l'avons vu, puisque cet élément fait advenir une voix étrange et étrangère à son émetteur, dont la véritable source et, par conséquent le sens, reste obscurs et mystérieux. À ce flou sonore s'ajoute un flou visuel puisque Danis filme ses co-actants pendant la représentation et que cette vidéo est projetée en temps réel sur deux éléments de décor qui diffractent encore les images : un écran circulaire qui fait face aux actants et un écran cylindrique. Danis joue donc ici sur le rapport entre des actions réelles et leur saisie par un médium technologique qui les transforme alors en représentation filmique et déformée, car dispersée et adaptée à de nouveaux espaces. Il s'agit alors clairement de faire jouer la performance sur le multidimensionnel et de mettre en scène simultanément plusieurs points de vue pour renvoyer au spectateur en miroir toutes les possibilités de regard qu'il a sur un spectacle multidisciplinaire, mais aussi sur tout type de spectacle théâtral.

Le dramaturge semble bien être un véritable rhapsode au sens où Jean-Pierre Sarrazac l'a employé dans *L'avenir du drame*, c'est-à-dire qu'il coud ensemble les différentes voix de la scène en des strates superposées et diffuse sa parole dans des entités dramatiques porte-parole bigarrées, toutes réfléchissant une voix unique et mystérieuse : une source énonciatrice. Le

---

264 Gilles DELEUZE et Félix GUATTARI, *Mille plateaux*, Paris, Éditions de Minuit, 1980, p. 291.

dramaturge-rhapsode devient ainsi le chef d'orchestre d'une polyphonie de voix empruntées, c'est ce chef d'orchestre que Danis veut devenir en scène et qu'il nomme, pour sa part, « l'actant relieur » : « J'ai peut-être davantage envie d'être autour de la scène, trouver cette place qui pourrait être la mienne : déplacer des objets, repartir. Ne plus être protagoniste sur la scène mais l'actant relieur.[265] ».

Or cette polyphonie est une ouverture possible vers un questionnement métathéâtral. En effet, l'affrontement de plusieurs voix, c'est l'image d'un théâtre en débat. Le problème de la provenance de ces voix pose la question de la voix de la création, de la source créatrice. La voix de l'auteur est distribuée dans des voix d'acteurs jouant des personnages ou de multiples voix d'actants. Ce questionnement concerne justement des formes comme la performance multimédia de Daniel Danis. Lorsque la source énonciatrice disparaît, le propos est fragmenté et demeure alors un questionnement sur le théâtre même et sur sa forme. Les zones d'ombres des œuvres sont assumées et exhibées comme mise en scène de la création du spectacle. C'est alors que la polyphonie sert une réflexivité dans le sens où elle exhibe le chaos de la création et le processus plutôt que le produit de cette création. Danis insistait, dans une rencontre après la première représentation de *La Trilogie des flous* à l'Usine C à Montréal, sur l'idée que ce spectacle était une première phase de travail, une performance qui tâtonnait encore, en train de se construire et ainsi il insistait sur le fait que le spectacle se fabriquait sous les yeux du spectateur.

En outre, la multiplicité des actants présents sur scène et des disciplines dont ils sont issus (danse, cuisine, informatique) sont autant d'éléments dialogiques qui interrogent l'unicité de la voix auctoriale, celle de Danis, seul acteur en scène à parler.

En effet, la seule voix qui devient la « supravoix » au-dessus de la polyphonie multidisciplinaire mise en jeu est la voix créatrice, celle d'un auteur qui serait garant du spectacle, celle de Danis le créateur polyvalent. D'une certaine façon, sous une polyphonie qui paraîtrait démarche participative, demeure un fil rouge, la mise en scène du processus créateur de l'écrivain. Le texte comme profération toujours inchoative est ici symbolique de la difficulté d'écrire pour le théâtre et le monde des possibles exhibé est celui que le dramaturge a face à lui lorsqu'il entre dans l'écriture d'un projet.

---

265 Propos recueillis lors de la rencontre avec Daniel Danis organisée après le spectacle le 9 novembre 2009.

La voix créatrice est alors célébrée pour son ambiguïté et la polyphonie du spectacle rend compte aussi d'une boulimie créatrice de l'auteur-acteur Daniel Danis qui, tout en exhibant le caractère arbitraire de toute création théâtrale, met en scène sa puissance démiurgique. Il est partout, à toutes les étapes de la création et même s'il s'entoure d'autres praticiens, la question qui reste posée est celle d'être un créateur et en particulier un auteur-acteur dont la double fonction propose déjà une polyphonie intérieure. Cette expérience qui devait être une première étape de travail n'a pas été poursuivie par Danis qui était assez déçu du résultat scénique et ses dernières créations retournent vers une dimension textuelle plus grande, tout en continuant d'interroger le geste créateur.

Danis a poursuivi la mise en scène de son geste créateur avec *L'enfant lunaire*, qui a été présenté au Mois Multi de Québec en février 2013. Il s'agit d'une représentation multidisciplinaire inspirée d'un rêve que Danis a transformé en récit. Le dispositif scénique est constitué d'un immense carré blanc posé à terre et d'un pantographe géant mécanisé qui fait des dessins sur le carré blanc au fil de la parole de l'acteur seul en scène, Pierre-Félix Gravière, qui tient le rôle d'un auteur en train d'écrire. Le lecteur-spectateur a alors l'illusion d'assister à la genèse d'une pièce, à une parole poétique en train de s'élaborer.

Il propose même un court épilogue à sa pièce qui s'intitule « à propos de la genèse du récit » dans lequel il raconte, dans la même langue poétique que la pièce, les circonstances réelles qui l'ont conduit à faire le rêve qui constitue *L'Enfant lunaire* :

> *À propos de la genèse du récit*
>
> *Des éveilleurs de rêves habitent la Terre un peu partout. Ces éveilleurs de rêves écrivent, dessinent, chantent, parlent en public ou tout simplement se recueillent en silence, dialoguant avec l'univers.*
> *J'aime moi aussi détecter dans les images me traversant des sources d'écriture à dire. Il faut entendre par le mot « image » des traversées d'images diurnes et nocturnes, yeux ouverts ou fermés.*
> *La petite fable imagée a surgi en une nuit d'éclat de rêves entre le 28 et le 29 juillet 2010. Lors des avant-veilles, j'avais lu le livre* L'Ordre des morts *de Claude Régy. J'étais aux Éboulements, un village dans Charlevoix. La veille, je m'étais rendu au Parc des Hautes-Gorges, cette magnifique région du Québec qui longe le fleuve Saint-Laurent.*
> *J'ai emprunté le chemin de terre carrossable qui longe la rivière Malbaie, jusqu'au poste des canoteurs. Tout en marchant, la tête parfois penchée vers le sol, j'ai vu plusieurs grenouilles écrasées, séchées et poussiéreuses, sans avoir de pensée particulière. À l'égard du rêve qui m'a éveillé ce conte incroyable, je crois que,*

> *durant la nuit, ces grenouilles m'ont chanté les évanouies puissances de la Terre. C'est un cadeau infiniment précieux et je veux bien être le médiateur de ces images. Je les relègue aux diseurs comédiens pour que se « revoient » d'autres images dans la pensée des écouteurs.*
>
> *Merci à Mehdi Lecourt, Mélanie Marie et Laurent Mulheisen.*[266]

On peut rapprocher ce texte de celui intitulé « Les actes d'avant l'écriture » que nous avons précédemment cité. Il s'agit ici de mettre en fiction la genèse de l'écriture. Or ce qui est vertigineux c'est que Danis propose la genèse d'un récit théâtral qui se présente lui-même sous la forme d'une genèse, une histoire en train de se constituer.

Au départ, ce texte est issu d'une commande de Laurent Mulheisen pour la Comédie Française. Il s'agissait d'écrire un texte sur la fidélité. Mais la version finale se présente sous la forme d'un solo qui raconte la naissance d'un projet théâtral par le biais d'une écriture qui joue sur la production d'images symboliques, sur le modèle rêvique développé par Danis. Danis met ainsi en scène un avatar de lui-même, un narrateur qui est aussi « auteur-rêveur » comme il le dit lui-même à Pierre-Félix Gravière lors d'une première séance de répétition du texte le 24 octobre 2012 à la salle Méduse à Québec.

En effet, la première parole prononcée lors du spectacle est une parole explicitement démiurgique. Cette parole dessine d'emblée une géographie de la fiction, donne à voir la naissance d'un monde qui doit symboliquement prendre place sur la page blanche clairement représentée dans la scénographie :

> Voilà, ça commence au milieu d'une terre un brin aride et sans arbres. Sous les pieds, c'est un sol ferme mais poussiéreux. Au nord s'élève un immeuble immense de mille appartements. Une petite ville entière en un seul bâtiment.[267]

De la même façon que *e [un roman-dit]* débutait par un « Voici » prononcé par le personnage omniscient et démiurgique de la Didascalienne, c'est le déictique « Voilà » qui ouvre *L'Enfant lunaire*. Cette voix de diseur, de créateur d'histoires, ne donne aucun signe de distribution de la parole, mais se présente plutôt comme la voix d'un narrateur de roman. Cependant, l'emploi du déictique « Voilà », que l'on retrouve à plusieurs

---

[266] Daniel Danis, *L'Enfant lunaire in La Scaphandrière et L'Enfant lunaire*, Paris, l'Arche, 2011, p. 91.

[267] *Ibidem*, p. 73.

reprises, dépasse le cadre d'une voix romanesque dans le sens où il appelle concrètement une scène imaginaire qui doit prendre corps sur le plateau et dans laquelle des voix peuvent aussi naître :

> Alors que le voilà langé de plusieurs épaisseurs de tissu pour arrondir son corps et l'unifier à la taille du crâne, un garçon demande en ouvrant la porte de l'immeuble pour faciliter la sortie du père : Voulez-vous que je vous aide avec votre paquet ?[268]

Mais ces voix ne trouvent jamais leur indépendance dans le texte qui ne prévoit pas de distribution concrète de la parole (que seraient des personnages). Elles sont toutes présentées sur le même plan, comme appartenant à la voix principale du conteur en scène et même la parole rapportée n'est jamais signalée par des guillemets :

> Les sages-femmes ont dû l'agripper avec un serre-tête pour l'extirper du ventre nourricier. Des marques sur chacun de ses temps sont restées visibles jusqu'à sa mort. Les sages-femmes ont pu dire : Ne t'en fais pas, ça va revenir à la normale.[269]

D'ailleurs, en plus de cette invisibilité écrite de la distribution de la parole, on voit que même les paroles rapportées sont fortement modalisées. Ici la formulation « ont pu dire » indique que cette parole rapportée n'est qu'une parole possible, imaginée encore une fois par le narrateur tout puissant qui prête des paroles aux personnages de l'histoire qu'il construit. On a donc affaire à un recueil de voix indistinctes, toutes impersonnelles et portées par la supravoix de la fiction, celle du diseur d'histoires qui devient le personnage principal et qui orchestre, comme la voix romanesque, des paroles rapportées :

> ça voyage pour aller où, ça cherche quoi, ça fait combien de sauts d'ici à l'étang ? se demande-t-il en déposant d'autres secrets séchés dans son sac de papier.
> C'est probablement un ancien tracé de leur pérégrination vers un autre étang jadis oublié mais inscrit aux confins de leurs cellules, pense-t-on.[270]

D'ailleurs ce conteur-diseur dit littéralement ce qu'il est en train de faire (« ça disait à voix haute ce que ça voyait.[271] ») et l'auteur Danis ne

---

[268] *Ibid.*, p. 75.
[269] *Ibid.*, p. 74.
[270] *Ibid.*, p. 81.
[271] *Ibid.*, p. 75.

cesse de parler de son processus d'écriture, comme lorsque le personnage dit : « La nuit est-elle l'inventive de nos imaginaires ?[272] ».

Ce qui pose alors problème pour le passage à la scène de ce texte c'est ce que doit jouer Pierre-Félix Gravière. Si dans *La Trilogie des flous*, Danis assumait clairement son rôle d'auteur-actant du spectacle et la fiction naissant littéralement dans la bouche de son auteur, en choisissant pour ce spectacle de donner la parole à un autre, l'acteur, Danis complexifie la compréhension du propos pour le spectateur. Qui joue Pierre-Félix Gravière ? Joue-t-il Daniel Danis en train d'écrire sa fiction ? Joue-t-il un acteur en train de découvrir un récit théâtral ? Doit-il être lui-même en train de découvrir ce récit tel un lecteur *lambda* ?

Lors des premières répétitions auxquelles j'ai pu assister comme seule observatrice à la Caserne à Québec, l'acteur avait beaucoup de mal à trouver sa position et tout simplement ce qu'il avait à jouer. Pour Danis, le personnage n'en est pas un, il est un diseur, un narrateur qui raconte « un chemin pour l'écriture, un chemin pour le dire[273] ». Cette entité en scène est complexe, elle représente la multiplicité des points de vue que l'on peut avoir sur un rêve en train de se dérouler sous nos yeux. Si Danis donne, à un moment de la répétition, une indication de jeu concrète à Gravière en lui proposant de s'imaginer qu'il est en train de se remémorer un rêve qu'il raconte à un psychologue – pour bien montrer que ce récit de rêve expose un inconscient –, la situation dramatique n'est pas claire en réalité.

En même temps, Gravière, pendant les répétitions, se posait la question de l'autorité du monologue : qui est ce personnage qui tout d'un coup s'adresse à tous pour leur faire un récit ? Pour Danis, ce personnage est à la fois la figure du conteur, mais aussi celle du lecteur, à travers laquelle la fiction est vue et entendue.

La difficulté réside alors dans le « je » présenté au public qui n'est ni celui de l'auteur Danis, ni celui de l'acteur Gravière, ni celui d'un personnage d'une fiction théâtrale, ni non plus celui d'un actant dans le cadre d'une scène performative, comme dans *La Trilogie des flous*, puisque la seule action qu'il a à accomplir est celle de raconter une histoire. Si Danis rapproche cette instance narrative du sujet de l'énonciation de *La Nuit juste avant les forêts* de Koltès, il y a cependant une différence

---

272 *Ibid.*, p. 90.

273 Propos recueillis pendant la répétition de *L'Enfant Lunaire* le 24 octobre 2012, Salle Méduse, Québec.

nette entre les deux : l'adresse. L'absence d'adresse dans *L'Enfant lunaire* enferme la voix dans un récit intérieur qui, s'il n'est pas clairement adressé à une deuxième personne, doit cependant faire advenir des images claires pour le lecteur-spectateur.

Ainsi, comme pour *La Trilogie des flous*, Danis joue sur la mise en jeu d'espaces sonores, capables d'accompagner les images sorties du récit et donc de donner de la consistance à la narration qui trouve alors une forme de réalisation concrète en scène, puisque l'incarnation n'est pas possible. Danis fait par exemple l'essai de voix enregistrées sorties de radios CB et qui évoquent un des passages du texte où la police intervient. De même l'acteur équipé là encore d'un micro sans fil peut jouer sur une voix très ténue, feutrée, mais modulable au point d'ouvrir des espaces selon les moments du récit. Sans bande sonore, la scénographie propose une corde que l'acteur chef d'orchestre va frotter à la main ou avec un archer pour lui faire faire des sons lors de moments de césure dans la narration.

Et comme le personnage n'a pas d'âge, de sexe, ni de conscience et se contente d'être dans le « phrasage » – terme employé en répétition –, Danis explique sa difficulté à lui trouver un costume qui ne lui donne pas une identité trop précise qui déborderait sa fonction de diseur. Le costume trouvé, blanc comme la page blanche qui constitue le décor et dont l'acteur est une émanation, est aussi un « costume à volonté » dont les multiples poches contiennent les objets qui seront déclencheurs de la narration : accessoires et pages du texte qui évoquent la figure fondamentale du lecteur que l'acteur prend aussi en charge.

L'acteur est alors un opérateur de la totalité du spectacle au même titre qu'un opérateur de la fiction qu'il déploie devant le spectateur. Dans cet environnement, il ne donne pas à entendre une lecture trop théâtrale du texte, ni trop distanciée, mais il doit plutôt être toujours sur le fil d'une présence active en évoquant notamment les personnages dont il parle par le biais de postures, de gestes épurés, éphémères, qui apparaissent au détour d'une phrase pour faire images.

Danis invente donc avec *L'Enfant lunaire* un double de lui-même, supravoix romanesque chargée de raconter un rêve qui devient petit à petit récit théâtral, peuplé de silhouettes qui ne seront pas incarnées et de voix non distribuées, mais toujours porté par le corps unique de l'acteur-conteur en scène. Cette mise en scène de la fiction en train de naître est devenue le sujet de prédilection de Danis qui creuse le même sillon dans son texte *Dernier Demain*.

Dernier Demain a été lu lors du festival *Jamais Lu* le 29 novembre 2013 à Québec. Ce texte, qui était encore en phase d'écriture à ce moment-là, est centré sur la question de la présence-absence de l'auteur. Un auteur invite un comédien en fin de carrière (joué par Roland Lepage) à le rejoindre dans une forêt pour travailler sur un texte de théâtre. Or, pendant que l'auteur s'est endormi pour littéralement rêver le texte, l'acteur, lui, attend, et pour passer le temps, dit à haute voix tout ce qu'il fait :

> Un lent bougé de mon bras avance le pain vers la bouche.
> J'ouvre la bouche. Je mors dans le pain.
> Je l'arrache de la tranche.
> Je la mastique.
> J'exagère la déglutition.
> Je sens les 42 services neuronaux s'activer pour réaliser une telle opération.
> Je dis ce que je fais. En symbiose presquement.
> Je lui ai dit : Écris-moi quelque chose avant que je tombe en silence.
> Juste pour attendre.
> Attendre le texte promis de l'auteur.[274]

Or, il semblerait qu'un autre être fantomatique et monstrueux habite aussi cette cabane dans la forêt et cet être jette parterre une feuille écrite, si bien qu'on ne sait plus très bien qui écrit, l'auteur endormi, la bête inconnue, ou l'acteur désespéré.

Ce texte que Danis a clairement écrit pour l'acteur Roland Lepage est surtout l'approfondissement des obsessions actuelles de Danis : la difficulté et la monstruosité de l'écriture dramatique. On y retrouve deux motifs cruciaux : l'auteur qui écrit à partir de ses rêves et doit donc quitter le monde pour le sommeil qui lui dictera sa fiction, et l'acteur réduit à être un actant, un opérateur, qui ne peut donc plus représenter des actions, incarner un rôle que l'auteur lui refuse en dormant, mais seulement agir dans le monde et décrire ce qu'il est en train de faire devant le spectateur.

Avec le troisième terme, cette bête-fantôme, c'est bien la création elle-même qui est symbolisée dans ce qu'elle a de monstrueux et de nécessairement mystérieux. Au centre de ce dispositif, il y a bien le texte, à nouveau incarné par la feuille qui n'est pas la feuille blanche géante sur laquelle un pantographe écrit dans *L'Enfant lunaire*, mais plutôt la feuille de texte qui sort des poches du costume de Pierre-Félix Gravière. Ce n'est donc pas un hasard que cette feuille réapparaisse dans ce dernier

---

274 Extrait du texte inédit *Dernier Demain*, cité sur le site du Jamais Lu, http://www.jamaislu.com/3eeditionqc/dernier.html, consulté le 6 février 2014.

spectacle, car ce que Danis nous dit dans ces spectacles, au-delà du pouvoir démiurgique de l'auteur-acteur, c'est bien l'angoisse de la disparition de la fiction théâtrale, la peur de ne plus pouvoir écrire qui semble le hanter et qu'il ne cesse de mettre en scène dans ces avatars que sont les diseurs de ses dernières créations. D'ailleurs, et cela est très symbolique, lorsque le festival *Jamais Lu* a demandé aux auteurs de se filmer pour dire de quoi ils ont le plus peur, Danis ne s'est pas montré dans la vidéo, mais a filmé une page blanche, sur laquelle il avait écrit : « page noire, parole blanche ».

Ce que Danis exploite donc indéfiniment dans ses derniers spectacles, c'est sa difficulté à écrire aujourd'hui, à se positionner dans le monde théâtral d'aujourd'hui, difficulté qui est aussi au centre de certains des textes récents de Carole Fréchette dans lesquels son omniprésence sous la forme de l'autoreprésentation – présente aussi dans le dernier texte de Daniel Danis dont le titre a tout simplement les mêmes initiales que l'artiste – est le signe de sa volonté de réinscrire sa voix propre dans son œuvre, de participer au processus théâtral qui la dépossède de son texte, ce qu'elle supporte de moins en moins.

2.3 Je pense à Yu *et* Entrefilet *de Carole Fréchette : la mise en scène du moi de l'auteur dans la création*

Comme tout écrivain, le dramaturge écrit en situation « paratopique », comme l'a défini Maingueneau et comme nous l'avons déjà évoqué, c'est-à-dire que l'auteur, dans la mesure où il devient énonciateur d'un discours, n'est plus alors ni dans ni hors de la société, mais dans un perpétuel à-côté, une place indéfinissable :

> Celui qui énonce à l'intérieur d'un discours constituant ne peut se placer ni à l'extérieur ni à l'intérieur de la société : il est voué à nourrir son œuvre du caractère radicalement problématique de sa propre appartenance à cette société. Son énonciation se constitue à travers cette impossibilité même de s'assigner une véritable « place ». Localité paradoxale, *paratopie.*[275]

Or, cette place impossible semble devenir de plus en plus problématique pour certains auteurs qui veulent sortir de leur solitude d'écriture. Certains d'entre eux, bien sûr, ont choisi le chemin de l'« écriture de plateau » comme Marie Brassard, Wajdi Mouawad et Daniel Danis tout récemment, mais

---

[275] Dominique MAINGUENEAU, *Le discours littéraire, paratopie et scène d'énonciation*, Paris, Armand Colin, 2004, p. 52.

d'autres, qui écrivent encore des textes dramatiques et non des spectacles, expriment parfois une difficulté à se positionner dans la société.

C'est le cas de la dramaturge québécoise Carole Fréchette qui, en 2011, était invitée à s'exprimer sur son métier sur le blogue du Centre des Auteurs Dramatiques.

Dans ce billet, c'est bien la sensation douloureuse de se sentir extérieure au processus théâtral qu'exprimait Fréchette :

> Après 20 ans d'écriture, après 15 pièces et je ne sais combien de productions, voilà que j'ai une espèce de coup de blues à propos de mon métier. Je parle du métier tel que je le pratique. En gros : passer un an, ou plus, dans la solitude à créer un monde sur un écran d'ordinateur ; imaginer de toutes mes forces des corps dans l'espace, entendre les mots et les silences, voir les regards, les gestes, les mouvements, remplir de ces mots, de ces gestes, 60, 70, 80 feuilles 8½X11 ; finalement, après diverses étapes – lectures, réécritures, ateliers –, remettre le paquet de feuilles 8½X11 à un metteur en scène qui aura deux ou trois mois pour que les mots prennent forment dans des corps et des voix, et qui aura une semaine (deux au maximum !) sur le plateau, pour mettre en ensemble tous les éléments qui en feront un *spectacle*. Depuis des années, quand je participe à des discussions après la présentation d'une de mes pièces, on me pose invariablement la question : N'est-il pas frustrant de ne pas contrôler ce qui advient de votre texte ? Et je réponds invariablement que j'ai fait la paix depuis longtemps avec la nature de mon métier. Que j'ai accepté une fois pour toutes d'abandonner mon bébé après l'accouchement, de le donner en adoption. C'est la chose la plus sage à faire. C'est pour son bien. Et puis, moi je dois faire d'autres bébés, alors je n'ai pas le temps d'en prendre soin, et blablabla. Et c'était vrai. J'étais en paix. Mais, pour une raison que je ne saisis pas bien, je ne le suis plus tout à fait. Me voici tout à coup obsédée par cette réalité simplissime, que je connais pourtant depuis toujours : le théâtre est un SPECTACLE. Et le spectacle est un objet multicouches, et les gens dans la salle reçoivent toutes les couches en même temps : les mots, les corps, les voix, les sons, les musiques, les perruques, les costumes, les décors, les lumières, tout, tout, tout. Et je trouve soudainement absurde d'être à ce point distanciée de l'élaboration de ce multicouches. Au moins lors de la première création. Je me prends à envier les jeunes auteurs qui fondent leur compagnie, qui mettent en scène, produisent, vivent au jour le jour la construction du multicouches. Qui sont « dedans ». Pour le meilleur et pour le pire. Je me prends à penser : si c'était à refaire…[276]

[276] Carole FRÉCHETTE, « Coup de blues sur mon métier », *Blogue du CEAD*, 22 mars 2011, http://www.cead.qc.ca/blogue/?p=287, consulté le 8 janvier 2014.

Ainsi, comme pour répondre à cette solitude et à la marginalisation de son travail dans le processus théâtral, Carole Fréchette décide d'ancrer fortement sa voix personnelle dans deux de ses textes. Si Maingueneau évoque la difficulté de l'auteur à se positionner dans la société – difficulté qui est le thème de *Violette sur la terre*, pièce antérieure de Carole Fréchette qui met en scène une femme, réfugiée dans une mine et qui écoute des villageois esseulés qui cherchent des réponses sur leurs vies –, Fréchette exprime ici plus précisément sa difficulté à retrouver une place dans le champ théâtral. La place qu'elle ne trouve pas ou plus dans le monde théâtral, elle se la fabrique dans l'espace de sa fiction. Cette autoreprésentation prend deux formes qui sont aussi deux pièces publiées ensemble : *Je pense à Yu* et *Entrefilet*.

Dans la première pièce, elle met en scène un avatar d'elle-même, Madeleine, personnage de traductrice confrontée à sa réception complexe d'un fait d'actualité et son obsession grandissante pour ce fait, qui passe notamment par un enfermement sur la toile. C'est ce qu'a vécu Carole Fréchette elle aussi et qui l'a poussée à écrire la pièce. Dans la seconde pièce, excroissance de la première, Carole Fréchette, dans une pratique d'écriture plus autofictionnelle, nous fait entrer dans la fabrique de la première pièce, en mettant en scène les différentes voix qui l'ont habitée pendant l'écriture et les événements auxquels elle a été confrontée et qu'elle n'a pas pu raconter dans la pièce. Ainsi, elle met en scène la genèse de son écriture, dans une pièce qui prend en réalité comme théâtre l'intériorité d'un auteur en train d'écrire et son éclatement progressif en plusieurs voix.

C'est la découverte d'un fait d'actualité qui a déclenché l'écriture de sa pièce *Je pense à Yu* et qui a, selon elle, bouleversé son écriture. En 2006, Carole Fréchette, en découvrant un article de journal qui traitait de la libération du journaliste chinois Yu Dongyue après 17 ans de prison pour avoir lancé de la peinture sur le portrait de Mao pendant les manifestations de la Place Tienanmen, en mai 1989, décide d'écrire une pièce sur le sujet, comme elle le confie sur le site du Théâtre d'Aujourd'hui dans lequel la pièce a été créée en avril 2012 par Marie Gignac :

> Cette nouvelle m'a saisie. J'étais d'abord horrifiée par la sévérité de la peine : 17 ans de prison pour une action qui n'a causé ni blessure, ni mort à aucun être vivant, puis j'étais attristée par les conséquences de cette peine sur la vie de Yu Dongyue qui a perdu sa jeunesse et sa raison pour avoir posé un geste strictement symbolique. Puis j'ai revu l'époque lointaine de mes 20 ans, alors que la figure de Mao Zedong était une source d'inspiration pour toute une

> jeunesse occidentale en quête d'un monde meilleur. Puis j'ai pensé au geste lui-même, lancer de la peinture sur le portrait d'un leader intouchable, à l'incroyable audace de ce geste, à sa puissance, à son caractère sacrilège et j'ai frissonné, toute seule dans ma cuisine. [...] Sans que je comprenne bien pourquoi, cette histoire survenue dans un ailleurs lointain, presque vingt ans auparavant, m'a profondément remuée. Elle m'est apparue si forte et si riche de sens que j'ai eu envie de m'en approcher. Mais pour la raconter, j'ai senti le besoin de passer par la sensibilité de personnages qui n'ont pas vécu cette tragédie, qui la regardent de loin, la laissent vibrer en eux et en cherchent le sens. Des personnages habités, comme nous tous, par leurs propres démons. *Je pense à Yu* se situe au cœur de la question qui me hante comme auteure : comment parler du monde sans faire abstraction de soi ? Comment parler de soi sans oublier le monde ? À la jonction de la grande Histoire et de la petite, du monde réel et de celui que j'invente, cette aventure m'a menée dans des zones inédites pour moi, où s'entremêlent fiction et documentaire. Elle a bousculé mon écriture. Elle m'a transformée.[277]

C'est ainsi qu'elle commence l'écriture de *Je pense à Yu* qui ne se déroulera pas en Chine, mais à Montréal, à la distance de l'événement qui a été celle de Carole Fréchette. L'histoire se concentre sur trois personnages fictifs, Madeleine Laflamme, Jérémie, tous deux québécois, et Lin, jeune chinoise nouvellement arrivée au Québec. Ces trois trajectoires se tissent par ricochet ou par jeux de miroir les unes avec les autres dans le présent de l'action dramaturgique, et cela autour de la trajectoire de Yu Dongyue, personnage réel, dissident chinois au moment des manifestations de 1989 de la place Tienanmen. Sa libération soudaine et internationalement annoncée dans la presse devient le vecteur de libérations intimes pour chacun des trois protagonistes.

De plus, alors que Carole Fréchette a elle-même rencontré un des trois jeunes hommes arrêtés avec Yu Dongyue et qu'il lui a fait un récit précis du jour de l'arrestation et des années suivantes, elle fait le choix de ne pas utiliser cette matière dans la pièce *Je Pense à Yu*, mais d'en faire le récit dans une excroissance de la pièce, *Entrefilet*, publiée à la suite de la pièce. La question centrale de la pièce est donc bien celle qu'elle formule dans cette entrevue accordée au Théâtre d'aujourd'hui : comment dire le moi et le monde en même temps ?

Cette dernière pièce constitue bien, comme le dit Fréchette, une forme de rupture dans son écriture personnelle. On peut le voir notamment dans l'utilisation d'un fait d'actualité comme déclencheur de l'écriture. Mais

---

277 http://www.theatredaujourdhui.qc.ca/yu, consulté le 27 décembre 2011.

dans un même temps, il ne s'agit pas de faire du théâtre-documentaire même si elle s'est elle-même documentée. En effet, Fréchette, après avoir lu l'entrefilet du journal de 2006, a voulu en savoir plus. Et si elle a, dans un premier temps, effectué des recherches sur Internet, elle a ensuite décidé d'aller rencontrer un des camarades de Yu Dongyue, Lu Decheng, qui vit au Canada, à Calgary. Cet homme lui a donc raconté précisément ce qui s'est passé ce jour de mai 1989 sur la place Tienanmen et lui a confié ses motivations personnelles et l'incidence que ce geste avait pu avoir sur sa vie. Elle avait donc là un matériau très dense pour écrire une pièce qui pouvait mêler fiction et réalité. Or, elle fait le choix, au moment d'écrire, de donner naissance à des personnages totalement fictionnels et qui vivent à distance de l'événement, comme pour refuser l'invasion du réel dans sa pièce et conserver ce qui a été essentiel pour elle : le choc qu'a pu provoquer sa lecture de l'histoire de Yu Dongyue sur un journal en 2006.

Ainsi, Carole Fréchette, si elle fonde son désir d'écrire sur un fait d'actualité, s'inscrit cependant toujours dans la tradition autoréflexive du théâtre québécois. *Google* est présent chez Fréchette puisqu'il constitue le lien clair entre Carole Fréchette et son personnage, Madeleine, toutes deux obsédées par l'histoire de Yu Dongyue et enquêtant sur lui grâce au moteur de recherche. C'est justement le processus de création de la pièce qui nous est donné à voir et qui part d'un intérêt grandissant de Fréchette pour l'histoire de ce journaliste chinois. On peut donc rapprocher, par exemple, la réaction à la lecture de l'article que décrit Fréchette dans l'entretien accordé au Théâtre d'Aujourd'hui et celle du personnage de Madeleine dans la pièce :

> Puis, j'ai tapé Yu Dongyue sur Google et les évènements ont défilé sous mes doigts : les dizaines de milliers de personnes sur la Place Tienanmen pendant près de deux mois, la grève de la faim, le déploiement de l'armée autour de Beijing et au plus fort des manifestations, le geste de Yu Dongyue et de ses deux camarades, Lu Decheng, Yu Zhijian, leur arrestation, leur condamnation, etc.[278]
>
> MADELEINE
> Je tape Yu Dongyue sur Google. 3540 résultats. Il était pas seul à lancer de la peinture sur Mao. Ils étaient trois. Tous les trois dans la jeune vingtaine. Tous les trois de la province du Hunana, comme Mao. Ils sont venus de leur ville pour participer aux manifestations de la place Tienanmen.

---

278 http://www.theatredaujourdhui.qc.ca/yu, consulté le 27 décembre 2011.

Je tape Tienanmen, mai 1989. 212 000 résultats. [...]

Je tape Hu Yaobang. Un dirigeant réformateur, limogé en 1987.[279]

Ainsi, les seuls documents réels que Fréchette aurait pu donner à voir au lecteur étaient les résultats de ses recherches sur Internet. En effet, la version de travail de la pièce, à laquelle nous avons pu avoir accès, mêle l'écriture fictionnelle à des photos trouvées sur Internet par Fréchette des différents acteurs de l'histoire réelle de Yu Dongyue. Cette version de travail fait donc s'alterner les dialogues et monologues des personnages et des photos trouvées sur Internet par Fréchette pendant l'écriture, ces mêmes photos qu'à l'intérieur de la fable, le personnage de Madeleine trouve en faisant des recherches sur Yu Dongyue.

Dans cette version de travail, certaines photos sont accompagnées d'un commentaire qui est parfois plus proche de la didascalie que de la légende et qui réactualise et théâtralise les sujets des photos : « Mao dans son costume mao, regard morne, sourire placide[280] ». Fréchette explique dans un avant-propos à la version finale qu'elle n'a pu intégrer ces photos à la publication de la pièce pour des problèmes de droit. Mais il faut imaginer que l'auteure prévoyait de les donner à voir pour exposer son propre travail de recherche en même temps que celui de son personnage. En effet, elle insiste sur le fait que le lecteur peut tout à fait se réapproprier cette enquête en cherchant lui-même sur Internet, car il trouvera lui aussi, comme Fréchette, comme Madeleine, les mêmes documents :

> Les images. Toutes les images décrites par Madeleine dans le texte : photos de Yu Dongyue, Lu Decheng et Yu Zhijian, photos de Hu Yaobang et de Zhao Ziyang, reproduction du portrait de Mao maculé de peinture, ont été trouvées sur Internet pendant l'écriture de la pièce. Il n'a pas été possible de les reproduire dans ce livre, mais si on veut les voir, ou les utiliser pour une mise en scène, elles sont facilement repérables sur le web.[281]

Ainsi, Fréchette réussit son pari : représenter le monde sans s'oublier soi, en représentant son dialogue avec le monde plutôt qu'une restitution de la réalité des faits.

---

279 Carole FRÉCHETTE, *Je pense à Yu*, Montréal-Arles, Leméac/Actes Sud Papiers, 2012, p. 7.

280 Carole FRÉCHETTE, *Je pense à Yu*, Montréal, tapuscrit CEAD, février 2011, version 4, p. 18.

281 Carole FRÉCHETTE, *Je pense à Yu*, Montréal-Arles, Leméac/Actes Sud, 2012, p. 4.

Madeleine, au Québec, ne trouve plus de place à l'extérieur de son appartement et son refuge est un monde de l'information qui l'envahit petit à petit pour l'enfermer dans le ressassement du passé d'un autre, d'un étranger, dont la connaissance complète lui sera toujours refusée. Pour Lin, celle qui n'est pas dans son pays, la déplacée, il y a la curiosité d'apprendre la langue et la culture de Madeleine, une Madeleine qui n'a de cesse de renvoyer Lin à l'histoire de son pays, une histoire à laquelle elle n'a pas véritablement accès à cause de sa jeunesse.

Ainsi, *Je pense à Yu* est l'histoire de l'échec répété d'un échange et de la nécessité de passer par l'autre pour avoir accès à sa propre histoire, puisque Lin se fera le *medium* de Madeleine, en écrivant une lettre à Yu Dongyue et ses compagnons, mais en l'écrivant en français. Cette impossibilité d'échange avec l'autre se traduit dans la structure énonciative choisie par Fréchette. Les dialogues sont minoritaires, le personnage de Madeleine parle à la première personne comme à un journal intime qui, bien sûr, ne lui répondra jamais. Jérémie parle à son fils qui est incapable de lui répondre parce qu'il est malade. Quant à Lin, qui provoque le dialogue dans la pièce, elle se voit contrainte finalement d'écrire à des acteurs de l'histoire de son pays qu'elle ne connaît même pas et ce, dans une langue étrangère, et au conditionnel. Elle qui se projetait dans le futur, se voit rejetée dans un irréel du présent, le conditionnel que lui propose Madeleine : « MADELEINE. Si vous n'aviez pas lancé la peinture sur Mao, je ne serais pas la même. / LIN. Je ne serais pas la même.[282] ».

Ainsi, le titre *Je pense à Yu* prend tout son sens puisqu'il décrit l'impossibilité pour le « Je » des personnages d'accéder à un « Tu/You » et la déformation de la relation à l'autre, ce « Tu/You », par la présence de l'étranger, surgi du monde de l'information, de l'ailleurs, du passé, Yu Dongyue. L'échange inter-individuel est donc dans cette pièce mis en tension avec un trop-plein d'informations, une ouverture à tout va sur le monde qui tendrait à l'obsession et ne permettrait jamais la véritable connaissance de l'autre, celui qui est différent.

L'autoreprésentation déborde la pièce *Je Pense à Yu* au point que Fréchette décide d'écrire un épilogue sous la forme d'une pièce totalement autobiographique cette fois qui raconte son cheminement de dramaturge, de la découverte de l'entrefilet dans le journal à la rencontre avec le camarade de Yu Dongyue, Lu Decheng. Elle y donne une voix à sa conscience « LPVF » (La petite voix fatigante) ainsi qu'au flux de

---

[282] *Ibid.*, p. 61.

l'information, « La voix du journal », « la voix de l'Internet » : « Voilà donc ce qu'est *Entrefilet* : une sorte de *making of* de *Je pense à Yu.*[283]».

Carole Fréchette nous livre alors une pièce totalement autobiographique qui met en scène le partage des voix qui préside à toute écriture dramatique, une « écriture comme théâtre[284] ». Elle insiste sur le fait que les frontières entre fiction et non-fiction deviennent floues, ce qui permet, d'une part, de redonner un caractère indéterminé à l'univers de la fiction et de ne pas le séparer clairement du monde réel, et, d'autre part, par contrecoup, de donner à penser au spectateur que le monde qu'il croit réel est peut-être tout aussi infini et remodelable que le monde arbitraire de la fiction théâtrale, ce qu'elle exprime très bien dans cette formule synthétique qui définit la pièce *Entrefilet* : « Tout y est vrai, ou presque[285]. ».

Ce texte est totalement encadré par la voix de l'auteur Carole Fréchette, notamment dans un avant-propos dans lequel Fréchette explique sa volonté d'écrire cette autofiction de la genèse de la pièce *Je pense à Yu*. Dans cet avant-propos, on note une invasion du moi de l'auteur qui annonce le programme dramaturgique : il s'agit de raconter une expérience personnelle.

Mais ce récit personnel qui sera un récit génétique rappelle aussi l'importance de la voix première de l'auteur qui se mue en narrateur avant de distribuer sa parole à des personnages. Ainsi l'anaphore de ce verbe « raconter » ajoutée à l'omniprésence de la première personne montre à quel point le texte va se faire mise en scène du geste créateur :

> Raconter comment cet entrefilet du 23 février 2006 m'a étrangement touchée, raconter mes premières recherches sur Internet au sujet de Yu Dongyue et de ses camarades, Yu Zhijian et Lu Decheng, raconter mon envie de m'approcher de leur destin, mais sans l'aborder directement. Raconter surtout comment, un beau jour de février 2009, alors que j'en étais à mi-chemin de ma pièce, l'histoire lointaine des trois jeunes Chinois s'est rapprochée de moi de façon tout à fait inattendue. Comment j'ai découvert, au hasard de mes recherches, que Lu Decheng, l'un de ceux qui ont lancé la peinture sur Mao, s'était enfui de Chine et qu'il vivait, depuis 2006, à Calgary, au Canada ! Raconter ma surprise, mon excitation, ma peur aussi devant cette irruption du réel dans la fiction que je construisais depuis des mois. Raconter ma rencontre avec Lu Decheng.[286]

---

283 Carole FRÉCHETTE, *Entrefilet, in Je pense à Yu*, *op. cit.*, p. 65.

284 Jean-Marie PIEMME, *L'écriture comme théâtre*, Carnières-Morlanwelz, Éditions Lansman, 2012.

285 Carole FRÉCHETTE, *op. cit.*, p. 65.

286 Carole FRÉCHETTE, *op. cit.*, p. 74.

Il est intéressant d'ailleurs de revenir au contexte d'écriture de cette pièce. Pour le centenaire du journal *Le Devoir*, Bernard Descôteaux, le directeur du journal, avait demandé à Marie-Thérèse Fortin, directrice du Théâtre d'Aujourd'hui, d'inviter des auteurs dramatiques à se joindre aux festivités. Or, c'est en pensant à un texte que Carole Fréchette avait écrit en 2004 sur les enfants dans la guerre du Vietnam pour le centenaire du journal français *L'Humanité*, que Marie-Thérèse Fortin a eu l'idée de demander à quatre dramaturges (Carole Fréchette, Olivier Kemeid, Catherine Léger, Jean-Philippe Lehoux) d'écrire chacun une pièce courte d'une vingtaine de minutes sur la liberté de la presse.

C'est donc à partir de cette commande attachée à un événement très ponctuel que Fréchette a écrit *Entrefilet*, en détournant à nouveau, comme pour l'écriture de *Je pense à Yu*, un fait d'actualité – ici les célébrations du centenaire du *Devoir* – pour en faire une parole très autobiographique. De plus, même si Fréchette se tient à la forme courte voulue pour l'événement, elle profite cependant de l'avant-propos pour exprimer ses frustrations et regrets, ce qui lui permet à nouveau d'offrir un récit comme excroissance à une pièce qui est déjà l'excroissance d'une autre :

> Comme le temps m'était compté (je devais me restreindre à une pièce de vingt minutes), je n'ai pas pu relater en détail tout ce que Lu Decheng m'a livré. Pas pu élaborer sur les éléments de sa vie – son grand-père mort sous les balles de Mao, son père soumis au parti, sa belle-mère cruelle, sa jeune femme adorée – qui ont tous joué un rôle dans sa décision de poser le geste sacrilège du 23 mai 1989. Pas pu transmettre toute l'émotion qu'il a vécue dans ce moment unique, ni le désarroi qui a suivi. Pas pu rendre compte de sa peur infinie pendant qu'il marchait jusqu'au poste de police, pas pu décrire les semaines d'attente avant le procès, dans une cellule partagée avec d'autres prisonniers de Tienanmen, pas pu rendre dans toute son horreur son angoisse de la mort, qu'il croyait imminente. Pas pu m'arrêter sur sa vie quotidienne en prison, sa résistance, les lettres haineuses de son père, les pressions de sa femme pour qu'il signe la contrition, ses petits combats, ses longues heures de lecture, les coups reçus, sa décision de ne pas espérer, de vivre comme s'il allait rester dans cette prison jusqu'à la fin de ses jours. Et puis sa libération au bout de neuf ans, la vie impossible dans une Chine qui le considérait comme citoyen de seconde zone, ses retrouvailles avec les siens, sa femme mariée à un autre, sa décision de s'enfuir. […] Pas le temps non plus de parler de tout ce que son récit m'a fait vivre : étonnement, surprise, admiration, compassion, agacement parfois, ni de livrer toutes les réflexions que cette rencontre a suscitées en moi, sur la complexité du réel et sur l'inévitable simplification de la fiction. C'est finalement, à ma surprise, sous forme théâtrale que j'ai raconté, en accéléré, la fabrication *Je pense à Yu*,

prolongeant ainsi la tension entre réel et fiction qui est à la base même de tout ce projet.[287]

La pièce prend en effet une forme dialoguée et non celle d'un théâtre-récit que pouvait prévoir Fréchette dans cette volonté de raconter ce qui n'avait pas été dit dans *Je pense à Yu*. Elle choisit donc, plutôt que de s'exprimer à la première personne, de passer par le détour d'une autofiction qui est la mise en scène de la diffraction des voix de l'auteur dans le processus d'écriture. Elle met en scène les voix de la création et notamment les voix médiatiques, au deux sens du terme : d'une part, celles qui proviennent de médias qui peuvent nourrir l'écriture (« la voix du journal[288] », « la voix de l'internet[289] ») et d'autre part, celles par lesquelles l'auteur est traversé, qui le médiatisent, ses voix intérieures (« Anne[290] » qui est le double de Fréchette, « LPVF (la petite voix fatigante)[291] »).

Tout d'abord, Carole Fréchette met à jour la fabrique de l'autofiction au seuil de la pièce. Elle montre bien qu'elle va mettre en scène un double d'elle-même :

> ANNE. L'histoire que je vais vous raconter est une histoire vraie qui m'est arrivée à moi, Carole Fréchette, auteure dramatique de Montréal. Mais pour la raconter, je dirai que je m'appelle Anne. Ça créera une distance et ce sera moins gênant, pour vous et pour moi. J'ai failli m'appeler Anne de toute façon. Mes parents ont changé d'idée à la dernière minute. Mauvaise décision. J'ai toujours pensé que j'étais une Anne, au fond.
> Mais je m'éloigne.
> Je suis donc Anne, auteure dramatique de Montréal.[292]

Carole Fréchette invente donc sous les yeux du lecteur-spectateur un double fictionnel qui est présenté comme un autre possible d'elle-même, puisque c'est l'arbitraire qui a choisi pour elle le prénom de Carole plutôt que celui d'Anne. Elle met ainsi en place le pacte d'autofiction avec le lecteur-spectateur en s'adressant directement à lui dans une réplique qui, si elle construit la fiction à vue, n'en fait cependant pas encore partie.

---

287 Carole FRÉCHETTE, *Entrefilet*, *in Je pense à Yu*, *op. cit.*, p. 65-66.
288 *Ibidem*, p. 76.
289 *Idem*.
290 *Idem*.
291 *Idem*.
292 Carole FRÉCHETTE, *op. cit.*, p. 77.

On peut véritablement parler ensuite d'une dramaturgie de la genèse puisque Fréchette extériorise le dialogue des différentes voix qui habitent l'auteur dans le cours de l'écriture. Tout d'abord, elle exploite toute la dimension concrète de l'écriture. Fréchette, comme n'importe quel auteur, se met en scène ici dans ses angoisses et en particulier l'angoisse du temps qui passe et de la page blanche possible. C'est le personnage de La Petite Voix Fatigante qui incarne la bonne conscience de l'auteure, mais aussi ses angoisses face au geste d'écrire :

> LPVF. T'as pas le temps, Anne.
> ANNE. Ça, c'est LPVF qui commence la journée. LPVF pour : la petite voix fatigante. Tout le monde a une LPVF dans les replis de l'hémisphère gauche. Enfin, j'imagine. La mienne est très en forme le matin. Toujours réveillée avant moi. Sur le piton avant la première tasse de thé.[293]

Ce passage incarne le cliché de la voix de la raison qui vient pousser l'auteur à écrire car le temps est compté. On voit alors un dispositif dans lequel Fréchette met en place avec son avatar, Anne, qui continue de s'adresser directement au lecteur spectateur et sa voix intérieure qui s'adresse à elle. Fréchette soulève ensuite le problème du choix du temps de l'écriture, en lien avec un planning de vie quotidienne et là encore, c'est La Petite Voix Fatigante qui pousse l'auteur à écrire car elle a un créneau dans son agenda, qui est d'ailleurs, et ce n'est pas anodin évidemment, matérialisé par une page blanche, motif hautement symbolique de l'angoisse de tout auteur :

> LPVF. Réponds. Qu'est-ce que ça veut dire quand il y a rien sur la page de l'agenda ?
> ANNE. Ça veut dire : écriture ! Quand la page est blanche, ça veut dire écrire toute la journée. Bon, je l'ai dit. T'es contente, là ? Maintenant laisse-moi tranquille ? Je m'informe.[294]

Car il s'agit véritablement d'une pièce qui ne cesse de mettre en scène la genèse d'une pièce dans ses aspects les plus concrets. On trouve par exemple une exploitation du motif du cahier, de l'archive de l'auteur en train de créer. C'est le lieu d'inscription d'une mémoire pour la dramaturge et la garantie d'une réutilisation possible plus tard pour la création :

---

[293] *Ibidem*, p. 78.
[294] *Ibid.*, p. 79.

> ANNE. Non, je vais pas passer la matinée là-dessus, aie pas peur. Je le colle dans mon cahier, c'est tout. […]
> ANNE. Chchchch. J'y vais. Tu vois. Je me dirige vers ma table de travail. Je m'assois. Je prends mon stylo. J'entre dans la grande maison. Je me glisse dans le corps du mari trahi. Tu vois, je t'écoute. Je finis toujours par t'écouter.[295]

Les différentes temporalités concrètes de l'écriture sont présentes dans la pièce. Carole Fréchette nous donne en fait la possibilité d'entrer dans la fabrique de plusieurs pièces qui s'écrivent en simultané et le cahier apparaît alors comme la possibilité pour l'auteur de démultiplier sa réflexion et de pouvoir se concentrer sur un projet, qui est l'écriture de sa pièce *La Petite pièce en haut de l'escalier* et de déposer des traces pour un projet suivant, *Je Pense à Yu*.

Entrefilet s'ouvre sur l'impossibilité pour Fréchette de trouver une fin à *La Petite pièce en haut de l'escalier* et donc de résoudre le mystère principal de la pièce : définir ce qu'il y a dans ce fameux lieu mystérieux, outre les fantasmes intertextuels que le lecteur, connaissant l'histoire de Barbe-Bleue, pourra y projeter et imaginer une issue pour les personnages : « LPVF. Ce qui arrive *dans ta pièce*, Anne, quand le mari revient et qu'il découvre que sa jeune femme l'a trahi. Qu'est-ce qui arrive ?[296] ». La fin d'un projet d'écriture cohabite donc avec la source du prochain et c'est le cahier qui permet à Fréchette de ne pas oublier une idée fondatrice pour l'écriture :

> ANNE. Le temps a passé. Beaucoup de temps. J'ai fini par trouver ce que fait le mari quand il surprend sa jeune femme dans la pièce interdite, et ce que fait la jeune femme coupable, et j'ai écrit le mot fin, et la pièce a été jouée et, pendant une bonne semaine, j'ai pris mon journal du matin du bout des doigts comme s'il contenant une bombe, et elle a fini par sortir, la critique, et puis… et puis la vie a continué. […] Et un matin de mai 2008, j'ai retrouvé dans mon cahier l'entrefilet de la page 5. Je l'ai relu. J'ai eu le même frisson. J'ai décidé : oui, ce sera ma prochaine pièce.[297]

On voit d'ailleurs dans la mention de la réception de *La Petite pièce en haut de l'escalier* à quel point *L'Entrefilet* est une pièce autobiographique puisqu'en effet, les critiques à la création de *La Petite pièce* au Théâtre du Nouveau Monde par Lorraine Pintal en 2008 ont été extrêmement

---

295 *Ibid.*, p. 82.
296 *Ibid.*, p. 79.
297 *Ibid.*, p. 82.

mitigées et cela explique l'utilisation par Fréchette ici des points de suspension et de leur implicite.

Cette superposition des temps des genèses va plus loin dans la pièce car Fréchette y évoque aussi la possibilité d'une troisième pièce dont elle a seulement le titre, *Small Talk* : « LPVF. Pourquoi pas *Small Talk* ? Depuis longtemps, tu veux écrire une pièce qui s'appellerait *Small Talk.*[298] ». Or, si cette allusion date de 2006, moment de l'écriture de la pièce *Je pense à Yu*, le projet *Small Talk* va justement se concrétiser au printemps 2014. Fréchette a travaillé pour ce texte avec le Théâtre du Peuple à Bussang, en France, dans lequel chaque année des comédiens professionnels et amateurs jouent une pièce tout l'été sur laquelle ils ont travaillé pendant des week-ends d'atelier. Or, en 2014, c'est le metteur en scène et directeur du Théâtre du Peuple Vincent Goethals (qui connaît bien la dramaturgie québécoise pour avoir mis en scène des pièces de Michel-Marc Bouchard, Daniel Danis et Wajdi Mouawad) qui mettait en scène la pièce *Small Talk* que Fréchette a donc écrite pour l'occasion, même si le titre est la trace d'une idée très ancienne, comme on l'apprend dans *Entrefilet*.

Ce qui est intéressant dans cette troisième pièce, évoquée ici dans *Entrefilet*, est qu'elle explore encore, sous une autre forme, les angoisses d'auteur dramatique de Fréchette. En effet, Fréchette s'est illustrée dans un théâtre qui utilise beaucoup la narration, un théâtre dans lequel le dialogue entre les personnages est souvent entravé par une écriture du monologue, du récit. Or, avec *Small talk*, plutôt que d'abandonner ce théâtre-récit, qu'elle juge aussi dangereux car problématique pour la scène, elle décide d'exploiter son mal-être d'auteure au travers d'un personnage chargé encore une fois d'incarner une de ses facettes : l'impossibilité de fabriquer des conversations banales.

Car, comme on le voit très clairement dans *Entrefilet*, la difficulté pour Fréchette, au cours du processus d'écriture, est celle de la distribution de la parole, du nombre de voix à mettre en scène. Son penchant naturel est l'écriture monologuée, contre laquelle la voix de sa conscience la met en garde :

> ANNE. Non, je vais faire une pièce sur une femme qui lit dans son journal un petit article à propos d'un journaliste chinois, et cette nouvelle la bouleverse. Une femme de 50 ans, seule et déprimée.
> LPVF. Ça commence bien !
> ANNE. Peut-être une ex-militante, qui a voulu changer le monde.

---

[298] *Ibid.*, p. 85.

> LPVF. Un monologue d'une femme de 50 ans, ex-militante, seule et déprimée. Peux-tu trouver encore moins sexy ?
> ANNE. J'ai pas dit monologue. Je pense qu'il y aura d'autres personnages.[299]

Ainsi, alors que certains pourraient consacrer la disparition de l'auteur dramatique au sens traditionnel du terme, ce dernier revient comme objet central de la fiction au sein de dramaturgies de la genèse comme nous venons de le voir chez des auteurs majeurs comme Marie Brassard, Daniel Danis, Wajdi Mouawad ou Carole Fréchette. Les pièces parlent de leur fabrication en mettant en scène des « auteurs-personnages ». L'auteur dramatique, au-delà de la métathéâtralité qui était envahissante dans le théâtre québécois des années 1980, post-référendum et désenchanté, se construit le lieu de sa présence, la fiction théâtrale, alors même qu'il doit trouver une place au sein de processus de création interdisciplinaires où les interlocuteurs se multiplient.

Louis-Patrick Leroux va d'ailleurs dans ce sens lorsqu'il formule l'hypothèse de l'avènement progressif d'une nouvelle forme théâtrale québécoise qu'il nomme l'« autofriction » et qui viendrait pallier le manque de reconnaissance de l'auteur dramatique :

> Que faire ? S'approprier le propre de l'écrivain, faire du texte à la fois le lieu de sa propre paratopie et un monument inévitable qu'il sera impossible de mettre en morceaux par sa cohérence interne absolue. Plonger en soi, dialoguer avec soi [...]
>
> La rencontre de soi avec l'autre, dans le cas où l'autre est un reflet de soi, demeure chargée de danger. Voilà l'essentiel de l'autofriction : ni autofiction ni fiction innocente puisqu'elle met en scène des doubles aux caractéristiques auctoriales, cette écriture renvoie bien sûr, ne serait-ce qu'en douce, à la pratique autoreprésentationnelle de plus en plus présente dans le théâtre québécois. Peut-être s'agit-il d'une dernière stratégie de monumentalisation du texte dramatique ? Prendre sur soi l'objet théâtral, *s'autolittérariser*, se mettre en scène soi-même. (Les artistes, jadis engagés dans la création de mythes populaires et porteurs d'une vision de la société et de ses aspirations profondes, sont aujourd'hui davantage intéressés par l'authenticité et la justesse de leur propre réflexion. Qu'est-ce que l'authenticité sinon une adhésion à une *expérience* de soi ?[300]

---

299 *Ibid.*, p. 81.

300 Louis-Patrick LEROUX, « Condition de l'auteur dramatique dans l'espace théâtral contemporain : des textes en trop ? », *in* « L'Amérique francophone pièce sur pièce : Dramaticité innovante et dynamique transculturelle », *L'Annuaire théâtral*, n° 50-51, automne 2011-printemps 2012, p. 45-46.

3. L'auteur sur scène : une nouvelle place

> Ce serait se montrer complaisant que d'entretenir aujourd'hui une image démesurée de l'importance sociale ou même artistique de l'auteur dramatique qui, bien que prolifique, n'en demeure pas moins qu'un simple adjuvant dans la pratique théâtrale contemporaine.[301]

Le théâtre québécois, depuis les années 1980, a dessiné une trajectoire : à partir d'une parole à visée collective, une parole d'affirmation identitaire portée par des collectifs d'acteurs qui repoussaient à la marge l'idée d'auteur, le théâtre québécois a donné naissance à une myriade d'auteurs issus de ces créations collectives ou construits en opposition à cette vague d'expression engagée, des auteurs qui ont développé une parole profondément individuelle, intime, qui explorait les méandres des subjectivités de leurs personnages, fragmentées, dispersées.

Or, il semble que dans la décennie 2000-2010, une nouvelle dynamique d'écriture se soit installée : dans un dépassement de cette opposition parole collective/parole intime, les auteurs (qui sont souvent aussi acteurs, pour ce qui est de la plus jeune génération, ce qui modifie leur rapport au plateau) proposent d'analyser en public leur individualité créatrice, soit dans le cadre de spectacles solos dans lesquels leur moi devient ludique et leur parole performative (le personnage de fiction disparaît au profit d'une parole qui joue sur la présence de l'auteur en scène et d'une autofiction toujours aux frontières de l'autobiographie), soit au sein d'espaces collectifs (le festival Jamais Lu par exemple) dans lesquels ils peuvent créer de nouveaux actes théâtraux (manifestes, cabarets littéraires) qui les replacent au sein de la cité au sens de communauté citoyenne.

C'était justement l'objectif que fixait aux auteurs, en 2009, Lise Vaillancourt, dramaturge et présidente du Centre des Auteurs Dramatiques :

> Aux États généraux, on a mis en lumière l'importance du texte et de l'auteur dans la production théâtrale, mais ce qui me semble plus important encore concerne la place que l'auteur occupe dans sa cité et le lien qu'il établit avec sa société. Alors que nous revendiquons notre place au sein des théâtres, il nous faut développer des moyens pour occuper individuellement et collectivement notre place dans la société au-delà des frontières du milieu qui est le nôtre.[302]

---

301 Louis-Patrick LEROUX, *op. cit.*, p. 39.

302 Yves JUBINVILLE, « L'auteur dramatique du laboratoire à l'espace public : entretien avec Lise Vaillancourt », *Voix et Images*, vol. 34, n° 3 (102), printemps-été 2009, p. 20.

3.1 *Un, Deux, Trois...* : le moi ludique de l'auteur en jeu Mani Soleymanlou

L'acteur Mani Soleymanlou s'est vu proposer par un théâtre montréalais d'écrire un texte parce qu'il est représentant d'une minorité culturelle : il est franco-canadiano-iranien. Réticent d'abord, dans la mesure où il ne se considérait pas comme un représentant de son pays d'origine, l'Iran, qu'il connaît très mal, il a ensuite décidé de saisir cette occasion de se muer en un auteur qui peut justement donner son avis en public sur la définition d'une identité multiculturelle ou interculturelle.

Mani Soleymanlou a d'ailleurs mis en scène dans le texte issu de la commande, *Un*, cette genèse de l'écriture, ce qui rend le texte explicitement autobiographique :

> Un théâtre montréalais organise de temps en temps des Lundis Découvertes : découvrir un artiste québécois issu d'un milieu culturel.
>
> C'est là que l'écriture de cette magnifique histoire a commencé.
>
> Découvrir un artiste québécois issu d'un milieu culturel : Mani Soleymanlou et son pays d'origine...l'IRAN !
>
> J'étais très content, très fier de pouvoir partager avec un public, le temps d'une soirée dans un vrai théâtre, mon pays...l'Iran.
>
> Je faisais jouer cette musique-là sur mon ordi et j'écrivais...
> *Musique*[303]
>
> Ma mère, c'est autre chose. Quand j'ai dit à ma mère que j'étais invité pour parler de l'Iran, elle ne comprenait pas au début. Je lui ai expliqué les objectifs de la soirée.
> J'ai dit : « Maman, maman, maman, je vais faire une pièce sur l'Iran. »
> Elle m'a dit : « Mais tu connais la culture iranienne ? »
> J'ai dit : « Non. Je vais parler de nous, de moi, de mes souvenirs à moi... »
> Elle a dit : « Oh, OK, d'accord, bon, OK, t'es sûr » ?
> Non, maman, je ne suis pas sûr.[304]

Il intègre dans le texte final la mise en scène de son processus d'écriture, comme le font Carole Fréchette ou Wajdi Mouawad. Mais si le profil de Mani Soleymanlou peut-être rapproché par certains points de celui de Wajdi Mouawad (il a passé une partie de son enfance en France après avoir quitté son pays d'origine avec lequel il n'a quasiment plus de lien, il est entré

---

303 Mani SOLEYMANLOU, *Un*, Québec, L'Instant Même, coll. « L'Instant Scène », 2012, p. 17.

304 *Ibidem*, p. 48.

dans la section jeu de l'École nationale de théâtre du Canada à Montréal), Soleymanlou utilise très différemment l'écriture du solo. Si Mouawad, à la suite d'une carrière déjà reconnue d'auteur dramatique, souhaitait se remettre en danger sur le plateau par le biais d'un solo polyphonique essentiellement construit sur l'exploration et l'omniprésence de son moi d'acteur-auteur-metteur en scène, Mani Soleymanlou va écrire un solo qui va le faire devenir auteur et lui permettre d'explorer avec humour son moi en désamorçant précisément les clichés qui définissent son identité transculturelle. Le texte *Un*, dans son titre même, prend le point de vue inverse au texte *Seuls* de Wajdi Mouawad.

Mani Soleymanlou rejoint, en tout cas, la communauté grandissante d'acteurs de sa génération qui se mettent à écrire leurs propres textes. Ce phénomène est une des singularités de la dramaturgie québécoise la plus contemporaine et la différencie par exemple très fortement du milieu théâtral français qui a tendance à tracer encore une frontière appuyée entre acteurs et auteurs.

Au Québec en revanche, du fait notamment du financement du théâtre, les acteurs qui fondent leur propre compagnie sont les plus à même de réunir les subventions nécessaires à la production d'un spectacle, ce qui, d'un côté, pousse les acteurs à se mettre à écrire leur propre spectacle et, de l'autre, repousse les auteurs dramatiques sans lien avec la scène en dehors du milieu théâtral, s'ils ne font pas le parcours « écriture dramatique » de l'École nationale.

Ainsi, comme le suggèrent les conseillers dramaturgiques du Centre des Auteurs Dramatiques et en particulier Elizabeth Bourget, il est de plus en plus difficile pour un auteur ayant une formation littéraire (comme c'était le cas de Michel-Marc Bouchard ou Normand Chaurette) de percer dans un milieu concurrentiel où beaucoup d'acteurs écrivent et se mettent en scène :

> Élizabeth Bourget :
> Il y a des auteurs dont on essaie de prendre soin, dont on pense qu'ils ont du talent. On veut susciter des vocations. Compte-tenu de la façon dont les subventions sont octroyées pour la production théâtrale, les acteurs-auteurs qui ne sont pas nécessairement les meilleurs auteurs sont souvent privilégiés parce qu'ils montent des compagnies et sont capables d'aller chercher une subvention. Quelqu'un qui viendrait ici, soumettrait un texte, et dont on trouverait que le texte est fort intéressant, il faudrait qu'on lui trouve un producteur. Mais en même temps, parce qu'il y a de plus en plus de subventions qui s'en vont à des petites compagnies, il y en de moins en moins

qui restent pour des théâtres comme le Théâtre d'Aujourd'hui qui faisait avant cinq productions d'auteurs québécois et en fait maintenant seulement trois. C'est une difficulté réelle.[305]

Pour Mani Soleymanlou, en tout cas, le texte de commande est devenu l'occasion d'exploiter son moi d'artiste polyvalent, comme on le voit sur la première page du texte publié, dans la liste des fonctions qu'il assume : « Texte, mise en scène et interprétation : Mani Soleymanlou/ Conception scénique : Mani Soleymanlou[306] ». D'ailleurs, cette exhibition du moi de l'artiste se poursuit dans le titre de la première partie du spectacle « Moi[307] ».

Mani Soleymanlou choisit de commencer par une première partie qui va tenter de définir la complexité de son moi, avant de se déplacer, dans la deuxième partie du spectacle intitulée « Il » et qui est centrée sur le portrait d'un jeune Iranien aujourd'hui, celui que Mani Soleymanlou n'est justement pas, celui qui aurait le même âge que lui, mais n'aurait pas fui le pays. Ce « Il » qui n'est justement pas le « Moi » de l'artiste est cependant indéfini, il représente toutes les possibilités de la jeunesse iranienne :

> Il.
> Il est né, là-bas à Téhéran, en 1980 et quelques.
> Il est étudiant à l'université ou bien artiste-peintre ou bien chauffeur de taxi ou bien marchand de fruits. Il est perdu et ne sait pas vraiment ce que c'est « être iranien ».[308]

Dans cette première partie « Moi », Mani Soleymanlou va interroger son identité multiculturelle. Mais avant cela, et comme en résonance avec cette identité multiple, il installe aussi un moi scénique aux multiples facettes et aux multiples adresses. Tout d'abord, les didascalies (comme dans le texte *Seuls* de Wajdi Mouawad) sont à la première personne, ce qui définit bien le texte comme lié au plateau et aux expérimentations du performeur : « *Ces chaises, placées en rangées droites, représentent une salle de classe, un aéroport, une salle d'attente, tous ceux et celles qui ne sont pas là, ceux et celles qui peuvent être assis là, à mes côtés.*[309] ». Ces chaises qui seront le seul

---

305 Entrevue avec les conseillers dramaturgiques du CEAD, *op. cit.*

306 Mani SOLEYMANLOU, *Un*, Québec, L'Instant Même, « L'Instant Scène », 2012, p. 5.

307 *Ibidem*, p. 7.

308 *Ibidem*, p. 37.

309 *Ibid.*, p. 9.

décor de ce spectacle et du deuxième volet *Deux* sont autant de multiples de l'artiste en scène et représentent aussi les voix des absents de son récit qui vont parler à travers son corps, le seul présent en scène.

De même, à cette multiplicité de voix, concrétisée par la scénographie, s'ajoute la voix du performeur présente dans les didascalies initiales : une « voix », avant d'être véritablement un corps ou une bribe de personnage. Cette voix, là encore, multiplie les adresses : hors scène, sur scène aux spectateurs et dans la scène intérieure de l'artiste :

> Une voix hors champ, celle du comédien, la mienne, souhaite la bienvenue aux spectateurs.
> Cette voix leur demande de garder leur cellulaire allumé […]
> Cette voix se souhaite bonne chance[310]

Cette voix se mue ensuite en personnage, mais il ne s'agit pas encore d'un personnage à part entière dans la mesure où il est encore désigné comme « Acteur ». Ce nom qui évoque bien le statut autobiographique de la performance insiste aussi sur une grande métathéâtralité et l'absence d'une possible illusion théâtrale, puisque, dès le début de la pièce, Mani Soleymanlou met en scène les échecs de la représentation : « ACTEUR *au régisseur* – FUCK ! Je n'étais pas prêt ! Recommence ![311] ».

La mention de ce personnage de l'Acteur disparaît ensuite et cela intervient dès la première scène dont le titre relie le destin individuel de Mani Soleymanlou à celui du Québec dans son ensemble : « Je me souviens[312] ». Ainsi, le processus mémoriel de l'acteur en scène rejoint les questionnements collectifs québécois.

À partir du titre de cette première scène, il n'y a plus la mention d'un personnage ni même d'une distribution de la parole, mais seulement le texte dit par le performeur. Et ce performeur commence par définir ses différents visages (une voix en scène à la première personne, un personnage de l'autofiction théâtrale et l'auteur-acteur) : « Je, le personnage principal, Mani Soleymanlou, est né de parents iraniens.[313] ».

Or, Mani Soleymanlou creuse aussi dans un des passages du texte l'instabilité du régime fictionnel de la voix en scène, car il finit par évoquer

---

[310] *Idem.*
[311] *Idem.*
[312] Mani SOLEYMANLOU, *op. cit.*, p. 11.
[313] *Idem.*

explicitement un personnage imaginaire dans un récit et par l'intégrer aussi dans une didascalie :

> Musique
> Le personnage de cette histoire souhaitait, à chaque départ, ne plus revenir, mais rester dans son pays, retourner à sa terre natale…continuer d'écrire l'histoire des rois de l'Empire perse. Peut-être même qu'il était descendant d'une lignée de rois, ou de guerriers…Oui, un guerrier, ayant fait de la Perse un empire comme nul autre.
>
> Ici, le personnage fait une suite de mimes de combat : flèche, javelot, mitraillette, grenade, bombe nucléaire. Se rassoit.
>
> Musique, fin.
> Temps.[314]

Ce passage bref se présente sous la forme d'une ébauche de fiction que Soleymanlou n'achèvera pas, mais qui crée un décrochage dans l'énonciation directe installée depuis le début du spectacle. Ainsi, même la didascalie remplace l'acteur par un « personnage », même si ce dernier est totalement indéfini et détient une puissance symbolique plutôt qu'un sens clair dans la narration de Soleymanlou. Après ce décrochage, la pièce se poursuit avec le retour de la voix du performeur dont le sujet principal devient l'expression d'une difficulté à unifier son moi. En effet, tout le texte de Soleymanlou traite du regard que les autres peuvent porter sur son identité multiculturelle et donc de la difficulté pour lui à se définir comme « un » :

> Jamais je n'ai eu à expliquer autant d'où je venais, à justifier mon accent, à décrire mon parcours, dire et redire et redire et redire mon nom de famille : Soleymanlou… SOLEYMANLOU…j'accepte même SoleyMANlou.
> J'ai dû, pour la première fois de ma vie, expliquer qu'un Iranien, ce n'est pas la même chose qu'un Arabe…que je ne parlais pas l'arabe, mais l'iranien, le farsi, le persan.
> Que l'anglais, je l'avais appris à Toronto, et le français à Paris presque en même temps que l'iranien, le farsi, le persan.
> J'ai dû nommer beaucoup de choses…
> Je résume.
> L'Iran, on me l'a arraché.
> En France, j'étais Iranien.
> À Toronto, j'étais pendant quelque temps un Français-Iranien, ensuite un Canadien who quickly became Canadian.
> À Ottawa, j'étais un Torontois-Français-Iranian.[315]

314 Mani SOLEYMANLOU, *op. cit.*, p. 22.

315 *Ibidem*, p. 15.

Cette identité incertaine passe surtout par l'impossibilité de choisir la langue d'expression de son moi. L'artiste exprime alors une polyphonie qui n'est plus seulement la polyphonie d'écriture que définissait Mouawad, mais bien une polyphonie réelle, cet hétérolinguisme qui constitue l'identité multiculturelle. Soleymanlou rêve d'un ancrage :

> Je suis à la recherche, je suis perdu dans l'espace qui me divise, qui sépare moi et moi, moè et moi, man o moi, moè o man, me and moi, me and man, man o man… Cet état de « flottement identitaire », dans le fond, me rapproche beaucoup de tous ceux et celles qui portent fièrement le drapeau de leur nation, de leur terre. Ceux et celles que parfois j'envie.[316]

Or, c'est justement par l'écriture que Soleymanlou peut inventer ou retrouver l'unité de son moi. Il décrit ainsi dans une scène finale, son moi écrivant qui trouve progressivement la réponse à la question de son identité. C'est par l'exploration de l'écriture que Mani Soleymanlou choisit finalement l'identité iranienne comme seule véritable définition :

> Je me suis moi-même perdu en me promenant sur mon clavier à la recherche d'un Iran que je ne connais… plus. Un Iran que je veux partager et celui que je vais partager, que je viens de partager.
> Je me définis et me décris sur mon clavier. J'écris :
> Partir, toujours, boroh. Aller vivre ailleurs, ba maman o baba. Ses parents le lui ont permis. Ils ont laissé battre ses deux ailes d'origine iranienne qui n'ont, pendant toute leur jeunesse, jamais cessé de battre, az yek chahr be yek chahr, d'un pays à l'autre, d'un continent à l'autre, d'une langue à une autre. Être pendant quelque temps Français, ensuite Canadien who became Canadian, ensuite Québécois, mais toujours Iranien. Ey vay goftam digé, be farsi assountaré !
> Donc voilà, c'est dit, devant vous, vous êtes témoins : Iranien.
> I'm Persian.[317]

Ce qui pouvait apparaître comme un point final à la quête identitaire de l'artiste se révèle en fait être le point de départ d'un cycle d'écriture théâtrale qui va explorer le moi de l'auteur-acteur. En effet, après cette première œuvre de commande, *Un*, qui a connu un large succès et a donné lieu à une tournée internationale, Mani Soleymanlou crée au Théâtre La Chapelle à Montréal (là où il avait créé *Un*) le deuxième volet de ce qui est devenu ensuite une trilogie puis une tétralogie et qui ne s'est

---

[316] *Ibidem*, p. 51-52.
[317] *Ibidem*, p. 55-56.

jamais arrêté jusqu'à octobre 2018 et la dernière création intitulée *Neuf (titre provisoire).*

Or le deuxième spectacle vient justement contredire l'unité du moi de l'artiste qui semblait définitive à la fin du premier spectacle. Ce deuxième spectacle, contrepoint ludique, met en scène Mani Soleymanlou (qui se joue toujours lui-même) invitant un autre acteur de sa génération, Emmanuel Schwartz (acteur fétiche de Mouawad, qui joue aussi son propre rôle) à se questionner sur son identité multiple.

Mais Emmanuel Schwartz, devenu Manu au fil du spectacle, pour créer ce duo improbable et comique (Manu, le grand maigre, blanc, d'origine juive et le petit gros d'origine iranienne, Mani), ne se sent pas du tout concerné par un questionnement identitaire, se définissant clairement comme québécois, même si son père est anglophone et d'origine juive.

Ce deuxième spectacle est surtout l'occasion pour Mani Soleymanlou de prendre du recul sur la parole qui a été la sienne pendant le solo *Un* :

> Il n'y aurait jamais eu *Deux* sans *Un*. En effet, c'est à force de jouer son solo, notamment à Toronto et à Paris, qu'il s'est trouvé confronté à ses propres mots, et qu'il a été conduit à y repenser. «Je suis maintenant dépossédé de ma parole, de mon discours devenu malaise», dira-t-il dans *Deux*. Et quand on se remet en question, rien de tel que mesurer ses opinions à celles d'autrui.[318]

Lorsque *Deux* commence, Emmanuel Schwartz, les cheveux teints en noir, la barbe fournie, joue le personnage de Soleymanlou dans le premier spectacle en reprenant parfois certains passages textuellement. Soleymanlou, habillé de la même manière que Schwartz observe son camarade de jeu et critique la parole qu'il entend en remettant en question les positions qui étaient les siennes pour le solo. Schwartz apparaît alors comme un double de Soleymanlou, un miroir qui actualise sur scène le caractère autoréflexif que pouvait déjà avoir le spectacle *Un*.

Ainsi, l'écriture qui peinait à être dialoguée dans le premier spectacle installe un véritable dialogue dans ce deuxième opus et met en scène un débat entre les deux acteurs. Car Schwartz ne considère pas son moi comme problématique et refuse d'entrer d'abord dans les questionnements que lui propose son ami :

---

318 Aurélie OLIVIER, « *Deux* : moi et l'autre », *Jeu*, 27 septembre 2013, http://www.revuejeu.org/critiques/aurelie-olivier/deux-moi-et-l-autre, consulté le 5 février 2014.

> Nouvel arrivant, « immigrant » dans cette interrogation sur l'identité, Schwartz semble chercher sa place, se demander comment s'intégrer dans cette parole préexistant à sa venue : « Qu'est-ce que je fais ici ? » On voudrait voir en lui un miroir du questionnement de Soleymanlou, par ses propres origines hybrides : franco et anglophone, juive et chrétienne. Mais le comédien, qui n'avait pas vraiment réfléchi à ces questions, envierait plutôt la quête de son collaborateur.[319]

Petit à petit, le débat est moins tranché et la scène, habitée par des chaises qui représentent toujours les voix absentes, est de plus en plus désordonnée, à l'image de l'échange entre les deux acteurs qui se heurte à la complexité de la question de l'identité.

Pour le troisième volet, *Trois*, l'artiste élargit encore les questionnements pour trouver une résonance collective à ses propos. En effet, la trilogie intervient à un moment où le gouvernement de la péquiste Pauline Marois a proposé de mettre en place une « charte des valeurs québécoises » qui a été déposée à l'Assemblée nationale à l'automne 2013 sous le nom plus précis de « Charte affirmant les valeurs de laïcité et de neutralité religieuse de l'État ainsi que d'égalité entre les femmes et les hommes et encadrant les demandes d'accommodement » et qui proposait notamment de légiférer sur le port de signes religieux ostentatoires, comme c'est déjà le cas en France par exemple. Or cette proposition a provoqué deux réactions, un élan de soutien de la part notamment de plusieurs artistes féminines du milieu théâtral (comme Janette Bertrand et Denise Filiatrault) et un élan de manifestations opposées à la loi, notamment issues d'organisations féministes. Le résultat c'est qu'elle était encore discutée en janvier 2014 à l'Assemblée. Au milieu de ce débat public, Mani Soleymanlou choisit de se mettre personnellement en jeu et en débat avec une altérité représentée par Schwartz et finalement même d'élargir encore le débat dans le spectacle *Trois*, d'après ce qu'il en dit :

> Le débat actuel au sujet de la Charte des valeurs, évoqué dans le spectacle, illustre assez bien ce tiraillement que peuvent ressentir les membres d'une société, quelles que soient leurs origines, entre l'adoption et la réaffirmation de valeurs et de façons de faire locales et le désir d'inclusion, de respect des particularités, de dialogue. Peut-être y a-t-il dans ce passage de la pièce les prémices de *Trois*, annoncé par Soleymanlou comme «la prise de parole d'une société».[320]

---

[319] Marie LABECQUE, « Moi et l'autre », *Le Devoir*, 28 septembre 2013, http://www.ledevoir.com/culture/theatre/388653/moi-et-l-autre, consulté le 5 février 2014.

[320] Aurélie OLIVIER, *op. cit.*

De plus en plus, au Québec, des acteurs qui écrivent ou des auteurs qui jouent mettent en scène leur voix personnelle et explorent leur moi dans des formes proches de l'autobiographie. À l'image de Soleymanlou, ils aspirent à reprendre en main l'acte théâtral dans des performances verbales qui donnent toute sa place à la voix de l'écriture (qui est toujours à la frontière du discours intime de l'auteur et de la fiction théâtrale).

Si Soleymanlou a d'abord choisi la forme du solo, il s'oriente de plus en plus vers une forme de parole collective capable de remettre en question l'unité de son moi de performeur, et cela, avec autodérision (à la suite de *Trois*, le cycle se poursuit avec le spectacle *Cinq à sept* pensé par l'autrice Fanny Britt met en scène trois actrices qui se livrent aussi sur scène et les spectacles *Ils étaient quatre* et *Huit* présentent des soirées où des acteurs se racontent et le spectacle *Neuf (titre provisoire)* met en scène des acteurs qui viennent aux funérailles de l'un d'eux). Il a d'ailleurs fait partie à plusieurs reprises d'un spectacle, *Jusqu'où te mènera ta langue*, initié par le festival devenu collectif de création, le Jamais Lu, qui vise justement à faire entendre les voix émergentes du théâtre québécois dans le cadre d'une parole qui est souvent clairement autobiographique et redonne toute sa place à l'idée de l'auteur dramatique comme personnage public.

3.2 *Voix de l'individu, voix du collectif : quand « l'auteur passe à l'acte », le cas du spectacle* Jusqu'où te mènera ta langue *du Jamais Lu*

En 2013, le festival Les Francophonies en Limousin avait présenté un dispositif intitulé « Les auteurs passent à l'acte » dans lequel étaient présentées quatre créations issues de collectifs d'auteurs francophones. En effet, dès 2012, ce festival ouvrait un débat sur la question des collectifs d'auteurs qui se multiplient dans la francophonie (notamment encouragés par un réseau d'institutions d'accompagnement de l'écriture dramatique comme le Centre d'Essai des Auteurs Dramatiques à Montréal ou encore la société suisse des Auteurs) comme le dit Marie-Agnès Sevestre, la directrice du festival :

> C'est vraiment quelque chose qui se passe actuellement et qui est très intéressant à suivre. Beaucoup d'artistes, et en particulier les auteurs, se mettent à chercher ensemble des moyens de s'exprimer. Et en même temps de produire sans passer par les lourdeurs institutionnelles et parfois éternelles. En Afrique, ils sont beaucoup à travailler de cette manière. Et maintenant,

en Europe et en Amérique du Nord, peut-être à cause de la crise, les mêmes phénomènes sont perceptibles.[321]

En effet, au Québec et ailleurs, on voit émerger des regroupements d'auteurs dramatiques qui proposent des actes théâtraux nouveaux (bals littéraires, cabarets, soirées de manifestes). Ces manifestations théâtrales permettent aux auteurs de s'adresser directement au public sans attendre la médiation d'un metteur en scène, ni même d'un acteur, puisqu'ils deviennent alors le plus souvent interprètes de leurs textes, et de plus, ils se passent eux-mêmes des commandes en se donnant des contraintes d'écriture et/ou des sujets partagés. Ces collectifs d'écriture se présentent comme des nouvelles institutions permettant, à travers une parole renouvelée sous la forme le plus souvent de « manifestes », de prises de position, de remettre à l'honneur la voix de l'auteur par le biais de mises en lecture :

> Il me semble que la lecture publique d'un texte est avant tout une rencontre : celle d'un texte et d'une voix. La voix de l'auteur, qui se rajoute ainsi directement à celle de l'écriture, ou la voix d'un acteur : dans ce cas, un début d'interprétation peut s'opérer, mais il reste très léger. Je ne crois pas que le public d'une lecture vienne pour entendre un texte, suivre une histoire ou même découvrir un style : le public est avant tout présent pour un cérémonial intime, autour de la présence directe de l'écrivain, ou de l'acteur. C'est ce qui importe avant tout, je crois, plus que la fable, ou le style. Si quelques échos du texte lu répondent à une attente, alors le livre sera acheté, emprunté en bibliothèque, ou le spectacle sera vu. Lorsque je me rends à une lecture publique, je viens entendre une voix, je viens voir un être souvent solitaire : l'écrivain. Je scrute son visage, l'intonation de sa voix, avant tout. Pareil pour l'acteur : voici l'acteur « nu », seul avec un micro, parfois sans. Il s'offre à moi ainsi, dans toute sa fragilité, loin des lumières qui habituellement l'environne. Pour moi le texte ne peut réellement se déployer que dans l'intimité de la lecture, avec le livre, ou sur le plateau par la mise en scène. Seule la poésie, par la voix du poète lui-même, ou l'interprétation de l'acteur, peut atteindre une finalité, une plénitude.[322]

Car c'est bien la voix de l'auteur, parfois même sans la création d'entités fictives, mais plutôt dans le cadre d'une performance verbale, qui est au

---

[321] Siegfried FORSTER, « Les espoirs des collectifs d'auteurs francophones », *RFI*, 7 octobre 2013, http://www.rfi.fr/afrique/20131007-francophonies-collectifs-auteurs-francophones-espoir-etre-entendu, consulté le 8 janvier 2014.

[322] Christophe PELLET, « Le texte et la voix », «La lecture sur le vif», dans *Enquêtes, Des lectures, pour quoi faire* ?, *Agôn*, http://agon.ens-lyon.fr/index.php?id=1876, consulté le 4 janvier 2014.

centre de ces collectifs de création qui proposent, à travers des formes de spectacles originales une nouvelle forme d'écriture, moins solitaire, plus engagée, par laquelle l'auteur devient ou redevient un personnage public porteur d'une parole parfois politique, mais surtout qui se présente sur le mode de la sincérité, de l'authenticité.

La difficulté à se positionner dans le milieu théâtral et dans la société et cette envie de participer plus activement à l'acte théâtral poussent en effet les auteurs à se regrouper pour empoigner la scène à l'aide de textes écrits seul ou à plusieurs, livrés directement aux spectateurs par leurs voix propres, cette voix personnelle de l'auteur *a priori* absente de tout texte théâtral.

D'ailleurs, c'est cette voix de l'auteur, cette source originelle de l'énonciation théâtrale démultipliée que Michel Bernard désigne comme nécessaire à tout processus de mise en scène dans le numéro de *Théâtre/Public* de 2012 sur le théâtral et le performatif :

> Je voudrais tenter de montrer, par conséquent, qu'aucune interprétation par un (-e) acteur (-trice) et, plus radicalement, aucun choix de mise en scène ne peut s'effectuer sans la perception – et nécessairement, la transmutation – d'une vocalité textuelle sédimentée ou feuilletée procédant de celle, originelle, de l'auteur, se muant en énonciateur et en personnages énoncifs. Tout metteur en scène doit non seulement lire le texte à jouer, mais, si possible, le faire lire à haute voix par son auteur.[323]

Dans ce sens, le festival Jamais Lu, à Montréal, et à Québec (depuis 2011), permet chaque année d'entendre les voix émergentes du théâtre québécois autour de lectures publiques, de rencontres et de conférences qui parlent de l'écriture contemporaine, mais aussi du positionnement de l'auteur dramatique dans sa société :

> On voulait créer une scène pour les auteurs de la relève, parce que les éditions étaient très saturées, très fermées. Et finalement, de fil en aiguille, on est devenu une tribune pour des textes de théâtres, mais aussi des cabarets, des opéras rock. Maintenant on fait un festival à Montréal, des événements qui partent en tournée, bref, on est toute une bande qui se suit. Je ne sais pas si on écrit autrement, mais je sais qu'on écrit avec l'espoir d'être entendu. Et donc cela donne du courage. Et donc on écrit plus.[324]

---

[323] BERNARD, Michel, « Voix de l'auteur, voix de l'acteur », *Théâtre/Public*, n° 205, *Entre-deux, du théâtral et du performatif*, Paris, Éditions Théâtrales, juillet-septembre 2012, p. 37.

[324] Siegfried FORSTER, *op. cit.*

Le Jamais Lu est devenu petit à petit un regroupement d'auteurs, davantage qu'un collectif, selon la directrice Marcelle Dubois, c'est-à-dire un groupe à géométrie variable, les « Jamailiens », comme elle les appelle, qui en réalité représentent trois générations d'auteurs qui ont participé au Festival pendant les treize années de son existence : les tout premiers, devenus des auteurs reconnus, ceux qui sont arrivés en cours de route, considérés encore comme jeunes auteurs et les auteurs émergents qui commencent à y participer.

C'est ce groupe constitué de trois générations, la large famille Jamailienne, qui a créé le spectacle *Jusqu'où te mènera ta langue*, un spectacle né pour fêter les dix ans du festival et au milieu d'un conflit générationnel, la contestation étudiante de 2012.

Ce n'est pas en effet un hasard si ce spectacle, éminemment politique, est né dans l'air de la contestation de ce qu'on appelle désormais le Printemps Érable :

> On voulait quelque chose qui témoigne de la place de l'auteur dans les débats sociaux actuels. On voulait que l'auteur de théâtre se défasse des désirs d'intemporalité et d'universalité et qu'il s'engage à pousser sa langue française le plus loin possible dans la beauté, dans l'arrogance, dans la révolte, dans l'utopie, dans la folie… Les auteurs ont plongé. Ce fut un succès… et nous avons repris ensuite la formule dans une douzaine de contextes différents. À chaque fois, on réécrit le spectacle en partie. Le corpus d'auteurs change. Certains se joignent à l'événement pour la première fois, d'autres se retirent, selon les sujets et le contexte d'actualité à mettre en valeur. Au total, c'est près de vingt auteurs différents qui auront participé à l'une ou l'autre des douze versions de *Jusqu'où te mènera ta langue ?*[325]

Il s'agit, à chaque représentation de faire entendre les textes d'une dizaine d'auteurs (lus par les auteurs eux-mêmes ou d'autres auteurs porte-parole) écrits pour ce spectacle selon des contraintes dictées par un maître de cérémonie et en fonction de l'endroit et du moment dans lequel le spectacle est représenté. Il faut ajouter, et c'est essentiel, que ces auteurs sont souvent aussi des acteurs et qu'ils n'ont donc aucune réticence à *performer* leurs propres textes et ceux des autres auteurs. Ils font partie de cette nouvelle génération d'acteurs qui écrivent ou d'auteurs qui jouent et dont fait partie Mani Soleymanlou.

[325] Entretien réalisé avec Marcelle DUBOIS, Francophonies en Limousin, 2 octobre 2013.

Martin Faucher, metteur en scène québécois, désigné dans le cadre du spectacle représenté aux Francophonies en Limousin comme « idéateur » ou maître de cérémonie, contraint plusieurs auteurs de la nouvelle génération à répondre à des questions, à écrire sur des thèmes imposés ou libres afin de rendre compte d'une actualité. On ne peut pas réellement parler d'écriture collective au sens strict du terme, puisque les auteurs écrivent seuls, mais ils se retrouvent dans des « réunions de contamination » comme les appelle Marcelle Dubois, dans lesquelles il s'agit pour chacun d'exprimer ses désirs d'écriture, ses points de vue sur l'actualité et d'inspirer un esprit commun, capable alors de faire appartenir les auteurs à un *momentum*, le jour de la représentation. Ensuite, c'est toujours Martin Faucher qui organise les textes, peut les couper éventuellement, à l'exception des « cartes blanches » qui sont le lieu de la parole la plus libre pour les auteurs.

Sur scène, aux Francophonies en Limousin 2013, quatre auteurs, Sarah Berthiaume, Dany Boudreault, Marc-Antoine Cyr, Emmanuelle Jimenez ont livré des « cartes blanches» (c'est le nom donné à ces moments où un auteur peut venir livrer en scène un texte totalement libre) qui leur ont permis d'exprimer un ressenti, un point de vue sur l'actualité et en particulier sur leur rapport à la France. Ainsi Marc-Antoine Cyr livrait un texte à la première personne sur le mariage pour tous et Sarah Berthiaume exprimait son inextricable complexe d'infériorité par rapport à la France, elle qui pourtant venait d'être reconnue avec la création de sa pièce *Yukonstyle* au théâtre de la Colline.

Voici un extrait du texte qu'elle nous a confié, alors même que ce texte n'était pas destiné à être publié, ni même à sortir du cadre fixé par la représentation de ce spectacle fondé sur l'éphémère :

> Tu peux toujours te sauver, prendre le vol TS710 à destination de Charles de Gaulle, boire des picon-bière dans des cafés jusqu'à rouler par terre, tu peux toujours te promener au Père Lachaise et fumer des rouleuses en instagramant tes photos de la tombe de Balzac de Bourdieu de Bashung, il est des choses auxquelles tu n'échapperas pas.
>
> Avignon 2006.
>
> Tu sortais d'une représentation *Des couteaux dans les poules* de David Harrower.
>
> Tu te souviens l'aplomb du Français qui t'avais abordée à la sortie du théâtre. Il avait entendu ton accent lorsque tu avais acheté un billet et avait attendu la fin de la pièce pour te draguer. Ça t'avait déstabilisé, cette assurance qu'il avait en te parlant, comme s'il était le premier homme du monde, ou du

moins le premier à t'avoir vue, à avoir remarqué que tu avais une manière de prononcer les phonèmes différente de la sienne.

Il avait l'arrogance des grands explorateurs, la fascination de celui qui t'aurait découverte. Toi, ton accent, ton rire embarrassé, ton corps dans sa robe d'été. Il te faisait sentir comme le personnage de la paysanne dans la pièce que vous veniez de voir : jeune, inculte, désirable de par son ignorance, sa curiosité, son côté mal dégrossi.

Tu avais deux diplômes d'étude collégiales un an d'université une formation de comédienne une pièce lue dans le IN Avignon, mais tu te sentais tout de même comme une paysanne mal dégrossie. Dans ses yeux, tu étais à la fois un objet de désir et une poupée folklorique, le genre de cochonnerie qu'on trouve dans les boutiques du Vieux Québec tête de bébé rouge dans la fausse fourrure de phoque dreamcatcher en suède gogosses en sucre d'érable.

[…]

Aujourd'hui, tu as beaucoup d'amis français. Tu as eu un coloc français, un employeur français, des collègues français. Tu as un éditeur français. Tu as une foule de contacts français. Tu as une crédibilité française grâce à ton spectacle français produit dans un théâtre national français et qui tourne dans les villes françaises.

N'empêche.

Il t'arrive parfois que ça remonte. Comme ça, sans crier gare. Il arrive que tu sombres dans cet ancestral complexe d'infériorité vis à vis la mère patrie.[326]

Comme on le voit dans ce texte de Sarah Berthiaume, il s'agit pour l'auteur qui s'exprime, de se replacer au centre de son texte. Ici, Sarah Berthiaume s'adresse littéralement à elle-même dans le texte, comme c'est le cas pour certains auteurs ce soir-là. Elle se met en scène tout d'abord comme la spectatrice d'un spectacle à Avignon, ce qui est symbolique de sa position d'auteur dramatique en marge du processus, mais elle rappelle aussi sa toute nouvelle reconnaissance en France qui ne résout pas le complexe ressenti. Quoiqu'il en soit, cette lettre ouverte de la dramaturge à elle-même est largement autobiographique puisqu'elle raconte des souvenirs réels de Sarah Berthiaume et utilise des détails reconnaissables pour le spectateur.

D'ailleurs, l'utilisation de la première personne est aussi souvent privilégiée par les auteurs qui participent au spectacle. Le spectacle veut explicitement contrecarrer l'idée que l'auteur dramatique a perdu sa force de parole, celle qui lui permettait notamment dans les années 1970 au

---

[326] Sarah BERTHIAUME, « Le Tropisme Folk », Carte blanche, *Jusqu'où te mènera ta langue*, 2 octobre 2013, Francophonies en Limousin.

Québec, de porter une parole collective, identitaire, et l'idée qu'il serait devenu un maillon comme un autre dans la chaîne complexifiée du processus théâtral.

Ainsi, par ce type d'écriture, parfois largement autobiographique, l'auteur reconfigure sa place dans l'acte théâtral, il se positionne du même coup dans la société pour parler en son nom propre, comme l'explique Louis-Patrick Leroux :

> À qui s'adresse l'auteur dramatique québécois ?
> Il fut un temps […] où l'auteur s'adressait aux siens, à la famille, au clan, au peuple. Il se voyait tantôt comme porte-parole velléitaire, tantôt comme récepteur d'une parole. Transmetteur essentiel d'une sensibilité, d'une identité collective, passeur de mythes, façonneur d'une parole […] vivante, scribe de la communauté, chantre du lien social. […].[327]
>
> Prendre sur soi l'objet théâtral, *s'autolittérariser*, se mettre en scène soi-même. Les artistes, jadis engagés dans la création de mythes populaires et porteurs d'une vision de la société et de ses aspirations profondes, sont aujourd'hui davantage intéressés par l'authenticité et la justesse de leur propre réflexion. Qu'est-ce que l'authenticité sinon une adhésion à une *expérience* de soi ?[328]

La directrice du Jamais Lu, Marcelle Dubois, aspire même à quitter littéralement la fiction pour redevenir une intellectuelle qui prend position, un esprit capable de se positionner politiquement, de donner un avis sur la société, dans un lieu public, en un moment donné, sans l'invention d'une fiction théâtrale. Elle justifie cette position extrême – qui consiste quand même à ne plus être un auteur, mais à redevenir un citoyen qui prend la parole publiquement – par la situation critique de la culture et de l'éducation au Québec :

> Le métier d'auteur de théâtre s'exprime souvent par la fiction. Parler de notre monde par le biais de l'invention littéraire a beaucoup de vertus. Mais à certains moments, comme aujourd'hui, alors que les politiques sociales s'effritent, que les valeurs communes changent, que nos hommes et femmes de pouvoir se cachent derrière des liasses d'argent arrogant, la fiction ne suffit plus à faire le contrepoids.[329]

---

327 Louis-Patrick LEROUX, « Condition de l'auteur dramatique dans l'espace théâtral contemporain : des textes en trop ? », *in* « L'Amérique francophone pièce sur pièce : Dramaticité innovante et dynamique transculturelle », *L'Annuaire théâtral*, n° 50-51, automne 2011-printemps 2012, p. 37-39.

328 *Ibidem*, p. 46.

329 Marcelle DUBOIS, « Parce que la fiction ne suffit plus », *Jeu*, n° 146, p. 64.

C'est dans la même optique que le dramaturge Philippe Ducros, dans la première création de *Jusqu'où te mènera ta langue ?* a volontairement intitulé son texte « Je me souviens », qui est la devise de la province québécoise, proposée en 1883 par l'architecte Eugène-Etienne Taché qui le fait inscrire sur l'hôtel du Parlement à Québec. Cette devise, depuis maintes fois interprétée, est surtout là pour rappeler au peuple québécois qu'il doit se souvenir de son passé, du fait qu'il est un peuple conquis. Ducros réactualise la formule lors des événements du Printemps Érable comme acte de résistance du Québec au reste du Canada.

Mais dans cette formule résonne alors aussi l'ampleur de cette première personne, le « je » de « Je me souviens », celui de l'auteur Philippe Ducros qui prend position politiquement, lui qui justement se définit, comme un auteur autodidacte et engagé, ce qu'il rappelle d'ailleurs dès le début du texte :

> J'aurais bien aimé que ma langue vous fasse rire… Pour une fois… Être autre chose que le cliché de moi-même, mettre un peu de baume sur le froid ambiant. Sur la perte de notre monde. Ça n'arrivera pas. Il fait froid dehors. Les rêves tombent les uns après les autres. Je les enjambe. Je lève les yeux vers le ciel, j'espère voir un vol d'oies blanches, je m'accroche aux bourgeons, aux détails, aux nuages… J'appelle les amis, on fait des soupers, trop peu, on se tient. On attend. Le 2 mai, on va aller voter. Pourquoi ? La démocratie, on l'exporte tellement qu'on n'en a plus chez nous. La démocratie, c'est juste un argument pour défoncer les portes des chambres d'enfants à grands coups de bottes. Les rêves de justice, de solidarité, ça n'entre plus dans les nouveaux complexes résidentiels. Là-bas, les maisons sont cordées comme des petits soldats. Les soldats du divertissement… Là-bas, on fait la guerre à tout ce qui n'est pas du divertissement parce que, dans ce champ de bataille moderne qu'est notre monde, le divertissement, ça sert de diversion. C'est une tactique militaire, la diversion. On nous divertit de notre révolte.[330]

Ainsi, le spectacle *Jusqu'où te mènera ta langue* se présente comme celui de plusieurs générations d'auteurs, les Jamailiens, qui se sont d'abord construits en dehors de l'institution théâtrale et qui sont invités à se positionner dans la société, à donner leur avis à un moment donné sur l'actualité et en particulier sur la politique du lieu où le spectacle se passe en premier lieu, au Québec.

---

330 Philippe DUCROS, « Je me souviens », *Jusqu'où te mènera ta langue*, *Jeu*, n° 146, 2013, p. 78.

Il ne s'agit pas non plus pour l'auteur de donner uniquement une opinion qui se fondra dans la masse des autres opinions, mais bien d'essayer de s'élever au-dessus des médias de masse pour faire entendre une voix personnelle et aussi une langue, cette langue qui maintient alors le texte dans une perspective qui est toujours celle de la quintessence du théâtre comme acte de langage, ce que la dramaturge Dominick Parenteau-Lebeuf annonce en préambule de son texte :

> PRÉLUDE
> Ô toi qui m'écoutes,
> ceci n'est pas un blogue ;
> ceci n'est pas un billet d'humeur ;
> ceci n'est pas une chronique-nique-nique ; et
> ceci n'est pas non plus la transcription d'une tribune téléphonique.
> Ceci est plutôt une tentative de t'éloigner de la clameur des jours.
> De ces jours où tout le monde parle,
> où tout le monde a une opinion,
> où tout le monde s'exprime tant et tant
> qu'on ne fait plus de différence entre une opinion mesurée et éclairante
> et une gueulade de salon lancée en public ;
> tout finit par se valoir et s'annuler.
> Je ne sais pas si tu es comme moi, ô toi qui m'écoutes, mais moi, j'en ai ma claque.
> Alors voilà, ce soir, puisque ma langue peut faire ce qu'elle veut,
> eh bien, elle ne participera pas à la clameur ambiante.
> Elle ne fera pas d'offrandes à l'autel de la Très Sainte Expression de l'Opinion.
> Non, ma langue se laissera plutôt aller à quelque chose de beau et d'inutile : une élégie.
> Le mot seul te fait frissonner, car il est doux à l'oreille, n'est-ce pas ?
> Redisons-le une autre fois puisque nous manquons tous terriblement de douceur : élégie.
> Allez, gâtons-nous : élégie.[331]

L'auteur redevient seulement un personnage public, capable de s'adresser directement aux spectateurs, c'est-à-dire en passant outre un acteur et un metteur en scène, mais aussi parfois outre son propre métier d'auteur qui consiste à inventer des fictions.

Et justement, ce qui est souvent au centre des textes, c'est la question du métier d'auteur. Les auteurs se mettent en scène en train d'écrire, ou mettent en scène la réception de leurs textes, comme c'est le cas pour

---

331 Dominick PARENTEAU-LEBEUF, « L'amour maternel », *Jusqu'où te mènera ta langue*, *Jeu*, n° 146, 2013, p. 103.

Sébastien David dans son texte *La chainsaw et la foule de fillettes* lu lors du spectacle *Jusqu'où te mènera ta langue* en 2012. Ce texte est totalement autoréflexif dans la mesure où il commente le premier texte qu'il avait écrit pour le spectacle créé en 2011 au Jamais Lu et en particulier sa réception.

Lors de ce spectacle, David n'avait pas lu en personne son texte, mais c'est l'auteur-acteur Dany Boudreault qui l'avait fait à sa place et lui avait donc rapporté les impressions du public. C'est donc à partir de ces impressions que David écrit ce deuxième texte dont le titre évoque justement la formule utilisée par Boudreault pour qualifier sa position comme lecteur du texte de David :

> SÉBASTIEN – Lors du Festival du Jamais Lu en avril 2011
> J'ai écrit un texte pour la soirée d'ouverture
> Qui s'intitulait
> Prendre position
> Comme la ligne éditoriale était
> Jusqu'où te mènera ta langue tu suite
> J'avais décidé de me concentrer sur l'instant présent
> Le tu suite
> Un acteur partait de la salle
> Et prenait position sur scène
> Au bar le O Patro Vy's
> Énumérant chacun des gestes qu'il posait
> (Un peu comme ce que je fais présentement)
> Il était alors énervé par la fille au bar qui faisait du bruit en servant des bières
> Prétextant un manque de respect à son égard
> L'insultant
> Sacrant
> Puis ségréguant les spectateurs
> Selon leurs désirs individuels
> Pour finalement se faire avaler par la scène qui s'ouvrait en bouche énorme
> (Y a pas à dire
> On avait du budget)
> Un texte simple où il était question du sens de l'action
> De ce qu'implique prendre position
> À petite échelle
> Dans l'immédiat
> Sur notre entourage
> Puis
> L'équipe est allée faire un extrait de *Jusqu'où te mènera ta langue* ?
> À Longueuil
> Je n'y étais malheureusement pas

J'étais à Québec pour jouer une de mes pièces
Ce jour-là
C'est Dany Boudreault qui a lu mon texte
Après
Je lui ai écrit
– Eille, Dan ! Comment ça s'est passé lundi au Théâtre de la Ville ?
Il m'a répondu
DANY – Tout un débat autour du sacre… Maints détails juteux… Je te raconterai ça un peu
mieux en personne. En lisant ton texte, je me sentais danser avec une chainsaw au milieu
d'une foule de fillettes… Qui l'aurait cru… J'espère que ton show va bien !
xx
SÉBASTIEN – Une chainsaw ?
Une foule de fillettes ?[332]

Ce qui est intéressant dans la forme du texte de Sébastien David, c'est qu'il ne propose ni une première personne directe et explicite comme dans le texte de Philippe Ducros, ni une adresse à lui-même, mais une forme dialoguée plus classique qui fait apparaître des noms de personnages. Or ces personnages n'en sont pas, puisque l'auteur lui-même se met en scène en utilisant son véritable prénom, Sébastien, et de la même façon, comme son histoire est totalement autobiographique, l'interlocuteur du personnage principal, Sébastien, est Dany, c'est-à-dire Dany Boudreault.

Mais cette première forme est modifiée dans la suite du texte, puisque Sébastien David imagine un dialogue qui n'a pas eu lieu et qui fait donc sortir son texte de la stricte autobiographie théâtrale. Il entre petit à petit dans la fiction dont il reste cependant le personnage principal, et l'auteur Sébastien David imagine que son double fictionnel, Sébastien, rencontre les spectateurs de la lecture de son premier texte, comme ici une enseignante :

Une actrice s'avance.
UNE ACTRICE – Moi, mes étudiants parlent moins bien que moi
Et mon rôle, c'est de leur apprendre des beaux mots
Et votre rôle à vous, c'est de nous en apprendre à nous
SÉBASTIEN – A dit une professeure
En 68
Tremblay sortait ses belles-sœurs du placard
Et réussissait à donner un autre rôle au théâtre d'ici

---

332 Sébastien DAVID, « *La chainsaw* et la foule de fillettes », *Jusqu'où te mènera ta langue*, *Jeu*, n° 146, 2013, p. 72-73.

Se reconnaître
Enfin
Et ce jour-là en 2012
On retournait à un vieux débat
Le théâtre sert-il à se reconnaître ou à s'éduquer
Comme si le théâtre ne pouvait être qu'une seule chose[333]

Le texte est alors fortement métathéâtral, tout en ne clarifiant pas tous les éléments de l'énonciation. Si le personnage principal porte le prénom de l'auteur, la situation est pourtant fictive. L'interlocuteur de Sébastien n'est pas non plus présenté dans le texte écrit comme un personnage de fiction à part entière, puisqu'il n'a pas de nom, mais est qualifié simplement par le terme « une actrice » qui évoque le fait qu'il doit être joué par quelqu'un d'autre que l'auteur.

Ainsi la situation, au bord de l'autofiction, n'accepte pas de remplir tous les codes de la fiction théâtrale classique. De plus, au moment même où l'auteur quitte l'autobiographie stricte, il affirme pourtant sa filiation artistique avec le père de toute la dramaturgie québécoise, Michel Tremblay, et cela, autour de la question cruciale de la langue et du sacre.

Malgré la teneur très personnelle des textes, le spectacle est avant tout un acte théâtral, un événement théâtral dans lequel l'idée de performance scénique n'est pas effacée, bien au contraire. Les auteurs, face public, devant des micros sur pied et accompagnés d'un groupe de musique, viennent déclamer, crier, chanter ce qu'ils ont à dire, dans des salles de spectacle, mais aussi dans des lieux plus proches de leur volonté de réintégration à la *polis*, comme par exemple dans le complexe de la Place des arts à Montréal, lieu artistique symbolique puisqu'il s'agit d'un centre (en partie souterrain et commercial) qui réunit plusieurs théâtres, en particulier des théâtres de divertissement, à gros budget (ceux dans lesquels ces auteurs ne se produisent pas vraiment), mais aussi le Musée d'Art Contemporain et des magasins qui conduisent à une station de métro, un lieu de passage par excellence. Dans ce spectacle, c'est l'individu-auteur qui par l'expression de sa voix personnelle, redevient représentatif de la collectivité et reprend une place dans la société, place qu'il craint de perdre dans le milieu théâtral.

---

333 *Ibidem*, p. 75.

Conclusion

Partie du constat, à la suite, notamment, des conclusions de la thèse de Marie-Aude Hemmerlé sur les dramaturgies québécoises[334], que le théâtre québécois contemporain maintenait en vie le personnage, nous voulions comprendre la façon dont ces traces du personnage se développaient dans l'écriture et en quoi elles permettaient de définir du même coup de nouveaux visages de l'auteur dramatique.

Dans un premier temps, prenant acte du fait que le théâtre québécois s'inscrit dans une dynamique globale du théâtre contemporain qui remplace les personnages par des figures, lieux d'énonciation plutôt qu'entités psychologiques, nous avons cherché à définir les spécificités des êtres dramatiques de ce théâtre. C'est notamment autour d'un détournement de la tradition du réalisme psychologique en Amérique du Nord et de la spécificité du parcours de la parole dans le théâtre québécois (du collectif à l'intime et devenue profondément métathéâtrale) que nous avons analysé le personnel dramatique du théâtre québécois contemporain à l'aide de la notion deleuzienne de « déterritorialisation ». En dressant une typologie des personnages dramatiques dans un corpus large, nous avons pu comprendre comment les dramaturges québécois des années 2000 ont inventé des nouvelles modalités d'écriture du personnage. Les personnages de ce corpus n'ont pas de psychologie, souvent pas d'ancrage spatio-temporel et pourtant, ils sont là, ancrés dans la fiction et ils ouvrent des potentialités scéniques riches parce que leur épaisseur ne réside pas dans un passif mais dans les couches d'écriture proposées par les auteurs, notamment grâce à une intertextualité souvent complexe ou à une métathéâtralité vertigineuse. On est loin d'un théâtre québécois « des cuisines » exposant encore et encore les mêmes problématiques familiales et les mêmes personnages stéréotypés.

Ce personnel dramatique, qui prend place dans des dramaturgies imprégnées d'une longue tradition de l'écriture monologuée, réflexive et narrative, est constitué d'êtres sans passé, sans lien familial, apatrides,

334 Marie-Aude HEMMERLÉ, *Représentations et figurations des dramaturgies québécoises contemporaines : de Normand Chaurette à Daniel Danis*, *op. cit.*

monstrueux, naissant de la fiction elle-même ou intertextuels, et des êtres – pour le corpus le plus récent – sans qualité, médiatisés. Or ces êtres font signe vers une seule voix surplombant la fiction, celle d'un dramaturge-rhapsode qui ne cesse de se désigner dans l'écriture comme celui qui lie les voix ensemble.

Le rapport de la voix de l'auteur à l'altérité est au centre du geste créateur en théâtre. Ce geste créateur, ce rapport de l'auteur à sa fiction, en particulier pendant la création des voix du texte est à rattacher aux conditions d'émergence des textes théâtraux, au rapport des auteurs à leurs institutions et à l'histoire du théâtre québécois qui a privilégié à plusieurs reprises le modèle flexible de l'auteur-acteur qui dans sa formulation même expose la disparition de l'entité fictionnelle médium, le personnage. Ainsi, l'invasion du moi multiple de l'auteur dans la fiction théâtrale s'explique au Québec, par l'existence de deux catégories d'auteurs qui, dans les années 2000, ont eu besoin de retrouver une place dans leurs propres œuvres.

La première catégorie est celle des auteurs écrivant depuis les années 1980, s'étant opposés à l'utopie des créations collectives (Normand Chaurette par exemple) ou étant nés de ces écritures à plusieurs dans lesquelles la figure de l'auteur était désacralisée et l'écriture procédait d'un lien fort avec le plateau (Carole Fréchette). Ces auteurs-là ont un rapport problématique à la solitude.

Chaurette qui reste à l'écart du milieu théâtral et universitaire, assume encore le rôle de l'auteur solitaire, mais sa méfiance grandissante pour la forme théâtrale le conduit à écrire des formes qui mettent en avant une voix plus proche de celle du narrateur de roman que de celle du personnage de théâtre. Il confie alors le soin à Denis Marleau, son metteur en scène de prédilection, de provoquer chez lui une distribution de la parole, grâce à un travail en plateau avec des acteurs qui conduit progressivement à la forme dialoguée comme c'est le cas pour *Ce qui meurt en dernier*.

Pour Carole Fréchette, la solitude de l'écriture est une souffrance et si l'une de ses dernières pièces, *Je pense à Yu*, est profondément autoréflexive et qu'elle est accompagnée d'une excroissance théâtrale qui est une autofiction, c'est que Fréchette souhaite se réinventer dans la fiction, inscrire sa présence dans son texte puisqu'elle n'a pas de lien concret avec le plateau qui portera son texte.

En contrepoint, il y a une nouvelle génération d'auteurs, qui ne se définissent pas comme auteurs de plateau, mais dont la formation à l'Ecole nationale de théâtre du Canada – *a priori* seule formation, selon les conseillers dramaturgiques du CEAD, qui permette à un auteur qui n'est pas acteur de voir ses pièces facilement créées au Québec – les a définitivement fait quitter la solitude de l'écriture et concevoir l'écriture comme un dialogue permanent avec d'autres créateurs. C'est le cas d'Étienne Lepage ou de Guillaume Corbeil.

La deuxième catégorie d'auteurs dramatiques est cette catégorie hybride particulièrement encouragée par le contexte de production québécois : l'auteur-acteur ou l'acteur-auteur selon quelle fonction a engendré l'autre.

Dans cette catégorie, on trouve Larry Tremblay qui conçoit son écriture en parallèle de sa pédagogie de jeu et concentre ses pratiques d'écriture sur son corps d'acteur et d'auteur, mais aussi Daniel Danis, issu des arts plastiques, et qui se met en jeu dans ses dernières productions, ou encore François Godin qui écrit pour des voix d'acteurs étant lui-même acteur et doubleur. Dans les archives d'écriture de ces trois auteurs, se trouve d'ailleurs inscrite la question centrale dans l'écriture théâtrale de la ventriloquie et de la négociation de l'auteur avec ses différentes voix. Choisissant des chemins très différents, ils interrogent tous pourtant le rapport corps-voix dans leur pratique même de l'écriture théâtrale.

Cette identité multiple est aussi exploitée par une jeune génération, au premier rang de laquelle, des auteurs, qui ont été dits migrants, puis « issus d'une minorité culturelle », écrivains de plateau, acteurs-auteurs qui fondent leur écriture sur la complexité de la définition de leur propre identité et produisent donc des personnages qui sont leurs avatars. C'est le cas de Wajdi Mouawad ou plus récemment de Mani Soleymanlou.

Les auteurs du théâtre québécois des années 2000, issus de ces différents profils, ont donc bien une passion commune, l'exploration d'eux-mêmes, qui prend une part grandissante dans leurs œuvres et empêche de plus en plus le surgissement de personnages et donc d'une altérité, phénomène à rapprocher des formes scéniques performatives dans lesquels l'acteur ne fait plus non plus advenir une altérité, comme l'explique Anne-Françoise Benhamou :

> Ce symptôme est général, le contournement du personnage omniprésent : [...] s'agit-il d'une crise de la notion d'altérité et l'idée même de la représentation de l'un par un autre ? [...] Quelle relation juste entre un sujet et un « personnage » ? [...] Un homme, en somme, peut-il prétendre devant les spectateurs rendre compte d'une altérité ?[335]

---

335 Anne-Françoise BENHAMOU, *Dramaturgies de plateau*, Besançon, Les Solitaires intempestifs, 2012, p. 141-142.

Par ailleurs, si nous avons défini ces profils d'auteurs comme spécifiques à l'histoire du théâtre québécois, le résultat dramaturgique qui en découle (l'avènement de dramaturgies qui exposent la voix de l'écriture et mettent en scène la genèse des pièces plutôt que les pièces elles-mêmes) est à considérer comme un phénomène observable, de la même façon, dans le théâtre contemporain européen. Plusieurs auteurs européens ont définitivement abandonné la figure du personnage pour exposer leur propre voix, cette voix d'avant le partage opéré dans la genèse (on peut penser à Falk Richter ou Tim Crouch).

En tout cas, le lecteur-spectateur a de plus en plus accès à cette seule voix reconnaissable dans l'écriture théâtrale selon le dramaturge et romancier québécois Martin Thibault : la « voix de la solitude » de l'auteur[336]. Cette parole non distribuée, cette voix de l'écriture, est grandissante dans les œuvres ainsi que le moi de l'auteur, en particulier dans un corpus québécois qui continue de jouer avec des figures de la métathéâtralité : le moi ludique du solo, de la performance autofictionnelle, le moi démultiplié de dramaturgies qui miment leurs genèses, le moi public d'auteurs qui souhaitent réinscrire leurs paroles dans la cité.

Cette figure de l'auteur dramatique qui assume l'éclatement de sa voix, sans pour autant faire advenir des autres – une humanité qui serait

---

336 « Qui parle sur scène dans ces voix empruntées le temps d'une aventure dramatique ? L'auteur de la pièce, c'est entendu, cet homme ou cette femme qui a pris la plume comme un Icare naïf convaincu de pouvoir embrasser le soleil, en rapporter un morceau, nous y faire goûter surtout, à nous public affamé, à cette lumière qui symbolise si justement la vérité. Pour une heure ou deux, y faire croire, donc, à ces corps qui s'activent dans l'espace, à leurs paroles, à toute cette mise en scène faite pour nous donner la chance de toucher à la magie du moment. Mais encore ? De quelle voix parle-t-on ? Chacun habiterait sa propre voix, très distinctive, donc, cela s'entendrait pareillement dans la salle. Mais au moment de l'écriture, dans ma tête d'auteur, est-ce si net ? À vrai dire, quand je laisse courir mes doigts sur le clavier de l'ordinateur, je ne trouve pas de différence marquée dans la voix des deux personnages. [...]Au théâtre, il n'en va pas autrement [que dans la musique]. Les acteurs sont des instruments. Bien entendu, cela n'a aucune connotation négative. Ils jouent chacun une partie de la pièce, et c'est l'ensemble, le tout, qui forme l'œuvre. Leurs voix harmonisées, rythmées, orchestrées sont la voix reconstituée de l'auteur. Déphasée aussi, cette voix, puisque émise pour la première fois dans un passé plus ou moins récent, le moment de l'écriture, et dans un lieu autre : l'atelier, le bureau... Mais identique à celle que l'on retrouvera dans chacune de ses pièces, la même qui résonne en lui depuis toujours, sa plus vieille compagne. La voix de ce qui le rend unique. La voix de sa solitude. », Martin THIBAULT, « La voix de l'auteur dramatique », *Liberté*, vol. 43, n° 1, 2001, p. 108-111.

entièrement détachée de son ventriloque – devient le suprapersonnage, « homme-médium » des fictions théâtrales québécoises de la première décennie du XXIe siècle.

Ainsi, l'auteur dramatique québécois, s'il a de plus en plus de difficultés à faire advenir une altérité dans son texte (un personnage à proprement parler qui serait totalement indépendant de sa propre parole), multiplie en revanche les liens avec les autres actants du processus dramatique. Il se plaît aussi à multiplier ses visages dans des formes théâtrales qui jouent avec les frontières de l'autofiction et à proposer des possibilités de personnage, des modalités d'énonciation, plutôt que des personnages aboutis.

L'auteur dramatique devient donc un auteur hypermoderne – au-delà d'un théâtre postmoderne –, dans le sens employé par la sociologue Nicole Aubert quand elle parle de « l'individu hypermoderne[337] ». Mais cet auteur hypermoderne, qui donne désormais à voir dans les versions finales de ses pièces ou dans des versions de travail rendues publiques la fragmentation de sa voix, son combat avec ses voix intérieures – auteur pareil à ses contemporains qui, à l'ère numérique, se construisent de multiples identités sur les réseaux sociaux et exposent leur voix intime –, est-il désormais condamné à ne plus faire advenir la voix d'une réelle altérité construite et qui ne renverrait pas toujours, dans le cadre d'une dramaturgie autoréflexive, quand elle n'est pas explicitement autofictionnelle, à une rhapsodie ou une ventriloquie exhibée ?

Cette fascination des auteurs pour leur moi-créateur comme matériau dramaturgique s'est en tout cas déplacée de l'espace de la genèse des textes

337 « En s'étendant peu à peu à tous les domaines, avec des acceptions pas toujours similaires, le concept de postmodernité s'est peu à peu délité et ne permet plus vraiment de rendre compte des bouleversements les plus récents de la société contemporaine. En lui substituant celui d'hypermodernité, nous soulignons le fait que la société dans laquelle évoluent les individus contemporains a changé. L'accent est mis non pas sur la rupture avec les fondements de la modernité, mais sur l'exacerbation, sur la radicalisation de la modernité. [...]

Dans un contexte où les possibilités et les limites du moi de chacun ne sont plus fournies par les rôles sociaux traditionnels et par l'appartenance sociale, l'individu est appelé à se produire lui-même et à s'interroger sur les nouvelles limites de son identité : jusqu'où est-il lui-même ? Cette forme d'expérimentation de soi, consistant à se mettre dans la peau d'un autre que lui, est ainsi une manière, pour l'individu contemporain, de porter sur lui-même un regard réflexif et d'apprendre à mieux se situer et à mieux s'expérimenter », Nicole AUBERT, *L'individu hypermoderne*, Toulouse, Éditions Érès, 2006, http://www.cairn.info/l-individu-hypermoderne--9782749203126-page-11.htm, consulté le 5 février 2014.

à celui de l'espace public de diffusion et il renouvelle encore une fois (car c'est là le fil rouge de toute la dramaturgie québécoise depuis 1968) la question identitaire en la rendant abyssale (l'angoisse de ne plus réussir à se trouver dans un monde d'interfaces, de profils et d'avatars) et plus seulement politique et contextualisée.

Bibliographie

Textes écrits par des dramaturges québécois cités dans l'ouvrage

BERTHIAUME, Sarah, « Le Tropisme Folk », Carte blanche, *Jusqu'où te mènera ta langue*, 2 octobre 2013, Francophonies en Limousin.

BOUCHARD, Michel Marc, *Sous le regard des mouches*, Paris, Éditions théâtrales, 2001.

BRASSARD, Marie, *La Noirceur*, tapuscrit, 2008.

BRASSARD, Marie, *Moi qui me parle à moi-même dans le futur*, tapuscrit, version Vienne 2010.

BRASSARD, Marie, « Tout peut arriver », http://infrarouge.org/?cat=26#, consulté le 21 janvier 2014.

CHAURETTE, Normand, *Stabat Mater II*, Montréal-Arles, Leméac/Actes Sud, 1999.

CHAURETTE, Normand, *Le Petit Köchel*, Montréal-Arles, Leméac/Actes Sud, 2000.

CHAURETTE, Normand, *Ce qui meurt en dernier*, Montréal-Arles, Leméac/Actes Sud, 2010.

CHENELIÈRE, Evelyne de la, *Le Plan américain*, Montréal, Leméac, 2010.

CHENELIÈRE, Evelyne de la, *La Chair et autres fragments de l'amour*, Montréal, Leméac, 2012.

CHOINIÈRE, Olivier, *Félicité*, Montréal, Dramaturges Éditeurs, 2007.

CORBEIL, Guillaume, *Nous voir nous (Cinq visages pour Camille Brunelle)*, Montréal, Leméac, 2013.

DANIS, Daniel, « Actes d'avant l'écriture », *Moebius : Écritures/Littérature*, n° 91, 2001.

DANIS, Daniel, *Le Langue-à-langue des chiens de roche*, Paris, L'Arche, 2002.

DANIS, Daniel, *e [un roman-dit]*, Paris, L'Arche, 2005.

DANIS, Daniel, *Le Chant du dire-dire*, Paris, L'Arche, 2000/ Montréal, Leméac, 2006.

DANIS, Daniel, *Terre Océane*, Paris, L'Arche, 2007.

DANIS, Daniel, *Bled*, Paris, L'Arche, 2008.

DANIS, Daniel, *Kiwi*, Paris, L'Arche, 2008.

DANIS, Daniel, *La Trilogie des flous* [comprenant *Mille Anonymes* et *Ayiti tè frajil ou L'île saline*], Paris, L'Arche, 2010.

DANIS, Daniel, *La Scaphandrière*, suivi de *L'Enfant lunaire*, Paris, L'Arche, 2011.

DAVID, Sébastien, « *La chainsaw* et la foule de fillettes », *Jusqu'où te mènera ta langue*, *Jeu*, n° 146, 2013, p. 72-73.

DUBOIS, Marcelle, « Parce que la fiction ne suffit plus », *Jeu*, n° 146, p. 64.

DUCROS, Philippe, « Je me souviens », *Jusqu'où te mènera ta langue*, *Jeu*, n° 146, 2013, p. 78.

FRÉCHETTE, Carole, *Je pense à Yu*, Montréal-Arles, Actes Sud Papiers, 2012.

FRÉCHETTE, Carole, « Coup de blues sur mon métier », *Blogue du CEAD*, 22 mars 2011, http://www.cead.qc.ca/blogue/?p=287, consulté le 8 janvier 2014.

GODIN, François, *Louisiane Nord*, Montréal, Leméac, 2004.

LARAMÉE, Justin, *Transmissions*, Montréal, Dramaturges Éditeurs, 2008.

LASALLE, Pier-Luc, *Judith Aussi*, Montreuil, Éditions Théâtrales, 2010.

LÉGER, Catherine, *Voiture américaine*, Montréal, Leméac, 2015.

LEPAGE, Étienne, *Rouge Gueule*, Montréal, Dramaturges éditeurs, 2009.

PARENTEAU-LEBEUF, Dominick, *Poème pour une nuit d'anniversaire*, Carnières-Morlanwelz, Éditions Lansman, 1997.

PARENTEAU-LEBEUF, Dominick, « L'amour maternel », *Jusqu'où te mènera ta langue*, *Jeu*, n° 146, 2013.

MOUAWAD, Wajdi, *Seuls, Chemins, texte et peintures*, Montréal-Arles, Leméac/Actes-Sud, 2008.

SOLEYMANLOU, Mani, *Un*, Québec, L'Instant Même, « L'Instant Scène », 2012.

SOUCY, Gaëtan, *Catoblépas*, Montréal, Boréal, 2001.

TREMBLAY, Larry, *Le Ventriloque*, Carnières-Morlanwelz, Éditions Lansman, 2003 [2001].

TREMBLAY, Larry, *L'Histoire d'un cœur*, Carnières-Morlanwelz, Éditions Lansman, 2006.

TREMBLAY, Larry, *Le Problème avec moi*, Carnières-Morlanwelz, Éditions Lansman, 2007.

TREMBLAY, Larry, *Abraham Lincoln va au théâtre*, Carnières-Morlanwelz, Éditions Lansman, 2008.

TREMBLAY, Larry, *Cantate de guerre*, Carnières-Morlanwelz, Éditions Lansman, 2011.

TREMBLAY, Larry, *L'Enfant matière*, Carnières-Morlanwelz, Éditions Lansman, 2012.

Blogue du Jamais Lu, www.jamaislu.com/blogue/.

Ouvrages critiques

Ouvrages généraux sur l'individu (sociologie, anthropologie, philosophie)

AGAMBEN, Giorgio, *L'Ouvert, De l'homme et de l'animal*, Paris, Payot, 2002.

AUBERT, Nicole, *L'Individu hypermoderne*, Toulouse, Éditions Érès, 2006, http://www.cairn.info/l-individu-hypermoderne--9782749203126-page-11.htm, consulté le 5 février 2014.

AUBERT, Nicole et Claudine HAROCHE (dir.), *Les Tyrannies de la visibilité*, Toulouse, Édition Érès, 2011.

DELEUZE, Gilles et Félix GUATTARI, *Mille plateaux*, Paris, Éditions de Minuit, 1980.

DERRIDA, Jacques, *L'animal que donc je suis*, Paris, Galilée, 2006.

FLAHAUT, François, « *Be Yourself* » *: au-delà de la conception occidentale de l'individu*, Paris, Mille et une nuits, 2006.

JOST, François, *Télé-réalité*, Paris, Éditions Le cavalier bleu, 2009.

MAFFESOLI, Michel, *Le Temps des tribus, Le déclin de l'individualisme dans les sociétés postmodernes*, Paris, La Table ronde, 2000.

SURYA, Michel, *Humanimalités*, Paris, Éditions Léo Scheer, 2004.

TISSERON, Serge, *L'intimité surexposée*, 2001, Paris, Ramsay.

Ouvrages généraux sur le théâtre

Monographies

BANU, Georges (dir.), *L'Enfant qui meurt, Motif avec variations*, Montpellier, Éditions L'Entretemps, coll. Champ Théâtral, 2010.

BENHAMOU, Anne-Françoise, *Dramaturgies de plateau*, Besançon, Les Solitaires intempestifs, 2012.

DIMITRIADIS, Dimitris, *Le Théâtre en écrit*, Besançon, Les solitaires intempestifs, 2009.

FÉRAL, Josette, Jeannette LAILLOU SAVONA et Edward A. WALKER (dir.), *Théâtralité*, écriture et mise en scène, Québec, Hurtubise, 1985.

PIEMME, Jean-Marie, *L'écriture comme théâtre*, Carnières-Morlanwelz, Lansman, 2012.

RYNGAERT, Jean-Pierre, *Écritures dramatiques contemporaines*, Paris, Armand Colin, 2011.

RYNGAERT, Jean-Pierre et Julie SERMON, *Théâtres du XXIème siècle*, Paris, Armand Colin, 2012.

SARRAZAC, Jean-Pierre, *Théâtres Intimes*, Arles, Actes Sud, coll. « Le temps du théâtre », 1989.

SARRAZAC, Jean-Pierre, *L'Avenir du drame*, Paris, Circé, 1999.

SARRAZAC, Jean-Pierre, *Poétique du drame moderne*, De Henrik Ibsen à Bernard-Marie Koltès, Paris, Seuil, 2012.

Périodiques et articles

« Le théâtre d'aujourd'hui : histoires, sujets, fables », *Théâtre/Public*, n° 188, mars 2008.

«La lecture sur le vif», *Agôn* [En ligne], Enquêtes, Des lectures, pour quoi faire ?, mis à jour le : 10/11/2011, URL : http://agon.ens-lyon.fr/index.php?id=1876.

FORSTER, Siegfried, « Les espoirs des collectifs d'auteurs francophones », *RFI*, 7 octobre 2013, http://www.rfi.fr/afrique/20131007-francophonies-collectifs-auteurs-francophones-espoir-etre-entendu, consulté le 8 janvier 2014.

FOUQUET, Ludovic, « L'écart et la surface : prémices d'une poétique du corps écranique », *Cahiers de théâtre Jeu*, n° 108, 2003 (3), p. 114-120.

OUAKNINE, Serge, « Le réel théâtral et le réel médiatique », *Jeu*, n° 44, 1987, p. 93-111.

SIAUD, Florent, «L'entrée en scène d'un dramaturge», *Agôn* [En ligne], Entretiens & Portraits, http://agon.ens-lyon.fr/index.php?id=628, consulté le 11 janvier 2012.

Ouvrages sur le personnage (de théâtre)

ABIRACHED, Robert, *La Crise du personnage dans le théâtre moderne*, Paris, Gallimard, collection « Tel », 1994.

JOUVE, Vincent, *L'Effet-personnage dans le roman*, PUF, « Écriture », 2001.

LE PORS, Sandrine, *Le théâtre des voix, à l'écoute du personnage et des écritures contemporaines*, Rennes, Presses Universitaires de Rennes, coll. « Le spectaculaire », 2011.

MONTALBETTI, Christine, *Le personnage*, Paris, Garnier Flammarion, 2003.

RYNGAERT, Jean-Pierre et Julie SERMON, *Le Personnage théâtral contemporain : décomposition, recomposition*, Paris, Éditions Théâtrales, 2006.

ZARAGOZA, Georges, *Le personnage de théâtre*, Paris, Armand Colin, 2006.

Ouvrages sur l'auteur (de théâtre)

Monographies

BRUNN, Alain (dir.), *L'auteur*, Paris, GF Flammarion, Corpus, 2001.

DESEILLIGNY, Oriane et Sylvie DUCAS (dir.), *L'auteur en réseau, les réseaux de l'auteur*, Paris, Presses Universitaires de Paris Ouest, 2013.

HEINICH, Nathalie, *Être écrivain : Création et identité*, Paris, Éditions de la Découverte, 2000.

MAINGUENEAU, Dominique, *Le discours littéraire, paratopie et scène d'énonciation*, Paris, Armand Colin, 2004.

PUGNET, Nathalie (dir.), *Les doubles je[ux] de l'artiste*, Aix-en-Provence, Presses Universitaires de Provence, 2012.

Périodiques et articles

BERNARD, Michel, « Voix de l'auteur, voix de l'acteur », *in* « Entre deux, du théâtral et du performatif », *Théâtre/Public*, n° 205, Genevilliers, juillet-septembre 2012, p. 36-43.

JUBINVILLE, Yves, « L'auteur dramatique du laboratoire à l'espace public : entretien avec Lise Vaillancourt », *Voix et Images*, vol. 34, n° 3 (102), printemps-été 2009, p. 20.

JUBINVILLE, Yves, « Portrait de l'auteur dramatique en mutant », *Voix et images*, vol. 34, n° 3 (102), printemps-été 2009, p. 67-78, http://www.erudit.org/revue/vi/2009/v34/n3/037665ar.html?vue=integral, consulté le 9 janvier 2014.

LEROUX, Louis-Patrick, « Théâtre autobiographique : quelques notions », *Jeu*, n° 111, 2004, p. 75-85.

LEROUX, Louis-Patrick, « Condition de l'auteur dramatique dans l'espace théâtral contemporain : des textes en trop ? », *in* « L'Amérique francophone pièce sur pièce : Dramaticité innovante et dynamique transculturelle », *L'Annuaire théâtral*, n° 50-51, automne 2011-printemps 2012, p. 45-46.

THIBAULT, Martin, « La voix de l'auteur dramatique », *Liberté*, vol. 43, n° 1, 2001, p. 108-111.

Ouvrages généraux sur la littérature et le théâtre québécois

Monographies

HAMEL, Réginald (dir.), *Panorama de la littérature québécoise*, Montréal, Guérin, 1997.

HÉBERT, Chantal et Irène PÉRELLI-CONTOS (dir.), *La Narrativité contemporaine au Québec, 2 : le théâtre et ses nouvelles dynamiques narratives*, Québec, les presses de l'Université Laval, 2004.

HEMMERLÉ, Marie-Aude, *Représentations et figurations des dramaturgies québécoises contemporaines : de Normand Chaurette à Daniel Danis*, thèse de doctorat dirigée par M. Jean-Pierre Ryngaert, Université Sorbonne Nouvelle – Paris 3, 2010.

LAFON, Dominique (dir.), *Le Théâtre québécois 1975-1995*, Montréal, Fides, coll. « Archives des lettres canadiennes », tome X, 2001.

NEPVEU, Pierre, *L'écologie du réel. Mort et naissance de la littérature québécoise contemporaine. Essais*, Montréal, Boréal, 1999.

PRZYCHODZEN, Janusz, *Vie et mort du théâtre au Québec*, Paris, L'Harmattan, 2005.

Périodiques et articles

« L'Amérique francophone pièce sur pièce : Dramaticité innovante et dynamique transculturelle », *L'Annuaire théâtral*, n° 50-51, automne 2011-printemps 2012.

« Échos d'Amérique », *Jeu*, n° 114, 2005.

« Les animaux en scène », *Jeu*, Montréal, n° 130, 2009.

« Les langues de la dramaturgie québécoise contemporaine », *Études Françaises*, vol. 43, n° 1, 2007.

« Personnages », *Jeu*, Montréal, n° 83, 1997.

« Paroles d'auteurs », *Jeu*, Montréal, n° 120, 2006.

« Trajectoires de l'auteur dans le théâtre contemporain », *Voix et images*, vol. 34, n° 3, printemps-été 2009.

« Ruptures et Filiations, Le festival du Jamais Lu », *Liberté*, n° 291, vol. 52, n° 3, avril 2011.

BLONDE, David, « Entre Oreste et Barbe-bleue : la violence dans la scène familiale québécoise, 1981-2002 », *L'Annuaire théâtral*, n° 32 (automne 2002), p. 129-149.

DESROCHERS, Nadine, « Avatars dramaturgiques ou idéologiques : confession, contrition et comparution dans le théâtre québécois contemporain », *Annuaire théâtral*, n° 31, 2002, p. 119-133.

GUAY, Hervé, « Le nouveau désarroi amoureux et quelques vertiges identitaires », *Jeu*, n° 120, 2006, p. 96-104.

HEMMERLÉ, Marie-Aude, « Les nouvelles écritures dramatiques du Québec », « Théâtres du contemporain », *Revue d'Études théâtrales, Registres*, n° 11-12, Paris, Presses Sorbonne nouvelle, hiver 2006-printemps 2007.

JUBINVILLE, Yves, « Sur les bords de l'Amérique : scènes de l'écriture québécoise contemporaine », *Jeu*, n° 114, 2005 (1), p. 107-112.

LAPOINTE, Christian, « Faire comme si », *Jeu*, n° 141, 2011, p. 63.

LAZARIDÈS, Alexandre, « Figures masculines : un état des lieux », *Jeu*, n° 97, 2000, p. 32-49.

LESAGE, Marie-Christine, « La dramaturgie québécoise contemporaine : Petits instantanés d'un paysage en pleine transformation », *Pausa*, n° 32, 2010.

PAVLOVIC, Diane, « Le théâtre québécois récent et l'américanité », *Études françaises*, vol. 26, n° 2, 1990, p. 41-48.

ROBERT, Lucie, « Pour une histoire de la dramaturgie québécoise », *L'Annuaire théâtral*, 5-6, 1989.

ROBERT, Lucie, « L'Américanité de la dramaturgie québécoise », *Études Françaises*, vol. 26, n° 2, 1990, p. 61-64.

RONFARD, Jean-Pierre, « Opinion. Le triomphe du mélo », *Jeu*, n° 51, juin 1989, p. 32-34.

RYNGAERT, Jean-Pierre, « Figures du mélodrame dans le théâtre d'aujourd'hui », *L'Annuaire Théâtral*, n° 50-51, automne 2011- printemps 2012, p. 171-179.

SAINT-PIERRE, Christian, « Jeu réaliste : le point de vue des auteurs », *Jeu*, n° 129, (4) 2008, p. 153-158.

WEISS, Jonathan, « Le théâtre québécois : une histoire de famille », *L'Annuaire théâtral*, n° 5-6, 1988-1989, p. 131-140.

Ouvrages et articles sur les dramaturges québécois

Marie Brassard

FORTIN, Dominique, *Mise en voix de l'intime, étude de cinq solos de Marie Brassard*, mémoire de maîtrise présenté à l'Université de Montréal, décembre 2012.

DAVID, Gilbert, « Monodrame et performance autofictionnelle dans les solos de Marie Brassard », *L'Annuaire théâtral*, n° 47, 2010, p. 103-121.

Évelyne de la Chenelière

MILL, Jessie, « Frotter son langage contre l'autre », site de l'Espace Go, http://www.espacego.com/saison2011-12/prog_5.3.php, consulté le 15 janvier 2012. PROULX, Mélissa, « Évelyne de la Chenelière. Autopsie d'une âme », *Voir*, 19 avril 2012, http://voir.ca/scene/2012/04/19/evelyne-de-la-cheneliere-autopsie-dune-ame/, consulté le 25 janvier 2012.

SAINT-PIERRE, Christian, « Portraits de famille : *Le Plan américain* », *Jeu*, n° 128, 2008, p. 15-17.

STASINOPOULOU, Maria, « L'ultime pas de deux de Simone et Jean », *Jeu*, n° 144, (3) 2012, p. 27-29.

Normand Chaurette

DAVID, Gilbert, « Espace mental et espace monde, sur *Ce qui meurt en dernier* et *Homme sans but* », *Spirale*, n° 221, 2008, p. 44-45.

GODIN, Jean Cléo, « Chaurette Playhouse », *in* Jean Cléo GODIN et Dominique LAFON (dir.), *Dramaturgies québécoises des années quatre-vingt*, Montréal, Leméac, 1999, p. 103-146.

RIENDEAU, Pascal, *La Cohérence fautive, L'hybridité textuelle dans l'œuvre de Normand Chaurette*, Québec, Nuit Blanche éditeur, 1997.

SIAUD, Florent, « De ce qui naît en premier à *Ce qui meurt en dernier* », *Jeu*, n° 136, 2010, p. 68-74.

SAINT-PIERRE, Christian, « Briller par son absence. La figure de l'enfant dans le théâtre de Normand Chaurette », *Jeu*, n° 142, 2012, p. 62-67.

TREMBLAY, Julie, « Les voix dévorantes du *Stabat Mater II* », *L'Annuaire théâtral*, n° 36 (automne 2004), p. 141-155.

Olivier Choinière

JACQUES, Hélène, « Rêves à la une », *Jeu*, n° 137, 2010, p. 14-16.

VIGNEAULT, Alexandre, « Écrire des images dans la tête », *La Presse*, 10 avril 2010, www.cyberpresse.ca/arts/spectacles-et-theatre/theatre/201004/10/01-4269187-olivier-choiniere-ecrire-des-images-dans-les-tetes.php, consulté le 1er mars 2012.

Daniel Danis

DESROCHERS, Nadine, « Le récit dans le théâtre de Daniel Danis », *L'Annuaire Théâtral*, n° 26, 1999, p. 119-132.

GOIAN, Flavia, *La question identitaire comme enjeu d'une parole codée dans les écrits rêviques, La Trilogie des souliers de Daniel Danis*, Mémoire de DEA, dirigé par Jean-Pierre Ryngaert, Université de la Sorbonne Nouvelle-Paris III, 2004-2005.

HEMMERLÉ, Marie-Aude, « Figures du double dans *e* de Daniel Danis », *L'Annuaire Théâtral*, n° 45, 2009, p. 175-187.

LESAGE, Marie-Christine, « Dans le "liquide du récit" : Daniel Danis, écrivain scénique », non publié.

PLOURDE, Élisabeth, « La clameur des chiens de roche : *Le Langue-à-langue des chiens de roche* », *Jeu*, n° 115 (2), 2005, p. 71-75.

RYNGAERT, Jean-Pierre, « Le Québec comme réserve d'émotions et territoire de l'âme pour les Français : Michel Tremblay et Daniel Danis à Paris », *L'Annuaire Théâtral*, n° 27, 2000, p. 147-159.

François Godin

CADIEUX, Alexandre, « Éloge de la fuite en avant : *Je suis d'un would be pays* », *Jeu*, n° 125, 2007, p. 12-16.

GAGNON, Lise, « L'auteur-acteur : quand le jeu gouverne l'écriture. Entretien avec Louise Bombardier et François Godin », *Jeu*, n° 120, 2006, p. 137-148.

GODIN, François, « Aiguillages », *Jeu*, n° 127, 2008, p. 113-116.

POPOVIC, Pierre, « Les abandonnés : *Louisiane Nord* », *Jeu*, n° 112, 2004. p. 7-11.

Pier-Luc Lasalle

CADIEUX, Alexandre, « Jouer le jeu », *Jeu*, n° 139, 2011, p. 159-160.

Étienne Lepage

COUTURE, Philippe, « Pour en finir avec le théâtre engagé, Entretien avec Étienne Lepage », *Jeu*, n° 139, 2011, p. 79-84.

JACQUES, Hélène, « Consensuelle provocation », *Jeu*, n° 135, 2010, p. 84-89.

JARQUE, Alexandra, « La fable du notable et du gagne-petit », *Jeu*, n° 142, 2012, p. 12-15.

Wajdi Mouawad

FISHER, Dominique. D., « L'écriture du spectacle *Seuls* de Wajdi Mouawad : poétique et détours transculturels », *L'Annuaire théâtral*, n° 50-51, 2011-2012, p. 125-139.

Mani Soleymanlou

LABRECQUE, Marie, « Moi et l'autre », *Le Devoir*, 28 septembre 2013, http://www.ledevoir.com/culture/theatre/388653/moi-et-l-autre. Consulté le 4 mars 2014.

OLIVIER, Aurélie, « Deux : moi et l'autre », *Jeu*, 27 septembre 2013, http://www.revuejeu.org/critiques/aurelie-olivier/deux-moi-et-l-autre. Consulté le 5 mars 2014.

Larry Tremblay

BOUCHET, Pauline, « Une Leçon d'anatomie », *Agôn*, http://agon.ens-lsh.fr/index.php?id=867. Consulté le 6 juin 2011.

DAVID, Gilbert (dir.), *Le Corps déjoué. Figures du théâtre de Larry Tremblay*, Carnières-Morlanwelz, Éditions Lansman, 2009.

GAGNON, Marie-Ève, « L'homme désintégré », *Spirale*, Montréal, février 1989.

JUBINVILLE, Yves, « La stratégie du miroir. Rites génétiques dans *Le ventriloque* et *Abraham Lincoln va au théâtre* », *in* Gilbert DAVID (dir.), *Le Corps déjoué. Figures du théâtre de Larry Tremblay*, Carnières-Morlanwelz, Éditions Lansman, 2009.

MOSS, Jane, « Larry Tremblay et la dramaturgie de la parole », *L'Annuaire théâtral*, n° 21, printemps 1997, p. 62-83.

OLIVIER, Aurélie, « Les matriochkas de Larry Tremblay : *Abraham Lincoln va au théâtre* », *Jeu*, n° 129, (4) 2008, p. 7-11.

ROBERT, Lucie, « L'écrivain au théâtre », *Voix et Images*, vol. 33, n° 2 (98), hiver 2008, p. 156-164.

SAINT-HILAIRE, Jean, « Le retour d'un auteur éclectique », sur *Le Ventriloque, Le Soleil*, Montréal, 6 décembre 2003.

Michel Tremblay

DAVID, Gilbert et Pierre LAVOIE (dir.), *Le Monde de Michel Tremblay* [1993], vol. 1, « Théâtre », édition revue et augmentée, Carnières-Morlanwelz, Éditions Lansman, 2003.

Ouvrages parus dans la collection

N° 34 – Pauline Bouchet, *Les voix du théâtre québécois contemporain. De l'auteur au personnage et vice-versa*, 2019, ISBN 978-2-8076-0666-1

N° 33 – Satyha Rao (dir.), *La présence franco-européenne dans l'Ouest canadien d'hier à aujourd'hui*, 2018, ISBN 978-2-8076-0956-3

N° 32 – Adeline Vasquez, *Aider les Acadiens ? Bienfaisance et déportation 1755-1776. Préface de Martin Paquet*, 2018, ISBN 978-2-8076- 0977-8

N° 31 – Oriana Palusci (ed), *Green Canada*, 2016, ISBN 978-2-87574- 370-1

N° 30 – Hélene Harter et Serge Jaumain (dir.), *Le Canada : un pays divers. La diversité culturelle au Canada vue par Jean-Michel Lacroix*, 2016, ISBN 978-2-87574-340-4

N° 29 – Emmanuelle Bribosia et Isabelle Rorive (dir.), *L'accommodement de la diversité religieuse. Regards croises – Canada, Europe, Belgique*, 2015, ISBN 978-2-87574-237-7

N° 28 – Keith Battarbee & John Erik Fossum (eds.), *The Arctic Contested*, 2014, ISBN 978-2-87574-206-3

No. 27 – Céline Préaux, *Le déclin d'une élite. Francophones d'Anvers – anglophones de Montréal*, 2013, ISBN 978-2-87574-081-6

No. 26 – Pierre Hamel et Jean-Michel Lacroix, *Les relations Québec-Canada. Arrêter le dialogue de sourds ?*, 2013, ISBN 978-2-87574-054-0

No. 25 – Tina Mouneimné, *Vers l'imaginaire migrant. La fiction narrative des écrivains immigrants francophones au Québec (1980-2000)*, 2013, ISBN 978-2-87574-032-8

No. 24 – Rémy Tremblay & Hugues Chicoine (eds.), *The Geographies of Canada*, 2013, ISBN 978-2-87574-017-5

N° 23 – Jean-Michel Lacroix et Gordon Mace (dir.), *Politique étrangère comparée : Canada – Etats-Unis*, 2012, ISBN 978-90-5201-783-9

No. 22 – Éric Tabuteau & Sandrine Tolazzi (eds./dir.), *"A Safe and Secure Canada". Politique et enjeux sécuritaires au Canada depuis le 11 septembre 2001*, 2011, ISBN 978-90-5201-715-0

No. 21 – Héliane Daziron-Ventura & Marta Dvořák (eds.), *Resurgence in Jane Urquhart's Œuvre*, 2010, ISBN 978-90-5201-634-4

No. 20 – Pierre Anctil, André Loiselle & Christopher Rolfe (eds./dir.), *Canada Exposed / Le Canada à découvert*, 2009, ISBN 978-90- 5201-548-4

No. 19 – Gunilla Florby, Mark Shackleton & Katri Suhonen (eds.), *Canada : Images of a Post/National Society*, 2009, ISBN 978-90-5201-485-2

No. 18 – André Magord, *The Quest for Autonomy in Acadia*, 2009, ISBN 978-90- 5201-476-0

No. 17 – Carmen Concilio & Richard J. Lane (eds.), *Image Technologies in Canadian Literature. Narrative, Film, and Photography*, 2009, ISBN 978-90-5201-474-6

No. 16 – John-Erik Fossum, Johanne Poirier & Paul Magnette (eds.), *The Ties that Bind. Accommodating Diversity in Canada and the European Union*, 2009, ISBN 978-90-5201-475-3

N° 15 – Pascale Visart de Bocarmé & Pierre Petit (dir./eds.), *Le « Canada inuit ».Pour une approche réflexive de la recherche anthropologique autochtone / "Inuit Canada". Reflexive Approaches to Native Anthropological Research*, 2008, ISBN 978-90-5201-427-2

N° 14 – Serge Jaumain et Nathalie Lemarchand (dir.), *Vivre en banlieue. Une comparaison France/Canada*, 2008, ISBN 978-90-5201-415-9

N° 13 – Nick Novakowski & Rémy Tremblay (eds.), *Perspectives on Ottowa's High-tech Sector*, 2007, ISBN 978-90-5201-370-1

N° 12 – Jean-François de Raymond, *Diplomates écrivains du Canada. Des voix nouvelles*, 2007, ISBN 978-90-5201-346-6

N° 11 – Claire Omhovere, *Sensing Space. The Poetics of Geography in Contemporary English-Canadian Writing*, 2007, ISBN 978-90-5201-053-3

N° 10 – Caroline Zeau, *L'Office national du film et le cinéma canadien (1939-2003). Eloge de la frugalité*, 2006, ISBN 978-90-5201-338-1

N° 9 – Serge Jaumain et Paul-André Linteau (dir.), *Vivre en ville. Bruxelles et Montréal (XIX*e*-XX*e *siècles)*, 2006, ISBN 978-90-5201-334-3

N° 8 – Madeleine Frederic et Serge Jaumain (dir.), *Regards croisés sur l'histoire et la littérature acadiennes*, 2006, ISBN 978-90-5201-333-6

N° 7 – Pierre Anctil & Zilá Bernd (eds./dir.), *Canada from the Outside In. New Trends in Canadian Studies / Le Canada vu d'ailleurs. Nouvelles tendances en etudes canadiennes*, 2006, ISBN 978-90-5201-041-0

N° 6 – Anne Morelli et José Gotovitch (dir.), *Contester dans un pays prospère. L'extrême gauche en Belgique et au Canada*, 2007, ISBN 978-90-5201-309-1

N° 5 – Britta Olinder (ed.), *Literary Environments. Canada and the Old World*, 2006, ISBN 978-90-5201-296-4

N° 4 – Madeleine Frédéric, *Polyptyque québecois. Découvrir le roman contemporain (1945-2001)*, 2005, ISBN 978-90-5201-096-0

N° 3 – André Magord (dir.), *Adaptation et innovation. Expériences acadiennes contemporaines*, 2006, ISBN 978-90-5201-072-4

N° 2 – Robert C. Thomsen and Nanette L. Hale (eds.), *Canadian Environments. Essays in Culture, Politics and History*, 2005, ISBN 978-90-5201-295-7

N° 1 – Serge Jaumain & Éric Remacle (dir.), *Mémoire de guerre et construction de la paix. Mentalités et choix politiques. Belgique – Europe – Canada*, 2006, ISBN 978-90-5201-266-7